KB272757

그 섬,
파고다

지금의 나는 미래의 너다

그 섬, 파고다

글_ 김동선 · 주상돈 · 김민영 · 김보경
사진_ 백소아

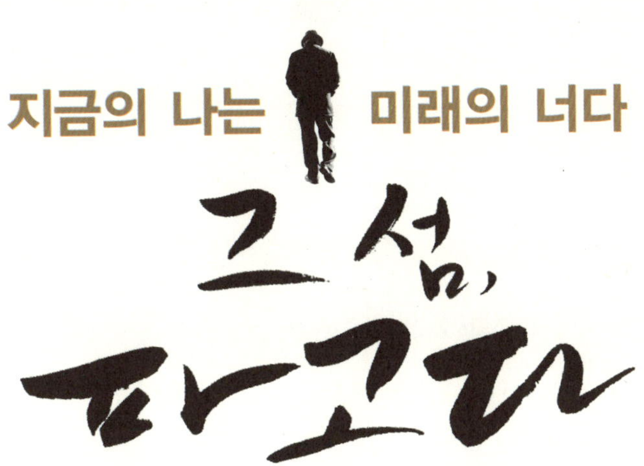

황금사자
GoldenLionBooks

지금의 나는, 미래의 너다

"자고로 사람 사는 곳은 사람이 살 만한 곳이 못 된다." 지인의 한 선배는 이 말과 함께 다니던 회사에 사표를 던지고 홀연히 귀향했다고 합니다. 삭막한 도심에서 다른 사람과 부대끼며 살아가야 하는 세상살이가 녹록지 않은 게 사실이지만, 아직 50대 초반으로 한창때인 그분이 왜 그런 결정을 내렸는지는 여전히 미스터리입니다. 요즘 세태로 볼 때 젊디 젊은 축인 50대에게도 척박한 도심인데 그보다 더 연배가 높은 노인들은 더 말할 필요가 없겠죠.

통계청이 발표한 인구통계에 따르면 2013년 우리나라의 65세 이상 노인인구는 처음으로 600만 명을 넘었습니다. 노인인구 비율도 덩달아 올라 전체인구의 12%에 달합니다. 본격적인 고령화 사회에 진입한 것인데요. 이에 따라 사회 전반에서 다양한 현상이 나타나고 있는 게 현실입니다.

고령화 추세는 앞으로도 가속화될 전망인데, 통계청은 2025년 노인인구가 1000만 명을 넘어서고 2060년에는 전체인구의 40%를 넘는 1700만 명에 달할 것으로 예상하고 있습니다. 그러나 기대수명이 늘어나 100세 시대라는 말이 무색하게 주변을 살펴보면, 치매에 걸린 어르신 한두 명은 꼭 있고 치매가 아니더라도 병원 신세를 지는 노인들도 부지기수입니다. 자신을 돌봐주는 자식들을 걱정하는 어르신들은 어르신대로, 낳아주신 부모님을 마음 편히 모시지 못하는 자식들은 자식들대로 마음이 아리긴 마찬가지일 겁니다.

  핵가족을 넘어 더 파편화되어가는 가족구조의 모습은 또 어떤가요. 직장이나 학업 등, 다양한 이유로 1인가구가 급격히 늘어나는 추세입니다. 통계청에 따르면 2013년 우리나라의 1인가구 수는 453만 가구로 전체 가구의 25.9%에 달합니다. 1인가구는 젊은 층들만 있는 게 아닙니다. 노인 1인가구 비율은 34.3%에 달해 노인 3명 가운데 1명은 혼자 사는 걸로 조사됐습니다. 품안에 있던 자식들을 다 떠나보내고 인생의 동반자였던 배우자마저 저세상으로 앞서 보내고 홀로 남은 노인들이 외로움을 벗삼아 하루하루를 살아가는 것이죠. 1인가구의 증가와 맞물려 고독사도 심심찮게 보도되는데, 고독사는 가족 해체의 극단의 결말에 다름 아닙니다. 그러나 고독사에 대한 정확한 통계조차 없는 것이 우리 사회의 현실입니다. 무연고 사망자 통계로 추정될 뿐입니다.

　서울 종로2가 파고다공원. 우리나라 근대 공원의 효시로 알려진 곳입니다. 원각사지십층석탑을 비롯해 역사적 유물이 남아 있고, 3·1운동 기념비 등 민족정기가 서려 있는 곳이기도 합니다. 지금은 탑골공원이 정식 명칭이라고 하는데, 어쩐지 파고다공원이 더 친근하게 들립니다. 그런데 이 공원 일대는 상반된 이미지를 갖고 있습니다.

　파고다공원은 최초의 공원이다 보니 그 주변에 자연스레 오래된 식당이나 가게들이 늘어서 있는데, 옛 모습과 정취를 고스란히 담고 있는 곳이 많아 정감 어린 추억의 거리로 불리기에 손색이 없습니다. 그러나 한편으로는 도심 한복판이지만 정돈되지 않아 지저분하고 퇴락한 뒷골목으로 인식하는 사람들도 많습니다. 이와 같은 공원에 대한 상반된 이미지만큼이나 이 공원을 찾는 노인들에 대한 이미지도 엇갈립니다. 노인들은 연륜 있는 '어르신'으로 존경받기도 하지만 완고하고 고집 센 '노인네'로 비하되기도 하는 것이죠.

　2013년 가을 우리는 그곳에서 저마다의 삶의 궤적으로 살아온 할아버지들을 만났습니다. 또 이곳을 삶의 터전으로 살고 있는 다양한 사람들의 시선도 함께 지켜봤습니다. 할아버지들과의 만남과 그들을 보는 시선을 통해 우리 사회 고령화의 현주소와 이로부터 파생된 복잡다단한 구조적 문제를 여과 없이 들여다보았습니다. 45년째 한 평 쪽방에서 혼자 살아가는 할아버지의 일상을 함께했으며, 14년을 하루같이 매일 종로로 출근하는 할아버지와 동행하기도 했습니다. '옷 벗으면 다 똑같은 인간'이라고 부르짖는 노숙자의 말에 마음이 먹먹해지기도 했습니다. 먹고산다는 게 뭔지, 생존을 위해서 할아버지들을 유혹하는 일을 하는 '박카스 아줌마'들의 이야기도 생생하게 들었습니다. 3500원짜리 이발소에서 만난 아흔 넘은 할아버지가 "갈 때 가더라도 깨끗하게 하고 가련다" 하고 툭 내뱉은 말에는 숙연해지기까지 했습니다.

글을 발로 쓴다는 말이 있습니다. 글씨체가 알아볼 수 없을 만큼 악필이거나 글의 내용이 비논리적이고 전개가 뒤죽박죽일 때 이런 표현을 하고는 합니다. 그런데 기자들의 세계에서는 '발로 쓴다'라는 표현이 칭찬이 되기도 합니다. 현장을 발로 뛰어 생생한 현장감이 글에 녹아 있을 때 이렇게 이야기합니다. 이 글은 철저하게 현장을 수차례 답사하고 그곳 사람들의 증언을 기반으로 만들어졌다는 점에서 '발로 쓴' 것입니다.

이 책은 2013년 11월 4일부터 11월 29일까지 매일 연재됐던 〈아시아경제신문〉 심층기획 「그 섬, 파고다」 시리즈를 재구성한 것입니다. 고령화 시대의 상징적인 공간인 파고다공원과 그 일대의 정경, 그리고 그곳을 찾는 할아버지들을 심층 취재한 내용은 잔잔한 반향을 일으키면서 한국기자협회가 주관하는 '279회 이달의 기자상'에 선정되기도 했습니다.

취재진은 약 2개월 동안 파고다공원과 그 일대를 매일 드나들면서 수많은 할아버지들과 주변 상인들의 이야기를 귀 기울여 들었습니다. 또 할아버지들의 일상을 담담하게 전하기 위해 취재진은 일반적인 기사형식의 틀에서 벗어나 대부분의 기사를 내레이션 방식으로 전개했습니다. 또 실명 허락을 거부하거나 일부 회차를 제외하고는 모든 취재원의 실명과 나이를 그대로 밝혔습니다. 책으로 엮는 과정에서 시점을 더 명확히 밝히기는 했으나 특별한 언급이 없으면 2013년 가을을 기준으로 했다는 점을 밝혀둡니다.

'공동 창작'의 결과물인 이 책이 나오기까지 감사할 분이 많습니다. 처음부터 끝까지 함께 고민하며 틀을 만들어주신 박종인 〈아시아경제

신문〉 편집국장, 멋진 편집과 훌륭한 제목으로 밋밋한 '활자'에 읽는
재미를 더해주신 이상국 편집부장과 성기호 편집기자, 신문 지면이 책
으로 나오기까지 짧은 시간 동안 고충을 마다 않은 최현문 황금사자 대
표께 특별히 감사의 말씀을 전합니다.

아울러 이 책을 집필한 것은 저희이지만 실제 저자는 그곳에 나오는
어르신들이라는 생각이 듭니다. 저희는 그저 파고다공원 일대를 둘러
보고 그곳에 걸음하는 어르신들의 증언을 있는 그대로 받아 쓴 것이
아닌가 싶기 때문입니다. 한 세대를 앞서 역사의 산증인으로 살아온
그분들께 이 책을 바칩니다.

2014년 1월

지은이 일동

그 섬, 파고다
| 차례 |

구두광택
1,000원
구 두 집
1,000원

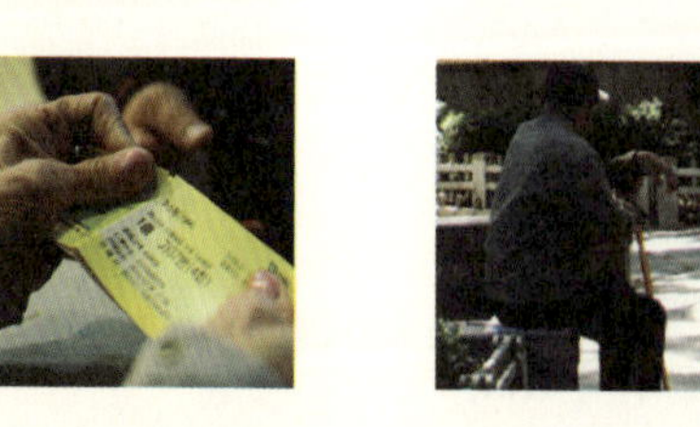

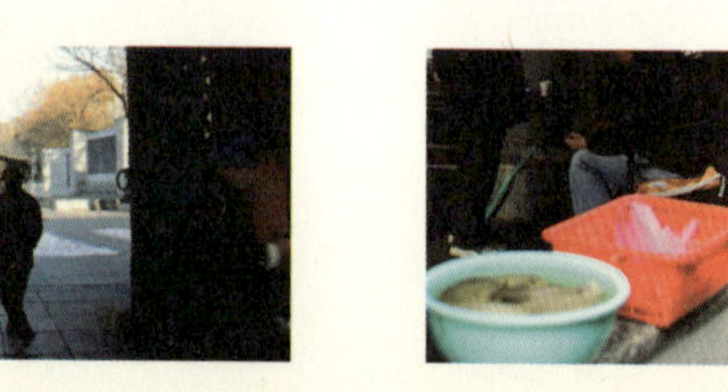

그 섬, 파고다

지금의 / 나는 / 미래의 / 너다

들여다본 탑골, 고령화 자화상

정보갈증에 공짜 신문 읽고 생의 목마름에 탁배기 한잔하고…
65세 이상 600만 시대.
탑골 출근 10년차 김 노인은 인정하고 싶지 않지만
지금의 나는, 미래의 너다.

1

시간이 멈춘 그곳,
차라리 섬이었어라

"노인네들이 어디 갈 데가 있나. 여 와서 친구들도 만나고 한나절 시간 때우다 가는 거지."

파고다공원이 문을 여는 오전 9시. 격자로 짜인 나무 문이 빼꼼히 열리자 할아버지 예닐곱 명이 우르르 들어섭니다. 아침 녘엔 제법 쌀쌀한데도 30분 전부터 문 앞에서 기다리고 있던 분들입니다. 인천에서 왔다는 이 아무개(73세) 할아버지는 "난 매일 와. 여서 밥도 공짜로 주니께. 슬슬 돌아댕기다가 점심까정 먹고 집에 가제"라고 말하며 공원 안으로 발을 뗍니다. 백발이 성성한 노인들의 행렬은 대부분 종로3가 지하철역에서부터 이어져 있습니다. 역에서 빠져나와 공원 정문까지 200m 남짓을 쉬거니 걷거니 해서 다다릅니다.

　공원에서 만난 임중석(72세) 할아버지는 "정년퇴임하고 딱히 할 일 있나. 여기서부터 조계사, 종묘까지가 관광 코스여, 코스. 지하철 요금이 공짜니까 서울 각지에서 오지. 인천, 수원, 멀게는 천안서도 오고"라고 설명합니다. 임 할아버지는 멀리서 걸어오는 또 다른 할아버지를 보고는 "저 친구 또 왔네"라며 혼잣말을 합니다. 매번 보는 얼굴이니 굳이 알은체를 할 필요는 없겠죠. 하지만 오랜만에 보는 동년배면 어김없이 다가가서 "여어~ 난 또 죽었나 했지" 하며 농을 건넵니다.

　서울시 종로구 종로2가 38-1. 파고다공원의 하루가 그렇게 시작됩니다. 서울 한복판에 자리한 이곳은 무슨 이유에선지 언제부턴가 황혼기에 접어든 어르신들의 보금자리가 된 지 오래입니다. 특별할 것 없어 보이는 이곳에 할아버지들의 발길이 끊이지 않는 이유는 무엇일까요. 저마다의 특별한 삶을 살고 황혼기에 접어든 저분들에게 이곳은 어떤 의미라도 있는 걸까요.

　간혹 젊은이들이 이 공원에 들어서면 어르신들의 시선이 쏠립니다. 이방인이라도 보는 듯한 신기한 눈초리입니다. 그도 그럴 것이, 공원 안의 분위기는 밖과는 사뭇 다릅니다. 정문(삼일문) 바로 앞 도로에는 꼬리를 문 자동차들이 경적을 울리며 쌩쌩 지나가고, 아침 출근길을 재촉하는 직장인들의 발걸음도 그에 못지않습니다. 바로 옆 인사동 초입에는 외국인 관광객을 실어 나르는 버스들이 줄을 서 있고, 큰길 건너엔 배낭을 멘 젊은이들이 학원가로 빨려 들어갑니다. 시간에 쫓겨 분주히 오가는 대오에서 살짝 비켜 이 공원에 들어섰을 뿐인데, 공원 안은 말 없이 주변을 거니는 할아버지들과 새소리뿐입니다.

207호 올
208호 한빗
209호 루

백발이 성성한 머리에
중절모를 쓰고 양복에 외투까지
한껏 멋을 부린
한 할아버지가 파고다공원
인근의 골목길을 지팡이에
의지한 채 걷고 있다.

할아버지들이 내딛는 걸음의 속도만큼 이곳의 시간은 그렇게 더디게 흘러가는 듯합니다. 공원 밖과는 너무나 다른, 시간마저 멈춘 듯한 그곳은 도심 한복판에 자리하고 있지만 차라리 외따로 떨어져 있는 섬과도 같습니다. 인근 종묘광장공원도 노인들의 희로애락이 서려 있기는 마찬가지입니다.

속도전에 치여 사는 현대인에게 '느리게 산다는 것의 의미'를 강조하며 한가롭게 거닐기와 권태를 제안한 피에르 상소(Pierre Sansot)가 이 공원의 풍광을 본다면 어떻게 해석할까요. 문화재 보호라는 명분 아래 간신히 햇빛이 투과되는 저 '유리관' 안에 막혀 있는 원각사지십층석탑(국보 2호)이 이 노인분들의 처지와 닮아 보입니다.

도대체 이분들의 정체는 무엇일까요. 할아버지들의 아득한 눈 속에는 우리나라의 굴곡진 근현대사가 고스란히 담겨 있는 듯합니다. 주름진 손은 그네들의 퍽퍽한 삶을 그대로 이야기하고 있습니다. 이곳에 나오는 할아버지들은 보통 일흔 살이 넘은 분들입니다. 연세를 감안하면 이분들은 막 태어나 젖먹이나 코흘리개일 때 광복을 맞았고 열살 남짓에 6·25라는 전쟁을 겪었습니다. 이중 누군가는 월남전에 파병돼 한 차례 더 전쟁을 겪었을지도 모릅니다. 개발시대엔 산업역군으로 허리 휘도록 일했을 테고 서슬 퍼런 독재를 묵묵히 목도하면서 누군가는 '독재 타도'를 외치는 젊은이들을 응원하는 넥타이부대가 되기도 했겠죠. 환갑 무렵엔 손주 손을 잡고 시청광장에서 '대~한민국'을 목청껏 환호하기도 했을 겁니다. 그야말로 역사의 질곡을 온몸으로 헤쳐 나온 우리 시대의 산증인들입니다. 그런 그들이 이제 더딘 시간을 헤아리며 이곳에 앉아 있습니다.

북문(후문)의 골목길은 공원보다 정적인 느낌은 덜합니다. 하지만 이곳도 노인들만의 공간이긴 마찬가지입니다. 플라스틱 간이의자에 줄지어 앉아 두런두런 이야기를 나누고 200원짜리 자판기 커피를 마시기도 합니다. 근처 식당 아주머니는 할아버지들의 주머니 사정을 알기에 몇 년째 국밥 가격을 묶어두고 있습니다. 주인도 손님도 할아버지인 이발소 10여 곳은 약속이나 한 듯 '커트 3500원, 염색 5000원'이라는 가격표를 붙여놓았습니다. 이발사에게 머리를 맡긴 할아버지들의 모습이 꼭 얌전한 아이들 같습니다. 인근의 무료급식소 앞에는 배식이 시작되려면 1시간 가까이 남았는데도 점심식사를 기다리는 100여 명에 달하는 노인들의 줄이 공원 돌담길을 따라 늘어섰습니다.

한낮의 공원은 마치 커다란 노인정입니다. 할아버지들은 '따로 또 같이' 어디든 자리를 잡고 앉아 있습니다. 공원 변두리에 놓인 10여 개의 돌의자는 이미 앉을 곳이 없습니다. 3·1운동 기념비, 손병희 선생 동상 아래 층계는 그럭저럭 전망 좋은 자리로 통하고 공원 중앙에 있는 팔각정은 최고의 장소로 꼽힙니다. 이야기를 나누거나, 신문을 들여다보거나, 지팡이에 턱을 기댄 채 꾸벅꾸벅 졸기도 합니다. 누구는 무료함을 달래려는지 연신 비둘기 모이를 바닥에 흩뿌립니다. 신문지 한 장 깔고 앉아 나누는 이야기들은 거창할 것 없이 소소합니다. 얼마 전에 친구들과 단풍구경을 다녀온 자랑, 큰아들이 새로 사업을 시작했다는 이야기, 얼마 전 새로 문을 연 음식점에 갔던 후기 등 주제도 다양합니다.

그러나 사람 모이는 곳이면 으레 그렇듯이 이곳에도 나쁜 사람들은 있는가 봅니다. 전 아무개(68세) 할아버지는 "저기 서류 봉투 들고 다니는 사람들 보이지? 땅 소개해주는 브로커야. 영업점 없이 부동산 중개업 하는 사람들. 투자해서 용돈벌이나 하라는 거지. 근데 대부분 사기꾼들이야"라고 말합니다. 이런 사람들 때문인지 공원 주변에는 색다른 풍경도 펼쳐집니다. 바로 '브로커(부동산중개업자)의 방문을 금한다' 는 내용의 경고문인데요. 주로 종로3가역 근처 커피숍, 식당의 출입문이나 벽면에 붙어 있습니다. 한 제과점 관계자는 "60대 전후의 양복 입은 할아버지들이 주문도 하지 않은 채 부동산 계약이나 상담을 하느라 2~3시간 죽치곤 한다"고 전했습니다. 피해 사례가 많다 보니 고육지책으로 점주들이 직접 경고문을 써 붙인 것이랍니다. 한 커피숍에서 할아버지 두 명이 앉아 목청을 크게 높이고 있어 슬쩍 엿들어보니 역시 부동산 얘기입니다. 테이블 위에는 글자가 빼곡히 적힌 종이들이 어지럽게 놓여 있는데, 땅이니 건물이니 하는 이야기를 나누고 있었습니다. 영업점 없이 부동산 중개업을 하는 브로커들과 할아버지 여럿이 모여 있는 모습은 길거리에서도 흔히 볼 수 있는데요. 노인들을 대상으로 부동산 투자를 유도하는 업자들이 몇 명 있는데, 그중에는 '사기꾼' 도 많다는 전언입니다. 실제로 한 할아버지는 "박정희 정권 시절에 보육원을 지으려고 정부가 싸게 매입한 땅이 있는데 지금 투자하면 나중에 큰돈을 벌 수 있다" 하는 신빙성 없는 이야기를 늘어놓기도 했습니다.

해가 뉘엿뉘엿 넘어가자 공원 뒤편에 자리한 종로구 재활용센터에는 손수레에 폐품을 한가득 싣고 온 노인들이 차례로 도착합니다. 인근의 가게들 앞에 버려진 종이상자며 신문지들을 주섬주섬 모아온 것입니다. 흥정하고 말 것도 없이 수레째 무게를 달아 kg당 110원 하는

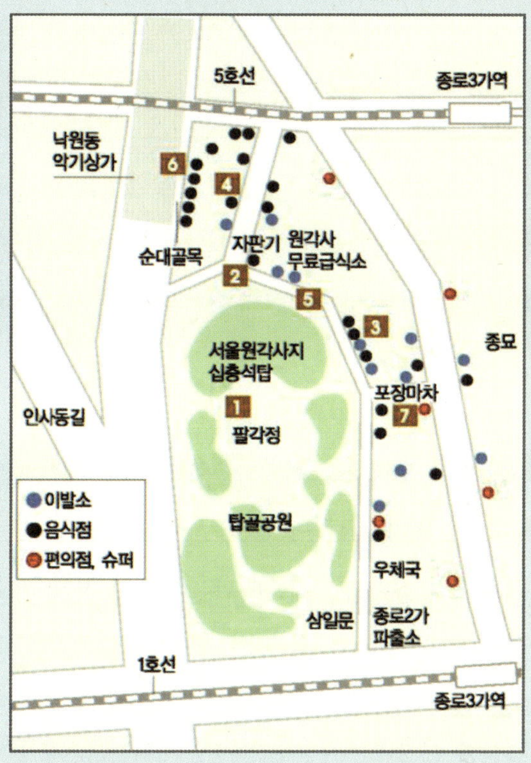

1 팔각정 한가운데서 공원 전체를 조망할 수 있어 할아버지들에게 가장 인기 있는 쉼터다.

2 커피 자판기 공원 후문 밖에 있는 이곳은 할아버지들의 약속장소로 애용된다.

3 이발소 하나같이 '이발 3500원, 염색 5000원'이라는 가격표를 붙이고 14곳이 성업 중이다.

4 음식점 공원 뒤쪽엔 2000원짜리 해장국과 1000원짜리 잔술을 파는 식당이 즐비하다.

5 무료급식소 매일 12시, 어르신들에게 공짜 점심을 제공하는데 한 시간 전부터 할아버지들의 긴 줄이 늘어선다.

6 실버 영화관 2000원에 고전영화를 감상할 수 있는 이곳에서 어르신들은 문화생활을 즐긴다.

7 포장마차 공원 동문 밖 공터에는 오후 2~3시께 문을 여는 포장마차 10여 개가 밤 늦도록 할아버지 손님들을 받는다.

‘정가’ 대로 셈을 받습니다. 수레 가득 박스와 신문지 등 종이를 모아온 한 할아버지는 8800원을 호주머니에 챙기고 받은 숨을 내시며 되돌아섰습니다.

저녁 6시, 공원이 문을 닫을 시간입니다. 대부분 미리 자리를 뜨지만 그때까지 남은 노인들은 공원 뒷길로 자리를 옮깁니다. 낙원상가 사잇길에 자리 잡은 슈퍼마켓에서 안주 없이 술과 종이컵 한두 개만 사서는 나눠 마십니다. 날이 어두워지면 공원 동문 쪽 공터에 포장마차도 10여 개가 들어섭니다. 생선구이, 돼지고기 등을 안주로 파는 이곳에서 삼삼오오 모인 할아버지들이 회포를 풉니다.

이것이 1890년대 우리나라 최초의 근대식 공원으로 개장한 파고다공원의 하루 모습입니다. 그러나 인근 상인들은 “10년 전에 비해 찾는 이가 눈에 띄게 줄었다”라고 입을 모읍니다. 이미 70세 이하는 거의 찾을 수 없으니 한 세대가 지나면 노인들의 휴식처로 명맥을 유지할지 장담하기 힘들다는 것입니다. 1998년 문화재 보존을 위해 공원이 성역화되면서 음식물 반입과 음주 · 흡연이 금지되는 등 규정이 강화됐습니다. 그즈음부터 공원에 동서남북으로 나 있는 사대문 중에 정문과 서문만 개방하고, 후문과 동문은 폐쇄됐습니다. 이런 규제 때문인지 이곳보다 인근 종묘광장공원에 어르신들이 더 몰리는 듯합니다.

파고다공원과 종묘공원까지의 이 일대는 어쩌면 복지냐 성장이냐의 기로에서 펼친 갖가지 경제정책이 적나라하게 결과로 나타난 현실의 공간인 동시에 고령화 시대로 진입한 우리 사회가 낳은, 파편화된 가족과 가족 해체가 잉태한 사회 문제, 복지 전달 체계의 부조리와 노인 일자리 문제, 노인 관련 범죄까지 복잡다단한 구조적인 문제 전반이 응축된 공간입니다. 그래서 우리는 이곳에서 과거를 살아온 노인들의 오늘을 보지만 곧 우리의 내일을 예지하게 되는지도 모르겠습니다. 우리의 오늘이자 내일인 셈이죠.

🌰 파고다 공원은…

우리나라 근대공원의 효시로 알려진 파고다공원은 어떤 곳일까요? 기록에 남은 파고다공원의 역사는 고려시대로 거슬러 올라갑니다. 본래 고려시대의 흥복사(興福寺)라는 사찰터였던 거죠. 숭유억불 정책을 폈던 조선으로 넘어와서는 불심이 깊던 세조가 1464년 이곳을 원각사(圓覺寺)로 개명, 중건하고 이듬해인 1465년 흰 대리석으로 원각사지십층석탑(국보2호)을 쌓았습니다.

　풍류군주 연산군 때 원각사는 폐사의 위기에 처합니다. 원각사를 철거하자는 논의가 일었던 겁니다. 연산군은 당장 철거하지는 않고, 그 대신 전국에서 뽑아 올린 기생과 악사 등이 기거하는 기생방으로 만듭니다. 이름도 '연방원(聯芳院)'으로 바꾸었습니다.

　불교를 배척하던 중종이 실권을 잡으면서 원각사는 1514년 운명의 뒤안길로 사라집니다. 당시 호조들이 원각사의 재목을 헐어 공용건물의 건축에 활용할 것을 제안했고 중종이 이를 받아들이면서입니다. 왕이 이를 허락한 지 얼마 안 가 사찰건물은 자취를 감추고 현재의 원각사지십층석탑과 대원각사비(보물 3호)만 남았습니다.

　이곳이 언제 공원으로 탈바꿈했는지에 대한 정확한 사료는 남아 있

파고다공원의 역사

고려시대	흥복사 창건
1465년	원각사지십층석탑 건조
1471년	대원각사비 건조
1494~1506년(연산군)	원각사 폐사, 궁궐의 연회장으로 사용
1506~1519년(중종)	폐허화, 원각사 탑과 원각사비만 남음
1776~1800년(정조)	어가 행렬의 휴식공간이자 민의 수렴장소
1897년	근대공원조성(J. M. Brown)
1910년	황실의 음악연주회 사용
1913년	일반인에게 개방, 대중공원으로서 첫걸음
1919년	3·1운동 집결지, 독립선언서 낭독
1933~1960년	공원 침체기
1967년	도시재개발 사업, 파고다공원 일대의 불량건물 철거, 파고다 아케이드 설치, 낙원상가 건설, 공원 유료화
1979년	파고다공원 정비사업
1983년	파고다 아케이드 철거, 기념공원화
1988년	공원 무료화
1991년	사적 제354호로 지정
1992년	파고다공원에서 탑골공원으로 개칭
2000년	성역화 사업계획 추진
2001년	공원 정비 및 보수
2002년	재개장
2002~현재	도심공원기능 축소, 기념공원으로 변모

지 않습니다. 다만 '파고다공원이 이 땅에 최초의 공원이고 1897년 영국인 J. M. 브라운(Brown)의 건의에 의하여 꾸며졌다' 는 기록에 의존해 건립시기와 주체를 추측할 뿐입니다. 현재로서는 1890년대 영국인 J. M. 브라운의 건의로 지어졌다는 것이 정설로 받아들여집니다.

대한제국 시절 파고다공원은 황제의 존재감을 드러내는 정치적 공간이었습니다. 국운이 바람 앞의 촛불 같던 시절 고종은 대한제국을 선포하면서 공원 안에 팔각정을 만들어 자신이 천자임을 만천하에 알렸습니다. 팔각은 하늘과 땅을 잇는 도형으로서 황제를 상징합니다.

하지만 을사늑약(1905년) 이후 공원은 또 한번 치욕을 당합니다. 1910년 한일강제병합 이후 공원의 관리권은 총독부로 넘어갔고, 공원에 요정이 들어서는 등 일제의 연회공간으로 전락한 것이죠. 이후 일본 조선주차육군군악대의 연주회가 열리는 등 통감부 관료들과 일본인들이 즐기는 연회장으로 사용됐습니다. 원래 일요일만 출입 가능했던 공원은 1913년부터 매일 개방됐고 몇 년 뒤에는 야간에 개장하기도 했습니다.

일제의 놀이공간으로 전락했던 공원은 1919년 민족대표를 대신한 학생들의 독립선언서 낭독 이후 3·1운동의 점화지가 됐습니다. 이 때문에 공원은 1년간 폐쇄되기도 했습니다. 이후에도 일제는 민중들의 상징적인 저항공간이 된 파고다공원을 폐쇄하거나 통제하기 일쑤였습니다.

1960년대 파고다공원은 시민공간으로 변화를 꾀합니다. 1967년 서울시가 파고다공원의 개수 및 단장에 나선 것인데요. 이에 따라 서울시는 공원 정문을 3·1 독립정신을 상징하는 민족고유의 예술품으로 개조하고 공원 외곽에 현대식 아케이드를 건립했습니다. 이때 공원은 유료화되기도 했습니다. 이랬던 것이 1988년 5월 다시 무료입장 체제로 바뀌면서 공원은 활기를 띠기 시작합니다. 1988년 무료화 직전에 파고다공원 입장료는 어른 200원, 청소년 150원, 어린이 100원이었습니다.

2001년엔 파고다공원 정문에 걸린 삼일문 현판이 세간의 관심사로 떠오르기도 했습니다. 삼일문 현판은 박정희 전 대통령의 친필로 만든 것인데, 곽태영 씨(박정희기념관 반대 국민연대 상임공동대표)와 우경태 씨(한국민족청년회 집행위원장)가 이를 뜯어낸 뒤 정과 망치로 부순 것입니다. 서울시 및 문화재청은 2003년 2월 기존의 것과 동일한 크기의 현판을 새로 제작해 달았습니다. 현재 걸려 있는 현판의 '삼' 자와 '일' 자는 독립선언서에 들어 있는 글자를 집자(集字)해서 본뜨고 선언서에 없는 '문' 자는 다른 글자의 자음과 모음을 조합해 만들었습니다.

도심 내 휴식공간으로 사랑받던 파고다공원은 2000년대 들어 공원 성역화 작업의 일환으로 공원 안에서 음주·흡연·상행위가 일절 금지됐습니다. 이러자 파고다공원 대신 인근 종묘공원을 찾는 어르신들이 점차 늘어나는 분위기입니다.

현재 파고다공원의 정식 명칭은 '서울 탑골공원'입니다. 1992년 이렇게 개칭됐습니다. 이전에는 파고다공원이라는 이름과 함께 탑공원·탑동공원 등으로도 불렸습니다. 정식 명칭인 '서울 탑골공원'이라 칭해야 하지만 왠지 모르게 맛이 살지 않고 입에 안 붙어 이 책에서는 파고다공원이라고 주로 사용하였습니다. 1만 5720㎡(4755평)인 파고다공원은 공원 자체가 사적 제354호로 지정돼 있고 원각사지십층석탑과 대원각사비 등 문화재와 3·1운동 기념탑, 손병희 선생 동상, 한용운 기념비 등 독립운동 기념물들이 남아 있습니다.

그 섬, 파고다

지금의 / 나는 / 미래의 / 너다

제2장

2013 파고다 그곳엔…

찌개 2000원, 잔술 1000원. 눈칫밥·홀로밥보다 100배 낫지.
파친(파고차 친구)들과 껄껄 웃고….
'싼 맛' 하나는 끝내주는 우리 유진식당 주인장 죽었을 때
찾아가 눈물 뚝뚝 흘렸네….

자식 전화 안 기다려…
얘가 내 애인이야

"아들내미 전화번호는 몰라도 12번은 절대 안 까먹제." 파고다공원 안에서 팔각정은 어르신들의 '핫 플레이스'입니다. 이곳에서 만난 김 할아버지(78세)가 MP3에 12번을 또박또박 입력하자 애절한 목소리의 '눈물 젖은 두만강'이 흘러나옵니다. 바르게살기운동 로고가 새겨진 모자를 눌러쓰고 감청색 점퍼를 걸친 할아버지가 노래를 흥얼거리다 묻습니다. "이 노래 모르제? 김정호라는 친구가 불렀는디 이 친구도 간 지 꽤 됐을 걸." 그러고 보니 '하얀 나비', '이름모를 소녀'를 불렀던 그 김정호(1952~1985)가 이 노래도 리메이크했군요. 얼마나 자주 버튼을 눌렀으면 버튼 주변이 손때로 새카맣습니다. "집에서는 테레비(TV) 보기도 눈치 보이고 이거 있으면 안 심심해서 좋아. 자식새끼들 목소리보다 더 자주 듣는당께."

파고다공원을 돌아다니다 보면 뒷짐 지고 걷는 할아버지의 손, 허리춤, 셔츠 앞주머니에 쏙 들어가 있는 MP3를 쉽게 발견할 수 있습니다. 일명 '효도 MP3'라 불리는 이 MP3가 노인들 사이에서 '머스트 해브(must have)' 아이템인 셈이죠. 공원 서문에서 무료급식소가 있는 북문 사이에는 '효도 MP3'를 파는 좌판이 펼쳐져 있습니다. 그 '매장'을 운영하는 아저씨는 "탑골공원에 오는 어르신 넷 중 한 명은 MP3를 가지고 다닌다"라고 말합니다.

이 MP3는 스마트폰 크기의 몸체에 엄지손가락만한 화면이 있고, 1부터 0까지 버튼이 큼지막하게 달려 있습니다. 특이한 점은 MP3를 사면 수첩을 나눠준다는 것입니다. 손바닥만한 책자를 펼치면 경음악, 팝송, 가요, 민요 등 2200곡의 노래가 번호와 함께 빼곡히 적혀 있습니다. 이곳에서 팔리는 MP3 대부분은 중국산인데 가격은 2만~4만 원입니다. 또 이 MP3는 외장 스피커라는 '첨단 기능'(?)을 갖추고 있어 또래 어르신들이 모여서 함께 음악감상을 하는 데 요긴합니다. 이곳을 찾는 어르신들을 위해 맞춤 제작된 '파고다 전용 MP3'인 겁니다.

MP3 기능에 동영상 기능까지 갖춘 제품은 8만 원으로 좀 더 비쌉니다. 김용임, 금잔디 등 성인가요 가수들의 동영상이 주로 들어가 있다는군요. 그런데 주인 아저씨 말로는 할아버지들이 쭈뼛거리며 다가와서는 "여기 야동은 있냐?" 하고 묻는답니다. '야동'을 말할 때 할아버지들의 눈빛은 20대 젊은이들처럼 반짝반짝 빛난다는군요. 본인은 양심상 야동은 취급하지 않지만 서울 동묘역 근처 벼룩시장에 가면 야동을 넣어 파는 MP3가 많은데, 이를 찾는 '야동 순재' 할아버지들이 꽤 많다고 귀띔했습니다.

서울 종로 파고다공원 후문 주변에서
한 할아버지가 노래번호가 적힌
수첩을 보며 MP3를 조작하고 있다.

젊은이들이 '수지않이'를 한다면 이곳 할아버지들은 '김용임'에 푹 빠져 있습니다. 파고다공원에서 만난 할아버지들은 "김용임 좋지~. 목소리가 어찌나 가슴을 후벼 파는지"라고 말합니다. 서울 성북동에 사는 이(李) 씨 할아버지(72세)의 애창곡도 김용임의 '부초 같은 인생'입니다. 자신의 처지가 신산스럽게 느껴질 때마다 '어차피 내가 택한 길이 아니냐 웃으면서 살아가보자~'라고 이 노래의 한 대목을 중얼거립니다. 이 할아버지는 경남 마산에서 30년 동안 공무원 생활을 했답니다. 탄탄대로 같던 인생에 금이 가기 시작한 것은 20년 전 호기롭게 시작한 사업이 빚만 잔뜩 지고 망하면서부터였습니다. 빚쟁이에 시달리다 못해 밤 기차에 몸을 싣고 성북동으로 도둑 이사를 와야 했다는군요. 사업 실패로 아내와도 갈라서고 지금은 두 아들과도 척지고 살고 있다고 합니다. 큰아들은 내로라하는 한 병원의 소화기내과 과장으로 있어 자식자랑을 할 법도 한데, 한창 뒷바라지할 나이에 아버지 몫을 제대로 못한 게 미안해 왕래가 없어도 그러려니 한다네요.

"이놈의 시키는 전화할 때마다 외국에 나가 있대. 내한테 전화 먼저 한 적 있는 줄 아나? 자식이고 며느리고 다 소용없는기라." 소용없다고 말하면서도 이야기 중간중간 휴대전화가 울리면 화면에 뜬 번호를 가만 들여다보는 할아버지의 눈에서 일말의 기대가 읽힙니다. 한번은 먼저 전화 오지 않을까 하는. "그래도 먼저 전화 오면 반가울 것 같지요?"라고 넌지시 묻자 "반갑기는…. 하긴 내도 부도 내가(부도를 내고) 도망쳐뿟으니(도망쳤으니) 할 말은 없제"라고 말끝을 흐립니다.

뇌졸중으로 쓰러진 적이 있는 김 할아버지(75세)도 인천서 파고다까지 마실 나올 때 뇌졸중 약 2봉지, 감기약 1봉지와 함께 파란색 MP3를 꼭 챙겨 나옵니다. 김 할아버지에게 MP3는 '추억 재생용' 입니다. 50여 년 전 서울 덕수상고에 다닐 땐 음악반장을 맡을 만큼 노래에 일가견이 있었습니다. 부산수산대학(현 부경대학교 전신)에 다닐 땐 부산문화방송이 주최한 노래자랑에 나가 일등도 먹었답니다. 당시 25개 팀이 경합을 벌였는데 가곡 '동심초' 로 경쟁자들을 보기 좋게 꺾었다는군요. 그때 노래자랑서 받은 상금을 함께 '탕진' 한 친구 녀석 네 명은 지금은 깜깜무소식입니다. 이미 저승 사람이 됐을지도 모르지만 무소식이 희소식이겠거니 넘어갑니다. '바람에 꽃이 지니 세월 덧없어 만날 길은 뜬구름 기약이 없네.' 동심초의 노래 가사처럼 김 할아버지는 "먹고사는 데 바빠서 고향도 친구도 잊고 살았어"라고 쓸쓸히 말합니다.

2013년 현충일에 쓰러져 두 달 가까이 병고를 치르고도 김 할아버지는 퇴원 20일 만에 다시 이곳에 나왔습니다. 중소기업에 다니면서 세 자녀와 큰 갈등 없이 지내온 김 할아버지도 외롭긴 마찬가지입니다. "집사람은 진작 갔지. 큰아들은 오십이 넘고 큰딸은 마흔인데, 지 자식들 건사하려면 오죽 바쁘겠어. 서른다섯인 막내아들하고 같이 사는데 뭔 얘기를 하겠어. 뭐 하루에 서너 마디 하나…." 말을 흐린 할아버지가 이내 MP3 버튼을 누릅니다.

삼촌들에게 '수지' 가 있다면 할아버지들에게는 '용임이' 와 '잔디' 가 있습니다. 목동에 사는 최 아무개(78세) 할아버지는 "김용임, 금잔디, 배호, 오승근이가 유명하지. 김용임은 얼마 전에 독일도 다녀왔다던데"라며 김용임의 근황까지 훤히 꿰고 있습니다. MP3를 파는 주인마저 "할아버지, 용임이가 나와요. 용임이"라고 선전할 만큼 노인들 사이에서 김용임은 그야말로 '인기짱' 입니다.

김용임이 애절한 목소리로 할아버지들의 가슴을 후벼 판다면, 금잔디는 신세대 트로트 가수로 꼽힙니다. 금잔디의 '오라버니'를 듣고 있으면 할아버지들은 이팔청춘인 양 연애하고 싶어진다고 말합니다. '오라버니 어깨에 기대어 볼래요. 커다란 가슴에 얼굴을 묻고, 지금 이대로 죽어도 여한 없어요'라는 대목에 이르면 당장이라도 할머니 손 붙잡고 마실 나가고 싶어진다고 고백합니다.

금잔디의 목소리가 할아버지들의 마음을 간지럽힌다면, 만 29세의 나이에 세상을 뜬 배호의 노래는 따라 부를수록 무언가 뜨거운 것이 훅 하고 가슴을 울컥하게 만든답니다. 노년을 경험하지 못하고 노래만 덩그러니 남겨놓은 채 떠난 배호가 '누가 울어…이 한밤 잊었던 추억인가…'라고 속삭이면 할아버지들은 앞서간 아내, 갈라선 자식, 앞세운 친구들이 생각난답니다. 그래서 노래를 크게 따라부르진 못하고 웅얼이하듯 '누가 울어'를 주워 삼킨다고 했습니다.

1968년 '비둘기집'으로 가요계에 발을 들여놔 1970~80년대 오빠부대를 몰고 다녔던 가수 오승근도 어르신들 사이에서 아이유 부럽지 않은 인기를 누리고 있습니다. '야 야 야 내 나이가 어때서. 사랑하기에 딱 좋은 나인데'라는 구절을 들을 때마다 '그래 내 나이가 어때서'라고 가슴팍에 힘이 들어간다네요.

이렇게 '파고다 MP3'는 단순히 노래만 나오는 기계가 아닙니다. 삼삼오오 모인 할아버지들에게 추억을 재생하며 흥을 돋우는가 하면 아린 기억을 달래주는 자양강장제가 되기도 하고, 자식 손주를 대신해 말동무로 변신하기도 합니다. MP3란 놈이 이곳 '늙은 오빠들'을 들었다 놨다 하는 것이 요물인 게 분명합니다.

3

2000원 국밥에 반주 한잔,
인생을 해장한다

순두부찌개 2000원. 콩나물해장국 2000원. 돼지국밥 3000원.

대한민국에 이 가격이 가능할까 싶지만 이런 가게가 즐비한 곳이 바로 낙원동입니다. 일명 '먹자골목'으로 통하는 종로 파고다공원 뒤편이죠. 가게마다 1980년대 후반쯤에 멈춘 듯한 정경은 낯설면서도 낯이 익습니다. 이곳에 오면 저렴한 가격표에 한 번 놀라고, 그 안을 가득 채우고 있는 할아버지들에 또 한 번 놀랍니다.

이곳에서 3년째 국밥과 해장국을 2000원에 파는 한 식당주인은 "어르신들 상대로 장사하는데 비싸게 받을 순 없지 않느냐"라며 "그나마 가격 부담이 없어서 단골손님은 꽤 있다"라고 전했습니다. "월세랑 인건비 빼면 남는 게 뭐 있나. 그분들 주머니 사정 뻔히 아는데. 찾아주는 어르신들에게 봉사한다는 생각으로 장사하는 거지." 식당 주인의 말에 사람 냄새가 가득 배어 있습니다.

근처 다른 식당들도 한 끼 식사가 3000원 넘는 곳을 찾기 힘듭니다. 점심시간 식당 안에는 플라스틱 테이블마다 나이를 지긋이 먹은 할아버지들이 모여 밥 한 그릇에 반주를 곁들이면서 두런두런 이야기를 나눕니다.

한 무리의 동년배들과 밥을 먹던 박정수(73세) 할아버지는 "암으로 고생하던 마누라가 4년 전에 세상을 뜨고 나니 막막하더라고. 한동안은 집에서 멍하니 있는 게 전부였지. '이러면 안 되겠다' 싶어 취미로 바둑을 해보려고 종로에 오기 시작했어. 여기서 싸게 이발도 하고 사람들이랑 같이 밥 먹으러 자주 들러"라고 입을 뗍니다. 학교 동창이나 동향 사람들끼리 모이는 장소로도 낙원동이 제격이라는 설명입니다. 그러고 보니 인근 식당 간판이 '강원도집', '전주집', '충청도집' 등으로 다들 지역명을 쓰면서 할아버지들의 향수를 달래고 있네요.

옆에서 홀로 국밥을 먹던 장 아무개(78세) 할아버지는 주인이 유리잔 가득 담아준 '잔술'을 두툼한 손으로 쥐고 한 모금씩 아껴 마셨습니다. 할아버지는 "혼자 한 병 시킬 순 없잖여. 양도 이게 딱 맞지"라는군요. 이렇게 소주나 막걸리를 우리가 흔하게 보는 맥주컵 하나에 가득 담아 단돈 1000원에 파는 잔술도 낙원동에서 볼 수 있는 '명물'입니다.

명실공히 낙원동 대표 장수 식당인 '유진식당'은 할아버지들의 단골 메뉴인 설렁탕, 돼지국밥 가격을 수년째 3000원에 묶어두고 있습니다. 3대째 이어온 이 집은 1960년대 후반 인사동에서 국밥장사를 하던 할머니부터 아버지에 이어 지금은 사남매 중 삼남매가 가게를 운영하고 있는데요.

입동을 사흘 앞두고 서울 종로구의 파고다공원 주변에 있는
음식점 '부자촌'에서 한 할아버지가 3000원짜리
콩나물국밥을 드신다. 기자의 표정을 보고는 "거 참, 그런
안쓰런 눈으로 보지 말라니까" 하고 꾸짖는다. 그러더니
하시는 말씀 "정말 맛있어. 기자도 한번 먹어볼래?"

2013년 8월 아버지 문용춘(87세) 씨가 세상을 떴을 때도 삼남매는 장례를 치르기 무섭게 다음날 식당 문을 열었답니다. 단골로 찾는 할아버지들의 끼니 걱정 때문입니다. 막내 종현(43세) 씨는 "오랜만에 들른 단골손님들이 아버지 소식을 듣고 내 일처럼 슬퍼하는 모습을 아직도 잊을 수가 없다"라고 합니다. 지금도 식당 벽면 가장 잘 보이는 자리에 아버지 사진을 걸어놓고 손님들이 아버지를 추억할 수 있게 했습니다. 종현 씨는 "단골손님이던 아저씨가 아들을 데리고 오곤 했었는데, 이젠 세월이 흘러 손자까지 같이 오더라" 하고 전합니다.

그는 "어르신들이 '아들아', '막내야' 라고 부르며 친아들처럼 살갑게 대해주셔서 고마울 따름"이라며 "자주 오시던 어르신의 발길이 오랫동안 끊기면 '아, 돌아가셨구나' 하고 짐작하곤 슬퍼질 때도 있다"라고 말했습니다. 이런 '막내아들' 의 마음을 아시는지, 돼지국밥에 반주로 막걸리 한잔을 걸쳐 얼굴이 발그레해진 한 할아버지가 종현 씨를 말 없이 꼭 안아주고 식당을 나섰습니다.

'유진식당' 위쪽으로 난 좁은 길을 몇 발짝 걸으면 15년 전통의 '고향집' 이 나옵니다. 순두부찌개, 콩나물해장국, 선지해장국 한 그릇 가격이 이곳에선 '무려' 2000원입니다. 할아버지들 틈을 비집고 앉아 순두부찌개를 맛봤습니다. 맑은 국물에 순두부가 두 덩이, 그 위에 계란을 톡 깨뜨려 풀고 김 몇 조각을 찢어 올린 게 전부지만 담백하니 먹을 만합니다. 밑반찬으로 나오는 배추김치와 함께 뚝딱 한 끼를 해치웠습니다.

그때쯤 혼자 식당 안에 들어선 한 할아버지가 고개를 숙이고 국밥을 떠먹던 백발의 할아버지 맞은편에 앉았습니다. 백발의 할아버지는 그를 한 번 쓱 올려다보더니 개의치 않고 식사를 이어갑니다. 가끔은 이러다 서로 말동무가 되기도 한답니다. 혼자 밥을 먹는 노인들이 많은 낙원동 식당에서 볼 수 있는 흔한 풍경입니다.

손님과 주인은 오랜 친구처럼 스스럼이 없습니다. 저녁 시간을 넘겨 식당에 들른 할아버지에게 주인은 "오늘은 늦게 나오셨네"라며 미소를 주고받습니다. 좀 전에 밥을 먹고 얼큰하게 취해 돌아온 할아버지가 문 앞에서 "여어~" 하며 인사를 건네자 그는 "조금만 드셔. 많이 드시면 안 돼" 하며 어깨를 다독여 드립니다.

근처에 불을 밝힌 선술집 포장마차에선 주인과 손님들이 일행처럼 이야기를 주거니 받거니 왁자지껄합니다. 이곳의 안주인 김치찜, 생선구이가 철판에서 지글지글 익어가는 소리가 나면 어르신들의 수다도 정점에 다다릅니다. 이런 분위기 덕분인지 저녁이 되자 일대는 정감과 활기가 넘쳐 흐릅니다. 유난히 이곳엔 동네 이름에서 따온 '낙원'이라는 명칭의 식당 간판이 많은데, 넉넉하지는 않아도 어르신들을 정답게 품어주고 보듬어주는 것이 어쩐지 '낙원'의 모습과 닮아 보입니다.

● '파고다 출근자'들이 꼽은 낙원동 맛집

"할아버지, 점심 드시러 자주 가는 집 어디예요?" 말이 떨어지자마자 파고다 나들이 10여 년 경력의 '베테랑' 할아버지들의 입이 분주해졌습니다. 지금까지 이 일대에서 먹은 점심만 수백 그릇이 넘을 테니 그럴 만합니다. 싸고 맛있는 집을 찾아 나서는 건 어르신들이 누리는 일

"어르신들이 '아들아',
'막내야' 라고 부르며
친아들처럼 살갑게 대해주셔서
고마울 따름이죠.
자주 오시던 어르신의 발길이
오랫동안 끊기면
'아, 돌아가셨구나' 하고
짐작하곤 슬퍼질 때도 있어요."

상의 즐거움이자 한편으론 숙제이기도 합니다. 말로 설명해주는 건 부족했는지 소매를 끌고 손수 이곳저곳 데려다 주십니다. 그렇게 1시간 정도를 누비고 나니 어르신들의 '맛집'이라고 할 만한 장소로 10여 곳이 추려지네요. 그중 몇 군데를 소개합니다. 할아버지들만큼이나 나이를 먹어 오랜 기간 손때가 묻은 장소인 것 같습니다.

수련집 · 부산집

낙원동 파고다 오피스텔 맞은편, 두 사람이 겨우 들어갈 정도의 좁은 골목을 걷다 보면 '수련집'과 '부산집'을 차례로 만날 수 있습니다. 식당의 간격은 50m도 채 되지 않을 정도로 가깝습니다. '수련집'과 '부산집'의 대표 메뉴는 각각 가정집 백반과 동태백반. 가격은 3000원으로 똑같습니다. 가게 이름만큼이나 소박하면서 정겨운 분위기를 지닌 두 식당의 음식은 '집밥'과 가장 가깝다는 점이 매력입니다. '수련집'은 푸짐한 밥에 국, 여덟 가지 반찬이 소담하게 차려 나오고, '부산집'은 큼지막한 동태 살과 얼큰한 국물이 밥맛을 돕습니다. 미로 같은 길에 숨어 있는 두 식당은 이제 젊은이들도 입소문을 듣고 찾아올 정도로 유명해졌다고 합니다.

부자촌

그동안 밀가루 가격은 천정부지로 올랐지만 파고다 공원 동문 근처에 있는 '부자촌'은 2000원대의 콩국수 · 냉면 · 짜장면 등 면요리의 가격을 10년간 단 한번도 인상하지 않았습니다. '부자촌'을 운영하는 전영길(66세) 할아버지는 "단돈 500원도 크게 느끼는 손님들 때문에 차마

올릴 수가 없었다”라고 전했습니다. 그러면서 그는 “요즘 시내에서 한 끼 가격은 어르신들에게 부담스럽게 느껴질 정도지만, 여기선 그 돈이면 친구들한테 한턱 거하게 낼 수도 있다”라며 자랑했습니다. ‘부자촌’은 30여 개가 넘는 다양한 식사와 안주가 특징입니다. 최근에는 찜닭이나 전골 등 안주에 술 2병을 곁들인 1만 원짜리 세트 메뉴를 출시해 손님 모으기에 한창입니다.

팔도 지명 다 모인 순대국밥집

낙원상가 옆 순대국밥 골목에는 ‘강원도집’, ‘광주집’, ‘전주집’, ‘충청도집’, ‘호남집’ 등 전국 팔도의 지명이 다 있습니다. 처음 이곳에 국밥집 문을 열었던 주인들의 고향으로, 벌써 40여 년 전 이야기입니다. 지금은 새 주인들이 가게를 인수해 장사를 하고 있습니다. 7년째 ‘전주집’만 고집한다는 이영옥(66세) 할아버지는 이날도 점심으로 국밥 한 그릇과 소주 한 병을 비웠습니다. 할아버지는 “그동안 주인 바뀌는 것도 다 봐왔지. 그래도 인연이라는 게 있으니까 난 여기만 와”라고 했습니다. 골목 초입에서 ‘허리우드식당’을 운영하는 배영애(67세) 할머니는 이 자리에서 수년간 작은 슈퍼를 하다가 1960년대 후반 극장이 생기고 나서 업종을 변경했습니다. 가게에는 몇 년 전 TV방송에 출연했던 그의 사진이 상장처럼 붙어 있습니다. 낙원동에서 청춘을 보냈다는 할머니의 얼굴은 그때보다 주름이 꽤 늘어 있었습니다.

종로 한복판서 매일 벌어지는
수백 개의 전투

서울 종로 일대에서는 매일 수백 건의 크고 작은 전투가 벌어집니다. 종로 한복판 3만 9669㎡(약 1만 2000평)의 종묘광장공원이 일순간 전쟁터로 변하는 것인데요. 전장은 바로 가로 42㎝×세로 45㎝(한국기원 정식 규격)의 장기판과 바둑판입니다. 머리가 성성한 65세 이상의 노장들이 참전해 혈투를 벌이는 것이죠. 공원 안에 놓인 장기·바둑판은 줄잡아 100개. 노장들이 손에 쥔 무기는 장기알과 바둑알이 전부입니다. 곳곳에서 탄성과 탄식이 터져나오는 '국지전'에서 이들이 전리품으로 얻는 것은 다름 아닌 '시간'입니다. 할아버지들은 각자의 시간을 걸고 싸웁니다. 그런데 이 전투는 보통의 여느 싸움과는 달라 보입니다. 상대방의 시간을 뺏는 것이 아니라 내 시간을 내어주는 것이 목표이자 이 전쟁의 전술인 것이죠. 이기든 지든 하루를 보낼 수 있으니 결국 모

서울 종로구 파고다공원 북문 근처에서
어르신들이 시끌벅적하다.
장기를 두는 손은 네 개지만 장기판을 향한 눈은
몇 개인지 셀 수가 없다.

두 이기는 싸움인 겁니다. 기력이 쇠한 노장들이 하루 대여섯 판도 거뜬한 이유가 바로 이것인가 봅니다.

2013년 늦가을 어느 날 오후 3시. 서울 종로구 훈정동에 위치한 종묘공원은 250명이 넘는 할아버지들로 가득 찼습니다. 바둑과 장기를 두는 할아버지들이 모여 있는 공원 안에서 강북주차관리소 주변은 특히 북적북적합니다. '탁, 탁' 뿌연 담배 연기 사이로 들려오는 소리를 따라가봤습니다. 이날은 주목이 심어진 화단 주변으로 바둑판 70여 개, 장기판 20여 개가 깔려 있었습니다. 한 판에 두 명이 대결하는 것이니 200명 가까운 노장들이 대결을 펼치는 셈입니다.

주목 나무 아래에 자리를 잡은 이명권(73세) 할아버지는 오전 11시부터 점심도 거른 채 4시간째 바둑을 두고 있었습니다. 승부가 나길 기다려 말을 걸자 "이거 두다 보면 밥 생각도 안 나"라며 다시 바둑판을 응시했습니다. 이 할아버지의 집은 경기도 역곡. 집을 나서 공원까지 1시간을 훌쩍 넘기는 거리지만 주차관리 일을 쉬는 날에는 꼭 종묘공원에 오신답니다. "집에 있으면 시계만 자꾸 보는데, 여기 오면 시간 가는 줄 몰라. 하루가 쏜살같다니까."

이따금 "장이요", "멍이요" 소리만 들리던 공원이 갑자기 소란스러워졌습니다. "포(包)가 넘어가야 한다니까", "마(馬)가 들어와서 막아야지", "아니지 아니야. 궁(宮)을 틀라고 궁을." 수세에 몰린 장 아무개 할아버지가 선뜻 방어를 하지 못하자 구경하던 사람들이 훈수를 둔 것입니다. 심지어 한 훈수꾼은 직접 말을 옮기기까지 합니다. 이러다 진짜 싸움판이 벌어질 성 싶습니다. 그러나 소란은 장 할아버지가 "가만 있어요. 가만. 이래서 동네 장기는 안돼"라며 '버럭' 하자 이내 잠잠해졌습니다. 훈수꾼보다는 장기꾼이 '왕'인가 봅니다. "졌어요. 졌어." 장 할아버지가 결국 패배를 인정하자 또 훈수꾼들이 "에이~ 그러니까 내가 상(象)을 먹으라고 하니까", "내가 아까 마(馬)를 나가라고 했잖아요"라며 한마디씩 보탭니다. 이상한 건 패장인 장 할아버지의 표정이 밝다는 것입니다. "내가 져줘야 한 번 더 두지. 아직 시간도 많은데."

한편에서는 '빅 매치'가 진행 중이었습니다. 구경하는 사람만 10여 명. 할아버지들이 빙 둘러 서서 구경을 하는 탓에 밖에선 장기를 두는 사람들이 보이지 않을 정도입니다. 그 틈을 비집고 들어가보니 초(楚)나라가 일촉즉발의 패망 위기입니다. 한(韓)나라가 멀리서는 포(包)로, 코앞에서는 졸(卒)로 초나라의 궁을 켜켜이 압박하고 있습니다. 초나라를 잡은 할아버지의 큰 귀가 벌겋게 달아올라 있습니다. 이때 한 할아버지가 나직이 상황을 전합니다. "저이가 3번 졌대. 1만 원씩 했으면 3만 원 잃은겨."

도대체 이 장기판과 바둑판은 어디서 나온 것일까요. 궁하면 통하는 법. 이곳 종묘공원에는 소일하는 할아버지들을 상대로 장기·바둑판을 대여해주는 상인이 3명 있습니다. 공원 가운데서는 바둑만, 공원 오른쪽 주목 아래에서는 바둑과 장기를 빌려줍니다. 상인이 미리 준비해 놓은 자리에 앉거나 자리가 없으면 "여기 바둑", 또는 "여기 장기"라고 외치기만 하면 바로 판이 벌어집니다. 한 사람당 1000원씩 총 2000원. 이 대국비는 장기건 바둑이건 종목도 따지지 않고 1시간이든 하루 종일이든 시간도 구애받지 않습니다. 그냥 무조건 한 사람당 1000원씩 받는 아주 간결한 셈법입니다. 여기에 '은박보온재'로 만든 깔개와 요구르트 2개가 함께 제공되는데 서비스치고는 제법이 아닐 수 없습니다.

이곳에서만 5년째 바둑판을 빌려주고 있다는 한 관리인은 "많이 나갈 때는 바둑판이 100개, 장기판이 40개도 나간다"며 "한 번 빌리면 점심 먹고 와서도 계속 하시니 하루 종일 두는 것은 예사"라고 전했습니다. 관리인들은 혼자 온 손님과 장기를 두기도 합니다. 이 경험을 바탕으로 상대가 없는 할아버지들에게는 실력이 비슷한 할아버지를 소개시켜주기도 한답니다. "다들 시간 보내자고 장기를 두지만 지면 얼마나 성을 내는지. 아주 난리를 부리는 할아버지도 있어. 비슷하다고 소개시켜줬다가 사기 쳤다고 혼난 적도 많아." 파고다공원에서 장기판을 빌려주다가 종묘공원으로 장소를 옮겼다는 한 장기 관리인이 일화를 소개합니다.

바둑판과 장기판의 대여 시간은 상인이 출근하는 시간부터 퇴근하는 시간까지입니다. 해가 늦게 뜨고 빨리 지는 가을과 겨울에는 보통 오전 8시부터 오후 5시까지 판을 빌릴 수 있습니다. 마감시간을 딱 정해서 매정하게 자르지 않아도 시간이 되면 할아버지들이 알아서 판을 정리하고 일어선다네요. 이날도 5시가 넘자 할아버지들이 알아서 자리를 뜨기 시작했습니다. "요즘은 내가 오전 8시쯤 나오는데, 그 시간이면 벌써부터 나를 기다리는 할아버지들이 열 명은 넘어." 사실 일반적으로 공원 내 상행위는 못하는 게 원칙이지만 융통성 있는 법 집행이 그나마 어르신들에게 여유를 제공하는 듯합니다.

알뜰한 할아버지들은 집에서 매번 장기판을 챙겨 오기도 합니다. 공원 안에 나무 밑이나 인근 골목길 캐비닛에 숨겨두는 할아버지도 있답니다. 장기판을 빌리지 않는 할아버지들의 필수품은 신문. 바닥에 깔고 앉는 용도로 쓰는데 구하기 쉽고 휴대도 간편하니 제격입니다. 한 할아버지는 바닥에 깔고 남은 신문지를 돌돌 말아 다시 뒷주머니에 꽂은 채 장기를 두고 있었습니다. 할아버지들이 손수 만든 'DIY 장기판'은 합판을 잘라 자를 대고 매직으로 선을 그려놓은 것입니다. 울퉁불퉁한 바닥에 놓인 장기판의 균형은 바둑알을 괴어 잡는 기지를 발휘했네요. 잃어버린 졸(卒) 2개는 검은색 바둑알로 대신하는 센스도 있습니다. 매일 바둑판을 집에서 들고 다닌다는 한 할아버지에게 "매일 접히지도 않는 장기판을 들고 다니기 불편하지 않느냐"고 묻자 "하루에 1000원씩 한 달이면 3만 원"이라며 "그 돈이면 술을 사먹겠다" 하고 혀를 내두릅니다.

🔴 침묵형, 중계형, 기어이 끼어드는 참견형까지
　　장기만큼 볼 만한 '구경꾼 스타일'

불구경 다음으로 재밌다는 게 싸움구경이던가요. 종묘광장공원에 모인 할아버지들 사이에 이것들 못지않게 흥미로운 구경거리가 있습니다. 바로 '장기 구경'입니다. 장기도 전투이니 크게 보면 싸움구경의 범주에 들어가겠군요.

　공원에 펼쳐져 있는 장기판은 20~30개. 바둑판 수의 절반에도 못 미치지만 구경꾼은 두 배 이상 많습니다. 장기의 묘미는 뭐니 뭐니 해도 바로 옆에서 훈수 두는 맛인가 봅니다. 두 명 넘게 구경꾼이 있는 곳에는 십중팔구 장기판이 있습니다. 보통 30분이면 한 판이 끝나 처음부터 끝까지 구경하기 제격이기 때문입니다. '딱, 딱' 판과 말이 만들어내는 경쾌한 효과음과 "장이요" 소리가 구경할 맛을 더합니다.

남의 경기를 지켜보는 구경꾼이지만 자세히 살펴보니 이들에겐 나름의 스타일이 있습니다. 입에 자물쇠를 채운 듯 입을 꼭 닫고 장기판에만 시선을 고정하고 있는 할아버지는 '침묵형 구경꾼'. 장기를 두는 할아버지들 주변에서 자주 볼 수 있는 유형입니다. 이런 침묵형 구경꾼 중에는 아예 휴대용 낚시의자를 펴서 자리를 떡하니 잡고 구경하는 할아버지도 있습니다.

사람이 많아지면 말도 많아지는 법. 구경꾼이 세 명 이상 몰린 장기판에는 장기를 두는 사람보다 더 분주한 할아버지들이 있습니다. 바로 '중계형 구경꾼' 들인데요. 이들은 눈으로만 보는 데 만족하지 못하고 장기 말의 일거수일투족을 중계하기 바쁩니다. "상(象)이 넘어갔네", "차(車)로 포(包)를 안 먹고 마(馬)를 잡았네", "차(車) 피한다고 졸(卒)이 양쪽에 있는데 들어갔잖어" 등 중계를 듣고 있으면 축구경기 캐스터가 따로 없습니다. 내친김에 판세를 분석하는 할아버지들도 있습니다. "둘이 엇비슷해보여도 포(包)도 있고 상(象)도 있는 홍(紅)이 좋네. 청(靑)이 아까 포를 안 먹은 것이 크다 커."

중계형 구경꾼보다 더 적극적인 할아버지들은 '참견형 구경꾼' 입니다. 이들은 중계는 물론이고 온갖 훈수를 쏟아냅니다. "에이~ 뭐 하는 거야. 그냥 그거 먹어버려. 아니지, 아니야. 청은 거기 있으면 안돼. 얼른 도망가야지." 잠자코 듣기만 하던 할아버지가 결국 입을 떼기 일쑤입니다. "아이고 시끄러. 동네 할아버지는 여기 다 모였나봐"라며 손을 내젓지만 싫지 않은 눈치입니다. "이거 뭐 어떻게 하라고. 먹으라는 거야, 말라는 거야?"

5

"이보다 더 좋을 순 없다"
그분들이 꼽은 파고다 명소는?

어르신들의 쉼터인 파고다공원을 중심으로 낙원동 일대에는 시간을 거스르는 장소와 물건, 사람들이 즐비합니다. 바쁜 일상에서 이런 '시간 여행'을 할 수 있다는 것도 색다르지만 손때 묻은 잡화, 추억을 파는 가게, 그리고 그 속에서 만나는 사람들의 표정은 따뜻하기 그지없습니다. 이 일대에서 손에 꼽을 만한 명소와 명물을 몇 가지 추려 소개합니다.

● 허리우드 실버 영화관

"어휴, 이러다 늦겠네. 같이 좀 탑시다." 서울 종로구의 낙원악기상가.

나이 지긋한 할아버지, 할머니 서너 명이 이 건물 엘리베이터를 향해 총총 걸음을 내딛습니다. 으레 여유롭고 느린 걸음만 있을 줄 알았던 낙원동에서 서둘러 발걸음을 재촉하는 모습이 의아합니다. 어르신들을 따라 함께 승강기에 몸을 실었습니다. 금세 만원이 된 엘리베이터는 4층에서 승객들을 한꺼번에 쏟아냅니다. 도착한 곳은 다름 아닌 '허리우드 클래식 실버 영화관' 입니다. 이곳에선 55세 이상은 누구나 영화 한 편을 2000원에 볼 수 있는 특권을 누릴 수 있다더군요.

이곳 실버 영화관에서 어르신들은 팍팍한 일상과 권태에서 잠시나마 벗어나 여유를 누립니다. 365일 운영되는 이 영화관은 하루 네 번 국내외 유명 고전영화를 상영합니다. 상영관이 하나인데다 3~4일간 같은 영화만 틀어주지만 어르신들에게 인기가 꽤 높습니다. 매표소에서 티켓을 사고 로비에 앉아 입장을 기다리는 모습은 여느 대형 영화관과 다를 바 없습니다. 이날은 1970년작 소피아 로렌 주연의 〈해바라기〉가 상영되고 있었습니다. 어르신 관객들이 20~30대 창창하던 시절에 봤던 추억의 영화를 되새김하는 것이죠.

할아버지들로 북적이는 파고다공원 주변과는 달리 이곳은 할머니들의 발길이 잦습니다. 관객의 30% 이상이 할머니들이랍니다. 로비에는 꽃무늬 옷으로 한껏 맵시를 뽐낸 할머니 부대를 비롯해 극장 데이트를 즐기는 노년 커플들도 눈에 띄네요. 오렌지 주스 한 컵에 빨대 두 개를 꽂고 마시는 70대 커플은 이제 막 수줍은 연애를 시작한 젊은이들처럼 풋풋해 보입니다.

분홍색 머플러로 멋을 낸 이 아무개(75세) 할머니도 이날 3살 연상의 남편과 함께 영화관 나들이에 나섰습니다. "영화를 보다가 감상에 젖

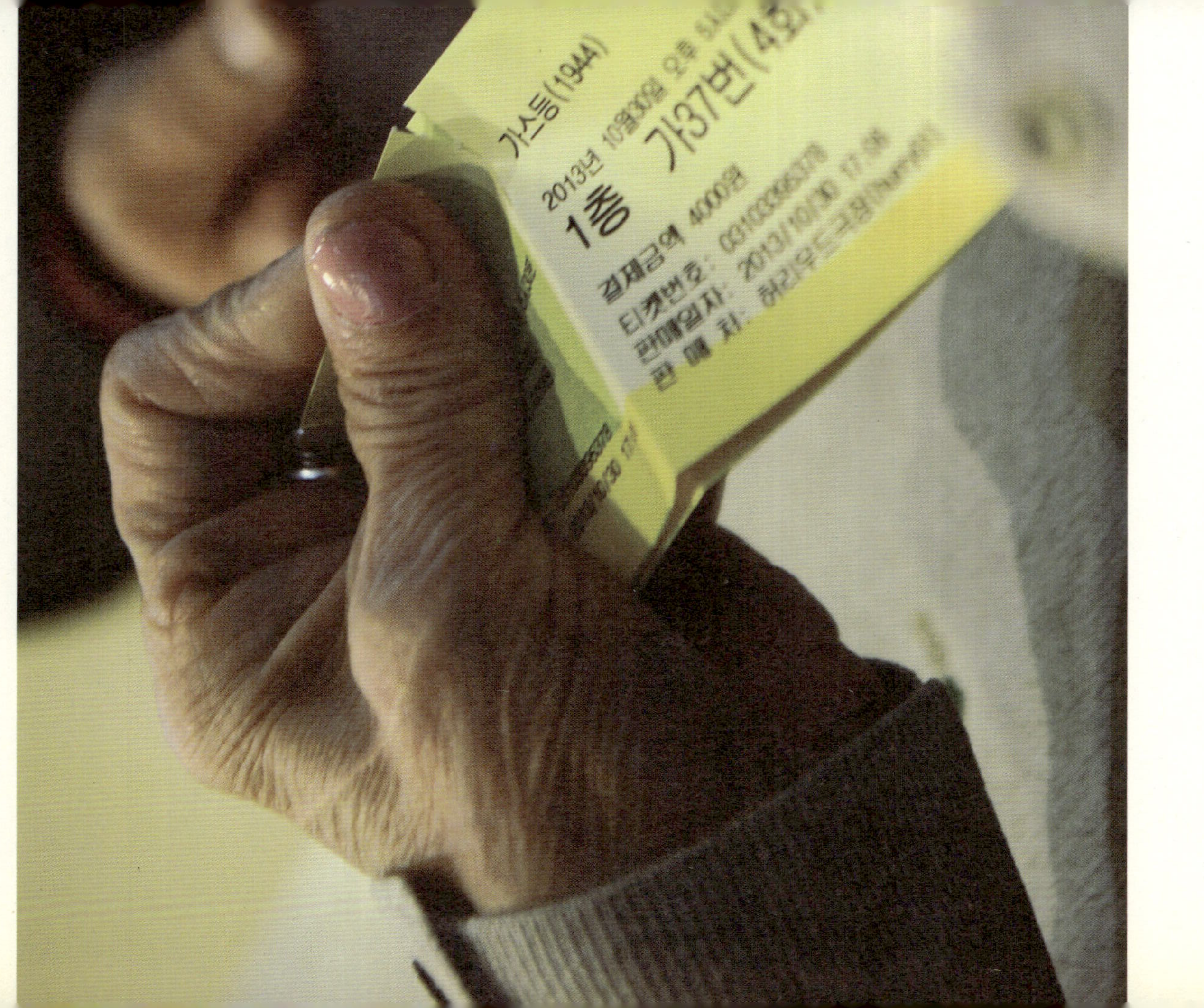

가스등(1944)
2013년 10월30일 오후 8시
1층 가137번(4열)
결제금액 40000원
티켓번호: 03103390378
판매일자: 2013/10/20 17:0
판 매 처: 여리우드극장

서울 낙원동 실버영화관에서
자원봉사 할머니가
관객들의 표를 끊고 있다.
대형 멀티플렉스 영화관과 달리
지각을 해서 영화의 앞부분을
못 봤더라도 다음 회차에서
이어볼 수 있다.

어 눈물까지 흘렸다"라고 말하는 할머니의 얼굴에선 언뜻 소녀의 모습이 보이는 듯합니다. 할머니는 여동생이나 여고 동창들과도 자주 이곳을 찾는다고 합니다. 이 할머니 같은 단골 관객만 1000여 명에 달한다는 게 극장 관계자의 설명입니다.

영화관 안은 노인들의 눈높이와 취향에 맞게 꾸며져 있습니다. 로비에는 기능성 신발과 틀니 세정제, 염색약 등을 파는 노인용품 전용매장도 들어서 있고, '베사메무쵸', '서핑 USA'와 같은 팝송이 흘러나와 향수를 자극합니다. 300여 석이 갖춰진 상영관은 앞뒤 좌석 간격이 널찍하고, 한글 자막의 크기도 읽기 쉽도록 큼지막하게 박혀 나옵니다.

상영관 앞에서 표를 받는 직원과 자원봉사자들도 모두 65세 이상의 어르신들로 포진돼 있습니다. 영화관이 문을 연 2009년부터 근무한 김종준(71세) 할아버지는 "평일 하루 600~800명, 주말에는 1000명 이상이 영화를 보러 온다"며 "영화관 회원 8000여 명에게 매주 상영작 정보를 문자 메시지로 전송하는 등 꾸준히 홍보하고 있다"라고 전했습니다. 이번 달에 이곳에서 상영되는 영화들도 〈별들의 고향〉(1974년, 이장호 감독), 〈지상에서 영원으로〉(1953년, 프레드 진네만), 〈벤허〉(1959년, 윌리엄 와일러) 등 국내외 고전이 망라돼 있으니 어르신들의 발길이 끊이지 않을 듯합니다.

🌰 가요주점 '스타하우스'

실버 영화관이 잠깐의 '여유'를 즐기는 곳이라면 무대에 올라 부르는 노래 한 소절로 '여흥'을 즐기는 곳도 있습니다. 파고다공원에서 종로 3가역 5번 출구로 가는 길에 위치한 가요주점 '스타하우스'가 바로 그곳인데요. 차와 커피, 주류를 파는 이곳은 문을 연 지 올해로 17년째라고 합니다. 건물 2층에 있는 가게 안으로 들어서면 벽면을 빈틈없이 뒤덮고 있는 수천 개의 감사장과 감사패로 눈이 휘둥그레집니다. 유심히 들여다보니 수상자 이름이 하나같이 똑같네요. 주인공은 다름 아닌 이곳을 운영하는 김종수 사장(62세)입니다.

김 사장님은 39년째 전국 곳곳에서 무료 자선공연을 펼치고 있는 낙원동의 대표 '별난 인물'로 통합니다. 김 사장은 "20대 때부터 극장쇼 생활을 하다가 코미디언으로 데뷔했지. 쓰리보이, 백남봉 뒤를 잇는 원맨쇼 전문 코미디언이 되려다가 우연히 기회가 생겨 군부대 위문공연을 했는데, 재미가 들려 그 후로 지금까지 쭉 자선공연을 하고 있어"라고 사연을 전했습니다. 지금까지 군부대, 교도소, 양로원 등에서 연 무료 자선공연만 해도 3000회가 넘는다는군요. 가게 벽면을 가득 채운 1400장의 감사장은 그의 삶을 보여주는 증표라고 할 수 있겠네요. 김 사장은 "1990년대 초반엔 SBS에 좀 있었어. 큰 배역을 맡지 못해서 사람들은 잘 몰라. 무명 코미디언이지, 뭐"라며 허허 웃어제낍니다.

저녁 8시 무렵이 되자 어르신들이 하나둘씩 가게로 들어왔습니다. 대부분 무대 위에 올라 마이크를 잡고 노래 실력을 뽐내려는 사람들입니다. 1만 원을 내면 색소폰, 전자오르간을 연주하는 2인조 밴드의 반주에 맞춰 세 곡을 부를 수 있고, 감상은 '무제한 공짜'입니다. 조영남의 '그대 그리고 나'를 열창하던 이영수(65세) 할아버지의 무대가 끝나자 객석에선 우레와 같은 박수가 터져나왔습니다. 할아버지는 "우리

가요주점 '스타하우스' 에서
한 어르신이 구성진 가락을 뽑내고 있다.

같은 60~70대들은 젊었을 적 고생을 많이 하던 사람들인데 이렇게 즐겁게 노래를 할 수 있는 자리가 있어 좋지"라고 말했습니다.

　김 사장은 "문화, 예술이 필요하지만 소외된 곳이 너무 많아. 이 주점도 그래서 만든 거고. 난 예산이 부족하니까 아무래도 한계가 많지. 예술인 단체들이 자선활동을 많이 해줘야 돼"라고 했습니다. 김 사장은 수익금의 10%를 위문공연에 필요한 경비로 충당해서 쓰고 있답니다. 매년 겨울이면 강원도 철원의 군부대와 국가유공자들이 지내는 지방의 보훈병원을 찾는다고 하는데, 올해도 위문공연 준비에 한창입니다. 그러나 자기 자신도 늙어가고 있어 이제 그곳을 방문할 날도 얼마 남지 않은 것 같다는군요. 그는 "근데 집사람은 이런 거 무지 싫어해. 만날 나를 '무능한 사람'이나 '별난 사람'이라고 부른다고. 하긴 돈만 있으면 공연한다고 다 쓰는데 좋아할 사람이 누가 있겠어"라며 멋쩍은 듯 웃었습니다.

● 음악 DJ가 있는 낙원동 '추억더하기'

"팻 먼로의 '워크 어웨이', 가을에 듣기 참 좋은 노래죠. 신청하신 분 누구시죠?"

　음악카페 DJ의 부드럽고 중후한 목소리가 울려 퍼집니다. 회색 베레모를 쓴 할아버지가 슬며시 손을 들자 DJ는 "멋쟁이시네. 모자를 쓰신 분들이 원래 멋져요. 내가 모자 썼다고는 말 못하지만요"라며 재치 있는 멘트로 웃음을 자아냅니다.

서울 낙원동에는 이렇게 1970년대 음악다방을 그대로 옮겨놓은 듯한 '추억더하기' 카페가 있습니다. 그 시대 청춘의 상징이었던 배우 오드리 헵번의 얼굴이 커다랗게 가게 외벽을 장식하고 있는데요. 명찰에 '청춘식'이라고 적힌 옛날식 교복을 입은 할아버지의 안내에 따라 카페에 들어서자 음악DJ가 틀어주는 감미로운 올드팝이 들려옵니다.

'추억더하기'는 원래 낙원상가 4층의 실버 영화관에서 소규모로 운영되다가, 서울시와 하나은행의 후원을 받아 2013년 5월 정식으로 문을 열었습니다. 양은 도시락 등 식사는 3000원, 커피 등 차 종류는 2000원으로 저렴한 가격. 무엇보다 듣고 싶은 음악을 마음껏 DJ에게 신청할 수 있는 '음악 감상실'이라는 점이 인기를 끄는 요인인 듯합니다.

이곳의 음악DJ 장민욱 씨가 앉아 있는 작은 룸 안에는 2700여 장의 LP반이 벽장을 가득 메우고 있습니다. 곱슬머리를 길게 기른 그는 1976년 영등포에서 음악DJ 생활을 시작해 노량진, 가리봉동 등을 거쳐 4년 전 낙원동에 터를 잡았다고 자신을 소개했습니다. 환갑이 되려면 2년은 더 있어야 하니 어르신들에게는 동생뻘입니다.

쉴 새 없이 LP반이 돌아가는 턴테이블 옆에는 신청곡이 적힌 메모지가 여러 장 포개져 있었습니다. 장 씨는 "신청곡의 70%는 어르신들이 20, 30대 때 들었던 추억의 팝송이고 그 외에는 배호, 이미자, 패티김 등 국내 유명가수가 부른 가요"라며 "정통 트로트 음악을 찾는 분은 거의 없는데 젊은 시절을 회상하며 그 시절 노래를 다시 들었을 때 더 절절하고 감동도 크기 때문"이라고 말했습니다.

그는 어르신들이 관심 가질 만한 기사를 일일이 스크랩해 멘트에 활용하고 있었습니다. 이날은 조용필, 구봉서, 패티김 등 연예인들의 은

관문화훈장 수상 보도와 노인 무임승차 축소 논란에 대한 기사를 소개해 손님들과 공유했습니다. 그가 장수 DJ로 사랑받는 비결인 듯했습니다. 이러한 노력 덕분인지 어르신들 중에는 직접 지은 시나 사연을 보내 낭독을 부탁하는 '적극 참여형'도 많다고 전했습니다.

테이블 15개의 작은 가게 안에는 10여 명의 손님들이 자리를 채우고 있었습니다. 친구와 대화 삼매경에 빠져 있거나, 신청곡을 적는 데 열중하는 할아버지, 학창시절 '미팅' 느낌을 내는 듯한 노년의 무리까지 그 모습도 다양했습니다. 김대영 '추억더하기' 실장은 "날이 쌀쌀해지니 마땅히 갈 곳 없는 어르신들이 많이 찾는다"며 "장사한다고 보면 안 된다. 어르신들에게 쉴 공간을 만들어주기 위한 취지"라고 말했습니다.

손님뿐만 아니라 홀 서빙을 맡은 4명의 직원들도 모두 65세 이상 노인들이었습니다. 교복 명찰에 적힌 대로 자신을 '청춘식'이라고 불러달라는 할아버지(73세)는 "우리처럼 퇴직한 사람들은 집에서 시간 때우는 게 전부잖아. 이렇게 같은 또래끼리 얘기 나누고 일까지 할 수 있어서 좋지"라고 말했습니다. "일하기 힘에 부치진 않으세요?"라는 질문에 돌아온 할아버지의 답. "힘 닿는 데까지 하는 거지, 뭐. 즐거워야 하지 아니면 못해."

구제 옷

"잘 샀지? 새것 같잖아." 파고다공원 후문 맞은편에는 오늘도 어김없이 길바닥과 건물 외벽을 진열대 삼아 옷을 파는 좌판이 늘어섰습니다. 재킷이나 바지가 이곳 구제옷 좌판에서 취급하는 주요 상품입니다. 주인도 손님도 할아버지인 이 '옷가게'의 가격은 2000원에서 4000원. 제법 고급스러워 보이는 무스탕 점퍼도 이곳에선 단돈 7000원입니다. 부천에서 온 김 아무개(75세) 할아버지는 갑자기 쌀쌀해진 날씨에 두툼한 갈색 체크 무늬 재킷을 4000원에 구입하곤 "집에 가서 세탁 한 번 하면 깨끗하게 입지" 하며 흐뭇해 합니다.

물 건너 어느 나라에서 누군가 입다 버린 헌 옷일 테지만 재킷은 신기하게도 맞춤옷마냥 할아버지 몸에 착 맞습니다. 원래 입던 얇은 재킷은 검은 비닐봉지에 담아 기분 좋게 길을 나섭니다. 옷을 판 할아버지도 기쁘긴 매한가지. 그는 꼬깃꼬깃한 1000원짜리 지폐 여러 장을 연신 손으로 넘겨가며 돈을 셉니다. "장사 잘 되세요?"라고 넌지시 묻자 할아버지는 "난 아무것도 몰라. 안 들려" 하고 외면하면서도 지나가는 할아버지들에게 쉴 새 없이 판촉을 합니다. 장사 수완이 보통이 아닙니다.

그 순간 어디선가 "이러니까 우리가 장사를 못해먹지!" 하는 고함소리가 나네요. 근처 파출소로 이어지는 골목 방향입니다. 소리가 나는 쪽으로 발길을 옮겨보니 구제옷과 잡화를 파는 상점 주인이 씩씩거리고 있습니다. "저런 건 다 무허가에 불법이라고. 여긴 사업자등록하고 국가에 세금 내고 장사하는데!" 좌판을 손가락으로 가리키며 들으란 듯 소리를 치던 주인 아저씨는 좀처럼 흥분을 가라앉히지 못했습니다. 박리다매로 생계를 이어가는 구제옷 상인들 간에는 티격태격 갈등도 있나 봅니다. 아저씨가 운영하는 가게는 구제옷뿐만 아니라 벨트, 신발, 가방 등도 파는데 가격은 좌판보다 조금 높은 편이네요. 대신 껌과 사탕 같은 주전부리나 스킨·로션, 돋보기 안경까지 판매하는 상품이 여러 가지라 찾아오는 손님이 꽤 많은 편입니다.

오토바이를 타고 골목을 지나던 최봉현(57세, 종로구 신영동) 씨는 이 상황을 지켜보며 한마디 했습니다. "다 같이 먹고 살아야지. 오죽하면 그렇게 장사하겠나. 다들 없는 사람들인데 이해해줘야지." 마트를 운영하는 최 씨는 일주일에 한 번씩은 파고다 공원 인근에 들러서 쇼핑을 한다고 합니다. "지금 입고 있는 옷도 여기서 샀다"라며 점퍼 안에 껴입은 조끼를 보여주시네요. 오늘도 이곳에서 재킷 두벌을 총 1만 9000원에 구입했습니다. 옷깃 안쪽을 펼쳐보니 누군가 입은 흔적이 선명합니다. 그래도 최 씨는 "이래 봬도 질이 좋거든. 작업복으로 입으면 돼. 백화점 가면 이런 옷 10만 원이야. 우리 같은 서민들은 그런 데 못 가잖아" 하시며 툭툭 털고 봉투에 담습니다.

구제옷 상점 바로 옆에는 구두 전문점 '킴스'가 있습니다. 주인장 이학용(66세) 할아버지가 구제옷 상인들 간의 갈등을 정리해주시네요. "저쪽 좌판은 구청에서 여러 번 단속 나와서 압수도 해갔어. 빼앗긴 옷들 다 합하면 2만~3만 원어치 정돈데, 찾아오려면 벌금으로 8만 원은 내야 된다 하더라고. 벌금 내는 게 손해니까 다시 물건 떼와서 좌판에 까는 거고. 세 내고 장사하는 상점 주인들은 불만이 있는 거지." 이 씨 할아버지는 명동에서 장사를 하다가 낙원동으로 옮긴 지 10년째라며 "여기서 나 모르면 간첩"일 정도로 마당발이라고 했습니다. 멋 내기를 좋아하는 어르신들이나 무명가수들을 상대로 무대 의상용으로 신는 화려한 구두를 파는데요. "명동에 있을 적엔 가수 현인 씨, 안다성 씨, 설운도 씨도 상대했지. '지금도 마로니에는' 이란 노래 부른 원로가수

도 단골이었어. 이름이 뭐더라. 갑자기 생각이 안 나네." 같은 건물 2
층에 있는 음악주점 '파고다 타운'에서 연신 흥거운 노랫소리가 흘러
나왔습니다.

비록 3평짜리 비좁은 가게지만 전시된 구두들은 세련된 디자인에
품질도 꽤 좋아 보였습니다. 가격은 5만~15만 원 선입니다. 그런데 경
기는 점점 안 좋아지고 저렴한 중국산 신발에 설 곳을 잃으면서 지금
은 근근이 유지만 할 따름이라고, 조만간 음식점으로 업종을 바꿀까
할아버지는 고민 중입니다. 가게를 아예 처분해버려도 그만이지만 벌
써부터 자녀들에게 의지하는 건 원치 않는다며 힘 닿는 데까지 일하고
싶다고 하십니다. 그렇게 가게 안에서 전기난로 하나 놓고 두런두런
이야기를 나누다가 길을 나서는데, 뒤에서 헐레벌떡 뛰어나온 이 할아
버지. 활짝 미소 지으며 이렇게 말씀하시네요. "그 원로가수 이름 이제
야 생각났어. 박건, 박건!"

🔴 포장마차형 점집

파고다공원 주변 점집들도 빠뜨리면 섭섭해 할 이곳의 명소입니다. 공
원 서문 돌담길에는 포장마차처럼 생긴 점집 10여 개가 담벼락을 따라
늘어서 있습니다. 2010년께 정부가 '노점상 특화거리 사업'을 벌이면
서 종로 대로변에 있던 점집들이 이 자리로 옮긴 것입니다. 신고제로
운영되는 점집들은 1년에 한 번씩 구청에 도로 사용료를 내고 있다고
하네요.

1호
사주
연애
궁합
토정
3,000

이 길에는 균일한 모양과 크기의 점집들이 다닥다닥 붙어 있습니다. 그 안에는 50~70대로 보이는 점술가들이 한 명씩 자리를 잡고 있고요. 늦가을 오후 손님을 맞은 점집은 2곳뿐이고, 나머지는 들어와주는 이를 기다릴 따름입니다. 바람이 꽤 강하게 불고 쌀쌀한 날씨여서인지 왠지 쓸쓸한 모습입니다. 사주운세, 궁합, 타로, 애정운이라고 적힌 세로로 긴 색색의 천들이 행인들에게 손짓하듯 나풀거렸습니다.

점집들을 기웃거리다가 투명한 비닐장막 사이로 한 여성 점술가와 우연히 눈이 마주쳤습니다. 눈화장을 짙게 한 그는 미소를 띠며 "들어오세요" 하고 인사를 건넸습니다. 몸을 숙여 안으로 들어가보니 그는 소형 가스 난로와 전등 하나에 몸을 맡기고 있었습니다. "요즘 장사는 잘 되세요?" 하고 묻는 말에 그는 "큰 길가에 있을 때보다 매출이 많이 줄었지. 또 요즘 젊은 사람들은 사주팔자도 인터넷 들어가서 보잖아" 라고 푸념했습니다. 그 말을 듣고 보니 군데군데 주인 없는 빈 점집들도 눈에 띄었습니다.

점집 행렬 중간쯤 자리를 잡은 김 아무개(79세) 할아버지는 파고다 최고령 점술가입니다. 검은색 중절모로 멋을 낸 김 할아버지는 아담한 체격에 동글동글한 이목구비가 특징입니다. 이전에 철학원을 운영한 경력도 있다고 명함을 주며 자신을 소개했습니다. 태어난 날과 시를 알려주고 난생처음 '사주팔자' 라는 것을 봤습니다. 할아버지는 사인펜을 들고 흰 종이에 또박또박 큼지막한 글씨로 사주를 적어 내려갔습니다. 돋보기 안경에 보청기까지 낀 그이지만 누구보다 정정했습니다. 할아버지는 말씀을 할 때마다 추임새를 넣듯 '에' 자를 붙입니다. "에…1등 가정주부, 에…집은 한두 채, 에…자식은 두 명" 듣기 좋은 이야기만 해주시네요. 커다란 돋보기를 들고 손금까지 봐주는 데 드는 돈은 1만 원입니다. 할아버지의 해맑게 웃는 얼굴은 보는 사람까지 저절로 기분을 유쾌하게 만드네요.

퇴근시간이 지난 7시께 점집들은 중년의 직장인, 손을 꼭 잡고 들어가는 커플들이 점차 자리를 채우기 시작했습니다. 이곳에서 만난 주부 이 아무개(56세) 씨는 "얼마 전 고3 아들이 수능을 봤다"면서 "어느 대학에 원서를 넣어야 할지 궁금해 물어보려고 왔다"라고 하네요. 파고다 점집들은 우리네 보통 사람들이 위안을 찾고 마음을 달래는 공간인 듯합니다.

골목 안쪽으로 더 들어가면 포장마차형이 아닌, '파라솔형' 점집이 세 곳 있습니다. 파라솔을 지붕 삼아 흰 천막을 두른 게 전부인지라 바람이 불 때마다 세차게 흔들립니다. 정 아무개(76세) 할아버지는 직장 생활을 하다가 10년 전부터 이 일을 시작했다고 합니다. 할아버지는 손님들의 사주팔자를 막힘없이 술술 이야기하다가도 자주 기침을 했고 그때마다 물을 들이켰습니다. "용돈 벌이는 돼. 자식들에게 짐이 되기 싫기도 하고 해서 심심풀이로 나와"라고 하시네요. 할아버지는 저녁 10시가 돼서야 자리를 파하고 일어섰습니다.

6

커피 한잔 200원,
파고다 '노천 카페'

"어디라고? 자판기 앞에 있어. 어여 와." 옅은 갈색 바바리 코트에 노란색 꽃무늬 넥타이를 맨 할아버지가 커피 자판기로 걸음을 옮기며 전화를 끊습니다. 코트 상의에서 1000원짜리 지폐 한 장을 꺼낸 박동석 할아버지(75세, 서울 상도동)는 '보통 진한 커피' 한잔을 뽑고는 잔돈 800원을 챙깁니다. "그냥 자판기 앞이라고 하면 다 알아. 우리들만의 신호지." 5분이나 지났을까. 장 아무개 할아버지가 도착합니다. 박 할아버지의 친구입니다. 박 할아버지는 인사 대신 "뭐 마실 텨?"라며 장 할아버지를 자판기 앞으로 잡아끕니다.

파고다공원 뒤편 상가 입구에 자리를 잡은 자판기 앞. 이곳은 바로 공원을 찾는 할아버지들의 '사랑방' 역할을 하는 곳입니다. 자판기 주인이 제공했다는 이동식 플라스틱 간이 의자를 가지고 공원 밖

담장 아래에 줄지어 앉아 있는 모습이 흡사 '노천 카페'를 연상케 합니다.

자판기 앞에는 늘 30여 명의 할아버지들이 모여 있습니다. 먼저 온 20여 명은 운 좋게 자판기 옆에 있는 간이 의자를 차지했군요. 자리를 찾지 못한 10여 명은 자판기 근처에 흩어져 그대로 선 채로 커피를 마십니다. 박 할아버지는 "다방에 가면 적어도 2500원씩, 넷이면 1만 원인데 그 짓을 왜 해"라며 자판기 커피 예찬론을 펼쳤습니다. "여기선 200원이면 돼. 의자도 있고. 다 비슷해 보이지만 맛이 다 달라. 달고 진한 거 먹고 싶으면 파란색 먹지." 고만고만해 보이는 커피 자판기마다 독특한 맛이 있다는 것입니다.

이곳에는 커피 자판기 3대가 나란히 놓여 있습니다. '보통 진한 커피'와 '약간 쓴 커피'라는 표시가 있는 자판기는 커피 전용입니다. 생강차와 마차를 마시고 싶으면 맨 오른쪽 자판기를 이용하면 된다는군요. 미묘한 커피 맛의 차이는 먹어본 사람만 안다는 것이 '길거리 다방'을 찾는 어르신들의 한결같은 설명입니다. 이 자판기의 커피값은 모두 200원. 300원인 생강차는 여기선 가장 고가입니다.

커피값은 2011년에 100원에서 200원으로 올랐다는데요. 커피값을 올리고 나서 할아버지들의 원성이 대단했다고 합니다. 지난 10년 동안 500g짜리 커피 한 봉지가 7800원으로, 종이컵 한 박스가 1만 8000원으로 두 배가량 오른 속사정이 있지만 어르신들 입장에선 하루아침에 커피값이 두 배나 뛰었으니 노여워할 만도 합니다. 매일 3~4잔의 커피를 마시는 박 할아버지도 이때는 커피를 딱 끊었었다고 합니다. 가격 인상에 대한 일종의 '불매운동'이었던 셈이죠. "내가 그때는 '이 커피

서울 종로구 파고다공원 북문 근처에
커피자판기 주변으로 어르신들이 몰려 있다.
100원짜리 동전 2개에 마음까지 따뜻해지는
커피를 마실 수 있다.

다시는 안 먹는다' 며 주인한테 욕도 많이 했어. 근데 여기만큼 맛있는 데가 없더라고. 주인이 부지런히 청소도 잘하고." 그렇게 '자판기 커피 불매운동' 은 그 탁월한 맛과 최상의 서비스 때문에 무위로 끝났다고 합니다.

자판기 근처에 놓인 플라스틱 의자에는 래커가 어지럽게 칠해져 있습니다. 자판기 주인이 할아버지들을 위해 놓아둔 의자가 처음에는 30개가 넘었는데 점점 사라지는 통에 임시방편으로 래커로 표시를 해뒀다는군요. 20개 남짓한 의자는 늘 만석입니다. 자리를 잠시만 비워도 다른 사람에게 뺏기기 십상입니다. 이 때문에 의자를 차지하기 위한 할아버지들의 눈치싸움도 치열합니다. 의자에 앉아 있던 검은색 정장을 차려입은 한 할아버지가 일어섭니다. 그런데 이 할아버지, 앉아 있던 의자를 오른손으로 들고 자판기 앞으로 다가갑니다. 커피를 뽑는 동안에도 할아버지는 의자를 내려놓지 않는데요. '의자 들고 커피 뽑기' 는 간이 의자를 뺏기지 않으려는 '고수' 들만의 비법이랍니다. 또 다른 할아버지는 의자를 비울 때면 가지고 다니는 불상을 올려두기도 한다는군요.

자판기를 찾는 할아버지들을 대상으로 한 틈새시장도 있습니다. 중고 손목시계와 목걸이, 벨트 등을 파는 좌판이 열리기도 하고 고량주 130㎖를 담아 포장한 중국산 잔술을 1000원에 팔기도 합니다. "밥 먹고 한잔하면 얼마나 좋아. 소화제가 따로 없어. 주머니에 넣으면 쏙 들어가." 고량주 잔술을 파는 아저씨는 이렇게 자랑을 늘어놓습니다. 이 아저씨는 할아버지들에게 인기 있는 '효도 MP3' 도 말만 하면 싸게 구해다 준다고 하네요.

수십 명의 할아버지들이 자판기 앞을 오가는 사이, 30여 분 전에 치운 쓰레기통이 다시 종이컵으로 가득 찼습니다. 자판기 3대에서 팔리는 커피는 하루 평균 700여 잔. 돌아서면 쓰레기통에 종이컵이 가득 쌓이는 이유입니다. 시어머니 때부터 15년째 이 자판기를 운영하고 있다는 고한순(60세) 씨는 "어휴. 청소 안 하면 여기 말도 못해요"라며 부지런히 손을 움직입니다.

고 씨가 쓰레기통을 비우는 중에도 고 씨를 알아본 할아버지들이 여기저기서 알은척을 합니다. 한 할아버지가 아무 말 없이 200원을 내밀자 고 씨가 알아서 '보통 진한 커피' 한잔을 뽑아줍니다. 고 씨는 "마음은 한잔씩 다 드리고 싶지만, 그러진 못하고 대신 커피 한잔 잡수시면서 잠시라도 앉아서 쉬라고 의자를 놨죠"라며 "여기가 어르신들의 노천 카페"라고 자랑합니다.

파고다 공원 골목길에 노천 카페 격인 자판기가 있다면 한 블록 지나 종묘공원 인근에는 '커피 할머니'가 있습니다. 이곳은 커피 한잔에 500원. 자판기 커피보다 곱절 이상 비싸지만 혼자 공원을 찾는 할아버지들이 자주 이용합니다. 보통 10여 년 단골이다 보니 커피가 몇 숟가락, 설탕이 몇 숟가락인지 일일이 말할 필요가 없다고 하네요. 커피 할머니는 정말 "커피 한잔 줘"라고 말하는 한 할아버지에게 능숙하게 개인별 맞춤 커피를 타줍니다. "내가 이 커피만 10년째야. 기계가 사람보다 나을 수 있나. 300원 비싸도 사람이 타주는 커피가 맛있지." 커피 할머니가 자랑을 늘어놓습니다. 점심식사 후 종묘공원에 들른 할아버지들이 자판기 대신 '커피 할머니'를 찾는 이유가 있는 듯합니다.

종묘공원 인근에 커피 할머니는 대여섯 명입니다. 공원 안에서는 상행위가 금지되는 탓에 공원 주변에 자리를 잡고 커피와 율무차, 유자차 등을 팔고 있습니다. 한 커피 할머니는 혹시나 단속에 걸릴까봐 보온통과 커피통 등을 검은 비닐봉지로 싸놓기도 했습니다. 물통은 화단 사이에 숨겨놓는 '기지'도 발휘한다는군요. 이곳은 종종 배달도 한답니다. 찾는 할아버지가 없을 땐 공원을 한 바퀴 돌며 여기저기에 버려진 종이컵을 수거합니다. 이때 운이 좋으면 커피 주문도 받는 거죠. 이날도 공원 곳곳에서 장기를 두거나, 이야기를 나누거나, 홀로 앉아 있던 할아버지들이 "여기 커피"를 외칩니다.

7

탑골 편의점 막걸리가
5배나 더 팔리는 까닭

주머니에 녹색 소주병을 꽂고 지나가는 할아버지. 유료주차장 근처에 삼삼오오 모여 앉아 안주도 없이 술을 들이켜는 노인들. 파고다공원 인근의 흔한 풍경입니다. 술로 세월을 낚는 분들이려니 싶다가 문득 실상이 궁금해 근처 편의점을 들렀습니다. "가장 잘 팔리는 거요? 술이죠." 질문하기 무섭게 대답이 돌아오네요. 따져 생각하고 말고 할 게 없답니다. 무조건 술이랍니다.

파고다공원 일대에 가장 많은 점포가 있는 편의점은 세븐일레븐입니다. 이 편의점은 공원에서 종로3가역까지 3군데의 요지를 차지하고 있습니다. 그 외 CU가 두 곳, GS25와 미니스톱이 각각 1개씩인데요. 세븐일레븐 본사에 협조를 요청했습니다.

역시나 이곳 편의점들은 전국에 있는 다른 점포에 비해서 주류 매출

김 할아버지가 낙원동 상가 주차장에 소박한 술상을 차렸다.
이날의 안주는 인근 교회서 나눠준 빵과
순댓국밥집에서 얻은 오도독뼈가 전부였다.

이 월등히 높았습니다. 특히, 막걸리 매출이 타 점포에 비해 5배가량 더 많았습니다. 2013년 1~9월 파고다공원 인근 세븐일레븐 점포 세 곳의 매출을 분석해보니, 이곳에서 팔린 막걸리 매출이 전국 평균보다 490.5% 많았습니다. 맥주도 479.5% 더 팔렸고 소주도 3배 가까이 (272.3%) 더 나갔습니다. 전체 매출에서 주류가 차지하는 비중도 전국 점포의 평균이 6%인 데 비해 파고다공원 인근 점포들은 10.7%로 4.7%포인트 높았습니다. 이와 함께 술의 보완재(?)라고 할 수 있는 일회용 종이컵, 나무젓가락 매출도 각각 38.8%, 27.9% 더 높았습니다. 할아버지들의 '술 사랑' 이 여지없이 숫자로 나타난 것인데, 어르신들이 즐겨 먹지 않는 삼각김밥이나 햄버거의 경우, 전국 매장의 평균 매출보다 각각 3.4%, 22.1% 더 빠지는 것으로 나와 극명한 대비를 보이고 있습니다.

이 일대 한 편의점에서 3년째 일하고 있는 김 아무개(32세) 점장은 술을 사는 할아버지 손님의 얼굴을 대부분 기억합니다. 그도 그럴 것이 하루에 적어도 세 번은 매일같이 드나들기 때문입니다. "아침부터 한 병, 두 병씩 사 가시는데 하루에 보통 4병 이상은 드시는 것 같아요."

할아버지들이 편의점을 찾는 이유는 두말할 것도 없이 저렴한 가격 때문인데요. 인근 식당에선 소주·막걸리가 한 병에 2000원, 잔술로 파는 막걸리도 1000원입니다. 이것도 아주 비싼 편은 아니지만 식당에서 반주로 곁들일 것이라면 모를까 '애주가 할아버지' 에겐 인근 편의점에서 사 마시는 게 훨씬 경제적인 것입니다.

파고다공원 주변에 있는 다른 편의점의 상황도 마찬가지입니다. 공원 인근 '수표로 22길' 에 위치한 한 편의점의 점주는 "할아버지들이 언제 술을 사러 오냐” 하는 물음에 “아휴, 오전이든 오후든 대중없죠”라고 잘라 말합니다. 아침부터 이어진 술 손님은 해가 지면 절정을 이룬다고 합니다. “안주 없이 소주만 달랑 사가는 경우가 많아요. 가끔 할머니랑 손잡고 오는 할아버지들은 과자도 사시고요.” 술을 사면서 마땅히 마실 곳이 없는 할아버지들은 편의점에서 술을 마시기도 한답니다. 이 탓에 한 편의점 안에는 ‘여기서 술 드시면 안 돼요’라고 아예 붙여놓기도 했습니다. “편의점 안에서 못 드시게 하니까 길가에 앉아 드시거나 근처 식당이나 포장마차에서 몰래몰래 드시는 것 같더라고요.”

편의점보다 조금 더 싸게 술을 사려는 할아버지들은 파고다공원 동문 쪽에 있는 할인 마트를 찾습니다. 이곳은 인근 편의점(소주·막걸리 평균 1300원)보다 100~200원 쌉니다. 이 가게에서만 소주와 막걸리가 하루에 평균 80병씩 나간다고 합니다. 주말에는 100병 이상씩 팔리기도 한다는데요. 그래서 주인은 소주와 막걸리로 채운 ‘술 냉장고’를 아예 입구에 놨습니다.

할인 마트 한 곳에서만 팔리는 막걸리는 파고다공원 인근 식당 전체에서 팔리는 막걸리의 절반에 육박합니다. 낙원동과 돈의동, 묘동, 봉익동 등에 위치한 200여 개의 식당에 막걸리를 납품하고 있는 ○○막걸리 종로대리점에 따르면 이들 식당에서 하루 평균 소비되는 막걸리는 200여 통. 하루 종일 골목골목을 누비며 막걸리를 배달하는 유행복 사장(62세)은 거의 매일 길에서 술을 드시는 할아버지들을 본다고 합니다. “사람들 눈 피해서 길가 곳곳에 자리를 잡고 있지. 식당에 막걸리 납품하는 입장에서 할아버지들이 식당에서 드시면 좋겠지만 별 수 있나. 할아버지들 주머니 사정 뻔히 아는데.”

늦가을 오후 1시께 마트로 들어선 김 아무개(77세, 서울 용두동) 할아버지. 능숙하게 냉장고에서 소주 1병을 꺼내 1000원짜리 한 장과 200원을 냅니다. 값을 꿰고 있으니 잔돈까지 맞춘 것입니다. 마트를 나서며 김 할아버지는 자연스럽게 검은색 점퍼 오른쪽 주머니에 소주를 넣습니다. 오늘만 벌써 두 번째랍니다. 할아버지를 따라 5분여를 걸어 파고다공원 근처 한 과일가게 앞에 도착했습니다. 김 할아버지는 "가자고"라고 말하며 기다리고 있던 친구에게 손짓을 하고는 낙원상가 지하상가 입구에 자리를 잡는데요. 눅눅해진 종이컵에 소주를 한가득 따르고는 "자 한잔혀"라며 친구에게 먼저 권합니다. 그사이 김 할아버지는 순댓국밥집에서 살이 조금 붙어 있는 오도독뼈 두 개를 손으로 집어왔습니다.

길가에서 술을 마시는 이유를 묻자 김 할아버지는 "슈퍼에서 사면 1200원인데 식당 가면 두 배야, 두 배"라고 말하곤 종이컵에 가득 담긴 소주를 들이켰습니다. "형편에 따라 먹는 거지. 돈 있으면 근사하게 음식점 가서 먹고, 돈 없으면 여기서 먹고." 10분이 채 지나지 않았는데 소주병이 비었습니다.

오도독뼈를 손으로 집어가는 김 할아버지가 싫을 만도 한데 식당 주인은 오히려 "뜨거운 데 좀 있다가 가져가요"라며 김 할아버지를 걱정합니다. 지난 수년간 거의 매일 얼굴을 익혀 미운 정 고운 정이 들었다고 하네요. "저 할아버지 몇 병이나 마시냐고? 한 번에 딱 한 병씩 사다가 마시는데 4병을 마실 때도 있고 6병을 마실 때도 있고. 종이컵 하나를 계속 쓰니 종이컵이 남아나. 다 흐물흐물해지지."

좀 떨어진 종묘공원의 풍경도 다를 바 없습니다. 종묘 서쪽 돌담길

과 공영주차장 사이 보도블록. 삼삼오오 바닥에 앉아 술을 마시는 할아버지들을 자주 볼 수 있는 장소입니다. 주차된 차가 사람들의 시선을 막아줘 눈에 잘 띄지 않기 때문이죠. 오후 2시께 이곳에서 할아버지 3명이 막걸리를 마시고 있었습니다. 신문지를 깐 바닥 위에 놓인 막걸리 3통 중 2통은 이미 바닥을 드러낸 채 비어 있었습니다. 이날은 최아무개(75세) 할아버지가 술과 과자를 샀다네요. 막걸리 3통에 3900원, 과자 1000원. 종이컵은 인심 좋은 가게 주인이 공짜로 줬답니다. "지나다니는 사람도 없으니 눈치 볼 것도 없고 가을볕 맞으면서 한잔하면 얼마나 좋은데."

나는 파고다 막걸리다

나는 막걸리다. 세상에서 가장 외롭고 거칠고 서늘한 손들이 매일 나를 찾아온다. 나 덕분에 이 동네 편의점은 전국 최고의 대박이라 자랑하지만, 그 매출은 눈물의 매출이고 고독의 출혈이다. 그분들은 나를 마신다지만, 어쩌면 내가 그분들을 마시는 건지도 모른다. 그들의 외로움과 거친 일상을 내가 마신다. 11월의 사나운 추위를 불콰한 기운으로 밀어내 준다. 나는 그들의 입술에서 이 추운 사회의 텁텁하게 쉰 냄새를 맡는다. 종이잔을 훌쩍 털어 넣느라 고개 든 그 눈에 보이는 하얀 낮달 같은 서러움을 함께 바라본다. 가끔은 내가 취해서 하얀 눈물을 뚝뚝 흘릴 때 술병을 쥔 이의 목청에선 옛 노래가 흘러나온다. '한 잔 술에 떠오른 얼굴, 두 잔 술에 지워버렸다.' 노랫가락에 흔들리는 술잔, 그 수면 위엔 주름진 얼굴조차 비치지 않지만, 어떤 날은 꺼이꺼이 우는 소리 들린다. 당신이 파고다를 잊은 순간에도, 나는 그분들의 삶을 함께 마시며 잠시 아프게 출렁인다.

—이상국 시인

흄이네
잔 술 1,000   1,000 막걸   00

그섬, 타고라

지금의 / 나는 / 미래의 / 너다

사람이 그립다

따라다녀봤자 아무 내용없어.
쓸 말 하나도 없을 거야. 천하에 평범한 사람이니까.
외로울 게 뭐가 있겠어?
파고다에 가면 그래도 다들 친구처럼 반겨주는데
오늘은 기자 양반이 동행해주니 좋네. 괜히 날 불쌍한 사람 만들지는 마.

8

45년간 한 평 쪽방서 사는
할아버지와 함께한 하루

"'혼자 사니까 저 궁상이다' 라는 말이 제일 듣기 싫어." 박 아무개(70세, 서울 돈의동) 할아버지는 노란색 티에 노란 형광색 점퍼까지 차려입고 한껏 멋을 부린 차림이었습니다. 오른손으로는 등산용 지팡이를 짚었습니다. 지팡이는 2010년 고관절 수술을 한 뒤부터 들기 시작했다네요. 할아버지는 "쪽방에 혼자 살아서 꾀죄죄하다"라는 말이 듣기 싫어 이날도 몇 벌 없는 옷 중에서 가장 밝고 깔끔한 옷을 챙겨 입었습니다. 할아버지는 혹시라도 옷에서 냄새가 날까봐 빠듯한 살림에도 빨래를 할 땐 향이 짙은 섬유유연제를 빼놓지 않는답니다. 매주 목욕탕에 가는 것도 거르지 않고 적어도 석 달에 한 번은 1만 원을 주고 염색과 이발을 합니다.

박 할아버지는 쪽방촌의 자타공인 터줏대감입니다. 20대 중반부터

45년째 약 3.3㎡(한 평) 남짓한 크기의 쪽방을 벗어나본 적이 없답니다. 박 할아버지가 살고 있는 '종로 쪽방촌'에는 2013년 현재 650여 명이 살고 있습니다. 이중 220여 명이 박 할아버지와 처지가 비슷한 65세 이상의 노인입니다.

파고다공원과 종묘광장공원 사이에 있는 서울 종로구 돈의동 103 일대. 이곳이 바로 '종로 쪽방촌'입니다. 6·25 때는 난민주거지로, 전쟁 이후에는 1000명이 넘는 젊은 여성이 '일' 하던 대규모 집창촌이었습니다. 박정희 전 대통령 시절 이 집창촌이 철거·폐쇄되면서 일시적인 거주 공간인 쪽방촌이 형성된 것이죠. 1968년 10월 5일 새벽 5시. 200여 명의 철거반이 동원된 철거 작업은 집창촌 정화사업의 마지막 조치였고 이른바 '나비작전'으로 명명됐습니다. 윤락녀를 찾는 남성들을 나비에 빗댄 것입니다.

박 할아버지를 따라 쪽방촌을 '탐방' 해보기로 했습니다. 두 사람이 지나가면 어깨가 부딪힐 만큼 좁은 골목길은 미로처럼 얽혀 있었습니다. 박 할아버지가 사는 쪽방 건물 앞에 도착했습니다. 2층 왼쪽 방이 박 할아버지가 살고 있는 쪽방입니다. 종로 쪽방촌의 다른 곳에 살다가 이곳으로 옮긴 지도 벌써 25년째라는군요. 가파른 계단 6개를 기어가다시피 해서 2층에 올랐습니다. 박 할아버지는 "청소를 안 해서"라고 나직이 말하며 방에 있는 가스 버너와 그릇, 숟가락 등을 밖으로 밀쳤습니다. 아침에 먹은 라면 그릇입니다. 먼저 방에 들어간 박 할아버지는 켜켜이 쌓여 있던 이불 3개를 옆으로 밀어 자리를 마련했습니다. 두 사람이 앉으니 쪽방이 가득 찼습니다.

서울 충무로에서 태어난 박 할아버지는 6·25 전쟁 때 7살 나이에

서울 종로구 돈화문로 9가길
해가 어스름해질 저녁 6시쯤.
빨래를 걸어놓은 2층 쪽방 창문에서 빛이 희미하게 흘러나오고 있다.

고아가 됐답니다. 피란민을 따라 대구로 내려갔다가 전국의 고아원을 전전했습니다. 다시 서울로 돌아온 건 15살 무렵. 충청도의 한 고아원에서 도망 나오다시피 뛰쳐나와 스무 살이 되기까지 파고다공원 뒤편에 있던 낙원시장에서 넝마주이 생활을 했습니다. 20대에 들어서는 공사장을 돌며 막일꾼으로 살다 25살이 되던 해 이 쪽방촌에 들어온 할아버지는 이 동네에서 지금까지 머물고 있습니다.

나무로 만든 선반에는 텔레비전과 유리 서랍장을 놨습니다. 나머지 빈 공간에는 테이프와 화장품, 휴지, 치약, 모기향, 비누갑 등이 자리를 잡았습니다. 바닥에는 냉장고를 놓고 그 위에 보온밥통과 양은냄비 2개, 냉면 그릇, 숟가락과 젓가락, 행주 등을 올려놓았습니다. 간이 주방인 셈입니다. 냉장고 안에는 고추장과 계란 3개, 김치가 들어 있었습니다. 김치는 일주일에 한 번 근처 반찬가게에서 3000원어치씩 사다 먹는답니다. 옷은 벽에 못을 박아 만든 옷걸이와 빨랫줄을 이용해 걸었습니다. 한쪽 벽면에는 A4용지 크기만한 거울을 붙였습니다. 그 앞에는 천식약과 관절약, 혈압약, 빈혈약 등 각종 약통이 놓여 있었습니다.

이렇게 쪽방 안을 잠시 둘러보고 있을 때 갑자기 밖에서 날카로운 소리가 새어 들어왔습니다. "니×, 관리하는 인간이 말썽 피우지. 우리 집 사람들이 생전 난리 치는 거 봤어? 그러게 내가 저 사람 애초에 받지 말자고 했지." 두 여인이 육두문자를 섞어가며 드잡이를 시작한 것인데요. 쪽방 관리인들끼리 싸움이 붙은 겁니다. ○○댁이 관리하는 쪽방에 사는 남성이 주폭이라 술만 마시면 말썽을 부리는 통에 사건이 발생한 것입니다.

주변에 섰던 사람이 둘을 떼어놓지만 삿대질을 하면서 서로를 향해 달려듭니다. 한낮의 소란에 쪽방에 있던 사람들이 빼꼼히 고개를 내밀며 내다봅니다. "거 조용히 좀 합시다. 허구한 날 쌈박질이야." 다닥다닥 붙어 있는 쪽방에 살면 이렇게 듣기 싫은 욕도, 보기 싫은 소동도 어쩔 수 없이 공유해야 하는 것일까요. 전선을 빨랫줄 삼아 널어놓은 누런 속옷은 축 늘어져 아무렇지 않게 볕을 받고 있었습니다. 박 할아버지도 대수롭지 않다는 듯 이야기를 다시 풀어갔습니다.

박 할아버지는 2010년 가을 악성 빈혈로 쓰러지는 바람에 고관절이 부러져 지체장애 5급 판정을 받았습니다. 이때부터 지팡이를 짚고 다니지만 매일 아침 산책을 거르지 않는답니다. 너무 무리다 싶지만 "자꾸 움직여 줘야지"라며 이때가 하루 중 가장 즐겁다고 하시네요.

할아버지는 매일 오전 4시 30분에 일어나 5시쯤 집을 나서 삼청공원을 찾습니다. 박 할아버지 걸음으로 공원까지는 꼬박 1시간이 걸립니다. 운동 이외에도 할아버지가 삼청공원을 찾는 이유는 또 있습니다. 박 할아버지는 "거기 가면 동네 여자들 클럽이 있다고. 같이 커피도 마시고 농담 따먹기도 하고"라고 말하며 연신 웃음을 짓습니다. 할아버지의 양손 손톱에 들인 봉숭아 물도 주인 아줌마의 작품입니다. 아침은 헌법재판소 근처에 있는 해장국집에서 해결한답니다. 가끔은 삼청공원을 내려온 주인 아줌마가 사주기도 한답니다. "그 아줌마들 처녀 때부터 알고 지냈으니까 알고 지낸 지 꽤 됐지. 이제는 다 친구야."

8시쯤 쪽방으로 돌아온 박 할아버지는 텔레비전 뉴스를 보면서 다시 나갈 채비를 합니다. 주로 동묘 앞 풍물시장을 찾습니다. 시장을 한 바퀴 돌고 나면 청계천으로 내려옵니다. 동묘 앞에서부터 청계천을 거슬러 종로까지 걸어옵니다. 지팡이에 의지한 느릿느릿한 걸음 탓에 오후 4시나 돼야 쪽방으로 돌아옵니다. "낮에는 방에 못 있어. 심심하고 적적하잖아. 죄 없는 텔레비전만 봐야 하는데 그게 제일 싫더라고."

박 할아버지는 또래 할아버지들이 모이는 파고다공원이나 종묘광장공원은 거의 가지 않는다네요. "거기 가봐야 전부 노인네들뿐인데 거길 왜 가. 내가 나이가 들었어도 젊은 사람들이랑 어울리고 싶다고. 사람들은 다 그렇지 않나?" 또래 할아버지들과 마주쳐도 인사를 하지 않는 것도 같은 이유입니다. 반면 50~60대에게는 "뭐가 그리 바쁜가?", "별일 없어?"라며 먼저 말을 건넵니다.

박 할아버지는 기초생활수급비 45만 원과 장애인수당 3만 원을 합해 48만 원으로 한 달을 지냅니다. 하루 8000원꼴로 한 달 쪽방비 24만 원을 내고 나면 딱 반이 남습니다. 그래도 할아버지는 꽤 알뜰한 편이어서 매달 2만 원을 저금하고 있다고 합니다. 벌써 20년째라고 하니 할아버지 형편을 생각하면 적지 않게 모였을 듯 싶습니다. 전세자금을 마련해 공기 좋은 외곽으로 이사하는 것이 박 할아버지의 꿈입니다. "이 동네에서 평생 살 수는 없잖아. 10년 안에는 쪽방을 벗어나야지."

🍂 45년 전 종로3가 홍등가 정화사업 '나비작전'은?

1968년 9월 27일 속칭 '종삼'으로 불리던 종로3가 일대의 골목 어귀마다 100촉짜리 백열등이 달렸습니다. 이른바 '나비작전'으로 불리는 '종로3가 홍등가 정화사업'의 시작을 알리는 불빛이었습니다.

손님이 종삼 골목 입구에 들어서면 진을 치고 있던 시·구청 공무원과 사복경찰관들이 득달같이 달려들어 질문 공세를 퍼부었습니다. "이름이 뭐요?", "직업이 뭐요?", "전화번호가 뭐요?" 등 쏟아지는 물음에 종삼을 찾은 남성들은 줄행랑을 쳤습니다. 이 같은 소문이 삽시간에 퍼져나가자 종삼을 찾는 남성들의 발길이 뚝 끊겼습니다.

나비작전의 전략은 바로 "꽃(윤락녀)에 대한 조치는 효과가 없으니 나비(남성)를 족쳐야 한다"는 것이었습니다. 이를 위해 서울시는 종삼 입구에 대낮처럼 등을 켜는 한편 "종삼을 출입하는 자를 적발해 그 명단을 공개한다"라고 으름장을 놓았습니다. 이와 함께 "윤락여성은 귀향 조치·직장 알선·부녀 보호소 수용 등의 조치를 취한다" 등의 강도 높은 정화사업에 나섰습니다.

당초 한 달여를 예상했던 나비작전은 10월 5일 새벽 5시 시작된 철거작업을 끝으로 일주일여 만에 막을 내렸습니다. 마지막 나비작전에는 경찰기동대 234명과 종로구청 철거반 236명, 차량 14대가 동원됐습니다. 돈의동과 훈정동, 묘동, 봉익동, 인의동 등 일대에 끝까지 남아 있던 윤락녀 72명은 서울 대방동에 위치한 서울시립부녀보호소에 수용됐습니다.

이날을 끝으로 최대 250여 호, 1400여 명에 달하던 이 일대의 윤락녀는 자취를 감췄습니다. 종삼에서 밀려난 윤락녀들은 '미아리' 또는 '천호동' 등으로 흘러들어 새로운 홍등가를 만들었습니다. 윤락녀들이 떠난 빈자리는 이후 하루 8000원짜리 쪽방을 찾아든 사람들로 채워졌습니다. 40여 년 전 이렇게 형성된 '돈의동 쪽방촌'은 아직도 그 자리를 지키고 있습니다.

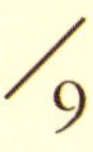

9

도시 투명인간으로 14년…
'무표정의 또 하루'

파고다공원을 섬이라고 표현했지만, 그 섬 속에는 사람이 있습니다. 한두 사람이 아닌 많은 사람들이 북적거리고 껄껄거리고 또 시끌시끌 싸움판도 벌입니다. 서로들끼리는 무척 낯이 익습니다. 인생의 시간에서 내몰린 황혼의 방황자들, 또는 도시 속의 치열한 경쟁에서 두 손 들고 나와버린 이탈자들이, 양지바른 곳의 비둘기처럼 모여 등을 비비고 '징한' 욕지기를 나누며 하루를 채웁니다. 윤 노인은 그 무리 중의 평범한 한 분입니다. 한때 돈도 만졌고 일 욕심도 억척이었던 그는 어느 날 세상에 대해 입을 닫고 14년간 파고다 일대로 출퇴근해왔습니다.

어떤 인생이든 소설 한 권 아닌 것이 어디 있으며, 영화 한 편 아닌 것이 어디 있겠습니까? 독백 같은 윤 노인의 말씀 속에서, 그의 쳇바퀴

DEBT

일상 속에서 일어났다가 사그라지는 작고 여린 감흥들과 그림자처럼 뒤에 숨어 있는 지난 삶의 흔적들을 얼핏얼핏 만납니다.

14년의 여정이 겹친 하루의 일과를 함께하며, 파고다 인생의 내부 속으로 들어가보았습니다.

08 : 50 낚시가게

출근길 바쁜 걸음이 뜸해진 오전 8시 50분. 신금호역(서울 금호동) 버스 정류장 옆에 자리 잡은 '로타리 낚시회'. 윤 할아버지(78세)가 어김없이 빼꼼히 문을 열고 들어섭니다. 오늘은 옅은 베이지색 점퍼에 회색 중절모까지 한껏 차려입었습니다. 2주 전 막내딸이 사다 준 것이랍니다. 비슷한 연배의 가게 주인은 "왜 또 와"라고 심드렁하게 내뱉으면서도 손은 어느새 커피를 타고 있습니다. 윤 할아버지는 주인의 핀잔에 아랑곳하지 않고 의자에 앉아 라일락 담배 하나를 꺼내 뭅니다. 가게 주인은 종이컵에 탄 믹스커피를 내밀며 "또 피운다. 또 피워"라고 쏘아붙이고는 담배 뺏는 시늉을 합니다. 윤 할아버지는 그의 손을 피해 고개를 뒤로 젖히고는 "이놈이 형님한테 까분다"라며 아무렇지 않게 담뱃불을 붙이네요. 윤 할아버지가 종묘광장공원에 다니기 시작한 이후 14년째 반복되는 아침 풍경입니다.

담배를 한 모금이나 빨았을까. 할아버지의 허리춤에서 휴대전화가 요란하게 울립니다. 서울 망원동에 사는 세 살 아래 친동생의 전화입니다. "나도 까먹고 있었는데 이놈이 용케 알고 전화를 했네. 점심 사주러 온다네." 허허 웃는 윤 할아버지. 이틀 뒤가 윤 할아버지의 78번째 생일이랍니다.

SCENE 2

9 : 20 버스

앉은자리에서 담배 두 개비를 태운 할아버지는 30여 분 만에 가게를 나섰습니다. 늘 같은 시간이니 정류장에 앉은 지 그리 오래지 않아 버스가 도착합니다. 7212번 녹색 지선 버스. 버스는 할아버지가 타기 편한 위치에 정확히 멈춰 섰습니다. 윤 할아버지는 한결같이 같은 버스를 타고, 같은 자리에 앉습니다. 늘 앉던, 앞에서 두 번째 자리는 지정석이 된 지 오래인 듯합니다. 운전기사도 이미 그를 잘 알고 있는 눈치네요. 같은 시간 같은 자리를 고집하는 것은, 삶이 흐트러지는 것이 두려워서일까요. 버스에 탄 그는 고개도 잘 돌리지 않고 묵묵히 내릴 정류장만 기다렸습니다.

파노라마처럼 지나가는 거리의 풍경을 물끄러미 바라보는 할아버지. 모두 열세 정류장, 25분이 걸려 종묘공원에 도착한 것은 오전 10시. 이렇게 윤 할아버지는 14년째 같은 시간, 같은 노선의 버스를 타고 공원으로 '출근'을 합니다. 아내가 폐섬유증으로 꼬박 7년을 앓다 세상을 떠난 게 2000년. 그때부터 할아버지의 '출근'은 휴일도 없이 계속됐다고 합니다.

공원에는 일찍 '출근'한 또래 노인 30여 명이 장기와 바둑을 두거나 옆에서 훈수를 두면서 구경하고 있었습니다. 잠시 그 틈에 껴 장기를 구경하던 윤 할아버지는 공원을 나와 종로성당 뒤편 노점으로 향합니다. 골목을 지나면서 장기판을 숨겨놓은 그만의 비밀 장소를 살짝 열어 확인하는 것도 잊지 않습니다. 이날은 평소 먹던 1000원짜리 야채 크로켓 대신 500원짜리 커피 한잔을 마셨습니다. 두 시간 후면 동생과 점심을 해야 하니 미리 배를 채울 필요는 없는 것이죠. 평소 윤 할아버지는 밥에 물을 말아 아침을 해결합니다. 이날도 이틀 전 직접 지은 밥에 물을 말아 열무김치를 얹어 먹었습니다. 또 보통 때 점심은 인근 슈퍼에서 1050원을 주고 컵라면을 사 먹거나 노점에서 1000원짜리 빵을 사 먹는다고 합니다. 노점 간이 의자에 앉아 30여 분 동안 커피를 마시고 다시 공원을 한 바퀴 돌았습니다.

저편에서 장기 맞수인 유 노인이 알은체를 합니다. 장기판이 벌어졌습니다. '한(漢)나라'를 잡은 윤 할아버지는 30여 분의 공방 끝에 '포(包)'로 유 노인을 이겼습니다. 며칠 전 석패를 보기 좋게 복수한 것입니다. 내친김에 한 판을 더 두던 윤 할아버지가 갑자기 일어섭니다. 동생의 전화를 받고서입니다. 뛰다시피 걸어 공원을 빠져나옵니다. 버스 정류장에 서 있는 동생이 보이자 그제야 걸음걸이를 늦춥니다.

SCENE 4

12 : 00 뷔페형 기사식당

6개월 만에 만난 동생과 눈인사를 한 뒤 윤 할아버지가 앞장서 걷기 시작했습니다. 10여 분을 걸어 도착한 한 귀금속 상가 앞. "맛있는 것 사드린다니까 여기는 왜 왔대?" 동생의 핀잔에도 윤 할아버지는 "여기가 맛있어"라며 에스컬레이터를 타고 지하 2층으로 내려갑니다. 5000원짜리 뷔페형 기사식당. 두 사람은 접시에 흑미밥과 콩나물 무침, 호박볶음, 브로콜리, 오이소박이, 부추전 등을 담고 국그릇에 순두부를 담았습니다. 말 없이 밥을 먹던 동생이 "맛있네요"라고 운을 띄우자 신난 윤 노인은 "여기가 싸고 맛있어"라며 웃음 짓습니다. 식사를 마친 동생이 따뜻한 아메리카노 두 잔을 사왔습니다. "식사는 잘하죠?" "요새 몸은 어때요?" "애들은요?" 쏟아지는 동생의 안부에 윤 할아버지는 "괜찮아, 괜찮아"라고 짧게 답합니다. 그렇게 한동안 침묵 속의 대화가 오갔습니다.

SCENE 5

13 : 30 다시, 그 공원

그렇게 짧은 동생과의 해후를 마치고 윤 할아버지는 다시 공원으로 돌아왔습니다. 공원은 오전보다 많은 100여 명의 사람들로 북적입니다. 오전에 장기를 같이 두던 유 노인이 보이지 않습니다. 장기를 두는 대신 사람들 틈을 비집고 들어가 서서 30여 분 동안 말 없이 장기를 구경합니다. 장기를 구경하다 힘에 부치면 앉았다 섰다를 반복하는 사이 시간은 어느새 오후 4시가 가까워졌습니다. 조용히 일어나 공원을 빠져나온 윤 할아버지는 횡단보도를 건너 버스 정류장으로 향했습니다. 아침에 탔던 같은 번호의 버스를 타고 아침보다 5분이 더 걸려 신금호정류장으로 돌아왔습니다.

SCENE 6

17 : 00 집 앞 골목

윤 할아버지는 서울중앙병원(구 복음병원) 뒤편의 빌라 3층에 혼자 살고 있습니다. 젊었을 때 남대문시장에서 시계점을 하고 소금 무역상을 하기도 했습니다. 할아버지는 슬하에 아들 하나, 딸 둘을 두었다고 합니다. 그나마 막내딸은 가끔 얼굴을 보지만 다른 자식들은 연락이 닿은 지 오래라는군요. "그놈 얘기는 꺼내지도 마." 아들 얘기를 묻자 손사래를 칩니다. 구구절절한 사연을 차마 더 묻는 것도 실례다 싶습니다. 버스 정류장에서 집까지 할아버지의 걸음으로 15분. 병원이 보이는 골목에 들어서자 말 없이 걷던 할아버지가 몸을 돌리며 인사를 건넵니다. "내일 또 봐."

● "자식 얘긴 묻지 말랬잖아!"

"결혼? 56년이던가, 57년이던가…." 윤 할아버지는 결혼을 언제 했는지 선뜻 기억해내지 못합니다. 고등학교 졸업 이야기가 나오고 나서야 "아, 고등학교 졸업한 해였으니까 1958년이네"라며 가까스로 결혼한 해를 기억해냅니다. 하지만 자식들 나이는 기가 막히게 대답합니다. "큰아들은 쉰다섯이고 딸 하나는 쉰하나, 막내딸은 마흔여덟이야." 국민학교에 입학한 해도, 남대문시장에서 억척스럽게 시계 장사를 시작한 때도 가물가물해졌지만 매년 한 살씩 더해지는 자식들 나이는 척척 꿰고 있습니다. 하지만 여기까지입니다. 큰아들에 대해 묻자 "애들 애기하려면 골치 아파"라며 입을 굳게 닫아버립니다. 다시 슬쩍 큰아들 애기를 꺼내자 "묻지 말라니까!"라며 버럭 화를 냅니다. '더 이상 자식들 애기는 꺼내지 않겠다' 하는 다짐을 하고서야 자리를 박차고 일어서던 윤 할아버지를 붙잡을 수 있었습니다.

윤 할아버지는 충남 청양에서 1935년에 태어났습니다. 그 시절 다 그랬듯 부모님은 농사를 지었습니다. 3남 3녀 중 셋째로 태어났지만 형님과 누님이 세상을 일찍 떠나 큰아들로 자랐습니다. 넉넉지 않은 형편에도 서울로 유학을 올 수 있었던 것도 맏아들이었기에 가능했습니다. 6·25 전쟁이 끝난 지 2년 뒤인 1955년 상경했습니다. 이때부터 3년간 서울 종로구 원서동에 위치한 6촌 아저씨 집에서 살며 중앙고등학교에 다녔습니다. 스무 살이 넘은 나이에 입학한 늦깎이 고등학생이었던 것이죠.

"남대문 중고 시계장사,
호주서 수입한 소금장사로 돈 좀 만졌는데
1988년 2억 부도 맞았지.
동대문서 책방 하며 자식들 출가시키니
7년 투병하던 마누라가 떠났지.
그리고 여길 출근하기 시작한 거야."

고등학교를 졸업한 뒤 곧바로 결혼했답니다. 이때 지금 살고 있는 서울 금호동에 터를 잡았는데, 결혼을 하고는 바로 3주 후에 군대에 갔다는군요. 전역 후에는 남대문 시장에서 중고시계를 팔기 시작했습니다. 처음엔 시계 도매상에게서 받은 중고시계를 조금씩 팔다가 자연스럽게 알게 된 밀매 경로를 통해 일제 시계를 밀수해서 팔았답니다. 할아버지는 다 지난 이야기라며 털어놓았는데, 이후엔 밀수한 금괴도 팔면서 제법 많은 돈을 벌었다고 합니다. "이때는 무서운 것도 없었어. 잡히면 쇠고랑 차겠지만 자식이 셋이나 있었으니까."

이 돈을 밑천으로 시작한 것이 소금장사. 호주에서 수입한 소금을 난지도에 산처럼 쌓아놓고 전국 각지로 배달을 했다고 합니다. 하지만 좀 풀리나 싶던 일이 어느 순간 꼬이기 시작했답니다. 당시 일반 상거래에서 많이 사용되던 '문방구 어음'을 대량으로 받은 것이 화근이었습니다. 1988년 윤 할아버지는 2억여 원의 부도를 맞았습니다. 3년이나 돈을 받으러 쫓아다녔지만 한 푼도 못 건졌다네요. 자식들이 눈에 밟혀 넋 놓고 있을 수만도 없는 일. 털고 일어나 동대문 책방골목에서 10여 년을 장사했습니다. 자식들이 출가한 것도 이때입니다. 자식들을 모두 출가시키고 얼마 지나지 않은 2000년, 7년간 투병생활을 하던 아내가 먼저 세상을 떠났습니다. 이 무렵부터 적적함과 허전함을 달래려 시작한 할아버지의 '공원 출근길'은 벌써 14년째입니다.

10

그림자 인생도 손 쥐어보면
다 36.5℃ 더라고요

파고다공원 주변 사람들은 이곳을 찾는 할아버지들을 어떻게 바라보고 있을까요? 파고다공원 일대를 매일 세 차례씩 순찰하는 인근 파출소장과 동행해봤습니다. 낙원동 다문화거리, 공원 주변, 돈의동 쪽 방촌, 인사동으로 이어진 순찰 코스를 함께 걸으며 파고다공원과 이 일대의 '사람 풍경' 속으로 들어가봤습니다. 또 공원 근처에서 주차 관리를 하는 아저씨의 시선에 비친 할아버지들의 일상은 어떤 모습일까요?

"옷 벗으면 다 똑같은 사람이야. 벗겨놓으면 똑같은 인간이라고."

한바탕 소란을 피우던 노숙자가 주변 정리를 마치고 돌아서는 임용환 소장(52세)의 뒤통수에 대고 울먹이며 소리칩니다. 그 말이 임 소장에겐 비수처럼 꽂힙니다. "하긴 은퇴해서 제복 벗고 파고다공원에 앉아 있으면 여기 오는 할아버지나 나나 똑같겠죠."

늘상 있는 사건이지만 그날 상황은 이랬습니다. 지난달 27일 오후 서울 종로 파고다공원 동문 앞. 노숙자 셋이 작정하고 술판을 벌이고 있었습니다. 주변엔 막걸리와 소주병이 어지럽게 널부러져 있었습니다. 그 자리에 순찰을 돌던 임 소장이 나타난 것입니다. 노숙자들이 마른 논바닥처럼 쩍쩍 갈라진 손으로 얼굴을 가리며 반항하지만 임 소장의 스마트폰 카메라가 더 빨랐습니다. "노상에서 술 먹으면 경범죄에 해당합니다." 임 소장의 경고를 듣는 둥 마는 둥 다시 손을 뻗어 소주병을 집으려는 무리들.

임 소장은 "음주소란 등은 경범죄 3조 25항에 걸려 5만 원의 벌금을 물어야 합니다" 하고 재차 경고합니다. '범죄'라는 단어에 무감하게 굴던 이들이 '벌금'이라는 말에 일순간 멈칫합니다. "일어나세요. 얼른." 임 소장이 재촉하자 그제야 "갈게 가. 옮기라고 하면 옮겨야지 뭐…"라며 엉덩이를 툭툭 털고 일어납니다. 까만 비닐 봉지에 먹다 남은 과자, 소주병, 구겨진 종이컵을 쓸어 담습니다. 이렇게 주변 정리를 마친 임 소장이 돌아서자 한 노숙자가 뒤통수에 대고 그렇게 내지른 것입니다.

2013년 2월 4일 서울 종로2가 파출소로 부임한 임용환 소장은 경력 24년차 경찰입니다. 서울 서대문구 충정로 지구대에서 근무할 당시에도 주취자, 노숙자 등을 단속했습니다. 이곳으로 옮겨와서도 임 소장은 스마트폰을 손에 들고 수시로 파고다공원 일대를 순찰합니다. 스마트폰을 꼭 챙기는 이유는 순찰을 돌면서 수집한 주취자 등 100여 명에

서울 종로구 파고다공원 앞으로 사람들이 지나가고 있다.
그림자 속 사람들은 그들의 나이도 성별도 가늠할 수 없다.
모두 같은 사람이다.

이르는 요주의 인물의 사진, 이름, 주민등록번호 등 신상기록을 보관·관리하고 있기 때문입니다. 이 기록을 바탕으로 재범자는 솎아내고 초범은 관리 대상에 올린다는군요. 단속을 나갔다가 "○○○ 씨"라고 이름을 부르면 상대방이 화들짝 놀랄 때가 많답니다. "이름을 부르면 내 정보가 경찰에 노출돼 있다는 생각에 스스로 행동을 조심하게 만드는 효과가 있다"라는 게 임 소장의 설명입니다.

이날처럼 싫은 소리를 듣더라도 임 소장은 '무관용의 원칙'을 고수합니다. '깨진 유리창 법칙'을 믿기 때문이라는데요. 깨진 유리창 이론은 깨진 유리창을 방치하면 건물 관리가 소홀하다는 인상을 주는 탓에 그 일대가 범죄의 온상이 된다는 것입니다. 미국 뉴욕시는 1994년 이 이론을 도입해 경범죄, 윤락 등을 집중 단속함으로써 2년 만에 우범지대였던 할렘 지역의 범죄율을 40%로 뚝 떨어뜨렸습니다. 이렇게 깐깐하게 순찰을 돌기 시작하면서 실제 하루 대여섯 건에 이르던 이 일대의 폭행사건이 한두 건으로 줄었다고 합니다. 임 소장은 "요즘엔 금요일에나 서너 건의 폭행사건 신고가 들어올까 말까 한다"라고 했습니다.

임 소장과 함께 서문을 향해 걷고 있는데, 저쪽에서 마른 체형에 검은색 패딩 점퍼를 입은 남성이 알은체를 합니다. 이 아무개(58세) 씨입니다. 마주서자마자 임 소장 손을 덥석 잡고 악수를 청합니다. 그는 불과 두 달 전만 해도 술에 절어 살던 노숙자였다고 합니다. 폭력을 휘둘러 종로경찰서 유치장 신세를 지기도 했습니다. "아들시키가 주유소를 하다가 부도나는 바람에 돈 회수도 안 되고 내 속상해서 그리 지냈다 아입니꺼. 지금은 술 잘 안 먹습니더. 오늘도 15일 만에 술 먹는 거라

예.” 수줍게 웃는 그 모습에서 ‘주폭’의 모습은 찾아볼 수 없었습니다.

이 일대를 깨알같이 훑고 다니는 임 소장은 파고다공원 주변의 보도블록 개선이 시급하다고 했습니다. 실제 임 소장과 함께 파고다공원 정문인 삼일문에서 서문까지 한 바퀴를 빙 돌아본 결과 보도블록 군데군데가 움푹 파여 있었습니다. 보도블록 연석은 형태를 알아보기 힘들게 훼손됐거나 곳곳이 깨져 있었습니다. 자칫 발을 잘못 디디면 넘어지기 십상이었습니다. 임 소장은 “거동이 불편한 할아버지들이 걷다가 넘어져 다칠 위험이 크다”라고 지적했습니다. 만취한 노숙자가 넘어져 다치는 바람에 병원에 보낸 적도 있었답니다.

낙원상가 바로 앞에서 주차관리를 하는 박 아무개 씨도 누구보다 노인을 가깝게 지켜보는 사람입니다. 그는 월요일부터 금요일, 오전 10시부터 오후 1시까지 시급 6000원을 받고 하루 3시간씩 파고다공원 주차장을 관리합니다. 박 씨가 볼 때 파고다공원은 ‘디자인 서울’의 구호와는 한참 동떨어진 공간이라네요. 무료급식을 먹기 위해 오전 11시부터 땅바닥에 철퍽 주저앉거나 신문지를 깔고 앉아 기다리는 노인들을 보면 안쓰러운 마음이 앞선다고 합니다. 박 씨는 “디자인 서울이다 뭐다 전시행정에 돈 쓰지 말고 노인이 앉아 쉴 수 있는 등받이 의자나 가져다 났으면 좋겠다” 하고 말했습니다. 하지만 국가지정문화재(사적 354호)인 파고다공원은 내외국인 관광객이 많이 찾는 곳이라서 무턱대고 의자를 갖다 놓을 수도 없는 상황입니다. 보행자 통로를 막아버리기 때문이랍니다.

박 씨는 젊은 시절 건설회사에서 일하며 외화벌이에 나섰던 산업역군이었습니다. 자녀들을 다 키우고 용돈이나 벌 심산으로 일을 시작했다고 합니다. 박 씨는 "여기 오는 사람들 다 6·25전쟁 겪고 새마을운동이다, 산업화다 뭐다 젊은 시절에 땀 흘려 일한 사람들이야. 누가 뭐래도 지금 우리가 이만큼 사는 데는 저기 앉아 있는 분들의 공이 커. 나라에서 나몰라라 하면 안 되지"라고 했습니다. 그는 또 "저기 앉아서 신문 보는 노인들은 (공장에서) 조립이라도 할 수 있는 사람들"이라며 "이런 분들 무조건 밥 얻어먹게 만들지 말고 '나도 일해서 밥 사 먹는다' 는 마음을 가질 수 있도록 국가 시책이 필요하다"라고 말했습니다.

낙원전집에서 일하는 한 할머니(69세)는 말합니다. "파고다공원 오는 노인들, 지금이야 어디 가서 대우 못 받지만 소싯적엔 잘나갔던 사람도 많아. 그런데 지금 와서 그게 다 무슨 소용이야? 다 같은 처지지." 그래서일까. 여기 오는 할아버지들은 "젊었을 때 뭐했슈?"라고 물어보면 기다렸다는 듯이 자신의 무용담을 줄줄이 늘어놓습니다.

파고다공원을 돌아다니는 동안 "거 언론사 기자요? 나도 젊었을 때 KBS랑 연합통신서 20년 근무했어요. ○○방송국 △△△가 내 후밴데…"라고 말하는 할아버지가 있는가 하면, 임 파출소장에게 "나도 경찰생활 15년 했어. 1970년대에 사건에 휘말려서 어쩔 수 없이 옷 벗었지. 총경까지 하슈"라고 말을 건네는 할아버지도 있었습니다. 그러고 보니 이곳 파고다공원에서 마주친 할아버지들의 눈에선 회한은 있을지언정 욕심은 없어 보였습니다. 제복과 명함을 반납하고 공원을 찾는 할아버지들은 그저 '노인' 만은 아닐 텐데 "옷 벗으면 다 똑같다" 하는 말이 귓가를 맴돌았습니다.

'파고다 파수꾼' 종로2가 파출소
치매노인 데려다 주기, 대소변 치우기는 예사

'파고다 파수꾼'을 자처하는 서울 종로2가 파출소. 이곳은 시내 어느 파출소보다 112 신고 건수가 많기로 유명합니다. 항상 세 손가락 안에 듭니다. 파고다공원에 인접해 있는 이 파출소의 경찰들은 도심 한복판의 취객까지 처리하느라 눈코 뜰 새 없는 하루를 보냅니다.

2013년 하반기만 보면, 종로2가 파출소에 따르면 관할지역인 낙원동 일대에서 음주 시비, 행패, 소란 등과 관련한 민원이 7월 490건, 8월 377건, 9월 386건 등으로 한 달 평균 417건이 발생했습니다. 주취자 등 보호조치를 행한 횟수도 같은 기간인 7월 351건, 8월 373건, 9월 276건 등 한 달에 333건에 달했습니다. 하루에 적어도 25건의 '일처리'를 한 셈입니다. 이 외에도 돈의동 쪽방촌의 음주소란 · 난동행위를 제압하고 '박카스 아줌마'의 성매매 호객행위를 단속하는 것도 이들의 몫입니다.

어르신들의 아지트인 파고다공원을 관할하고 있기 때문에 노인과 관련된 민원이 유난히 많이 들어오는 것도 이 파출소의 특징입니다. 치매를 앓고 있는 노인을 집에 데려다 주거나 위급한 환자가 발생하면 국립의료원으로 후송하는 일 등이 이들의 주된 업무입니다. 이렇다 보니 손에 대소변을 묻히는 일도 흔하다고 하네요. 2013년 7월에 70대 할아버지가 파고다공원 동문에서 쓰러졌다는 신고가 들어왔습니다. 할아버지는 머리부터 쓰러진 탓에 의식을 잃은 상태였다고 합니다. 부인과 사별한 후 홀로 인근 재동에 살고 있는 할아버지였습니다. 신고

"옷 벗으면 다 똑같은 사람이야. 벗겨 놓으면 똑같은 인간이라고."
한바탕 소란을 피우던 노숙자가 주변 정리를 마치고 돌아서는
임용환 소장(52)의 뒤통수에 대고 울먹이며 소리친다.
그 말이 임 소장에겐 비수처럼 꽂힌다.
"하긴 은퇴해서 제복 벗고 파고다공원에 앉아 있으면
여기 오는 할아버지나 나나 똑같겠죠."

를 받고 출동한 윤종배 경위(42세)는 대소변으로 범벅이 된 할아버지를 맨손으로 수습해 중구 백병원으로 옮겼습니다.

노인들의 딱한 사정을 외면할 수 없어 '선의'를 베풀었다가 뒤통수를 맞는 경우도 왕왕 발생한답니다. 윤 경위는 강원도 춘천에서 홀로 파고다공원을 찾았다가 다리에 힘이 풀려 쓰러진 한 할아버지를 인근 여관에 모셔다 드렸다는데요. 할아버지는 "서울서 인생을 마무리하러 왔다"라고 되뇌였답니다. 이 모습이 안쓰러웠던 윤 경위는 할아버지에게 스스럼없이 돈을 빌려줬는데, 이 할아버지는 여관서 열흘가량을 머문 뒤 여관비도 치르지 않고 잠적해버렸다고 합니다.

나이 지긋한 어르신들을 많이 상대하는 곳이어서 파출소 근무자들도 다른 곳보다 연령대가 높을 줄 알았는데, 돌아오는 답변은 정반대입니다. 이곳 근무자의 평균 연령은 45세로 다른 파출소보다 낮답니다. 하루 평균 40여 건의 신고가 들어오고 주취자들을 상대해야 하기 때문에 나름 '젊은' 편이라는 설명이 이어집니다. 2013년 가을 종로2가 파출소에는 총 9명의 경찰관이 불철주야 근무를 서고 있습니다.

11

"외로움, 그 허기도 달랜다"
―원각사 무료급식소

파고다공원 후문에 위치한 낡은 건물, 2층에 자리한 '원각사 무료급식소'. 이곳에선 휴일도 거르지 않고 매일같이 어르신들에게 점심식사를 공짜로 대접하고 있습니다. 1998년부터 시작했으니 15년이 훌쩍 넘었습니다. 나이가 많건 적건 상관없이 누구에게나 열려 있는 공간이지만, 찾아오는 이들은 대부분 70~80대 노인들입니다.

2013년 10월 25일 오전 11시. 배식이 시작되려면 1시간이나 남았지만 벌써 열댓 명의 노인들이 건물 주변에서 점심식사를 기다리고 있었습니다. 이제는 익숙한 듯 누가 시키지 않아도 질서정연하게 파고다공원 담장을 따라 줄을 서 있습니다.

그런데 그 줄에 '홍일점' 할머니 한 분이 섞여 있어 눈에 띕니다. 파고다공원 일대에 노인들 대부분은 할아버지인데 할머니라니. 겨자색

서울 종로구 파고다공원 북문에 위치한 원각사에서
어르신들이 비빔밥을 먹고 있다.
원각사 무료급식소 점심 메뉴는 매일 비빔밥이다.
그래도 식사를 마친 어르신들은
맛있다는 인사를 잊지 않았다.

외투를 걸친 이금례 할머니(72세). 이 할머니가 태어나서 자란 곳은 울산이라고 했습니다. 환갑을 갓 넘긴 10년 전 남편을 잃은 후 거처도 정하지 않고 무작정 서울로 올라왔답니다.

"기냥 여기저기 청소해주고 나서 돈 벌어. 그런디 지금은 일이 없어. 교회에서, 절에서 밥도 주구 가끔 돈도 쥐어주구. 그런 디가 있어서 고맙지. 안 그라모 우리 같은 할마시(할머니)는 굶어 죽지." 할머니는 매일 하루에 7000~8000원 하는 찜질방에서 묵는다고 합니다. 여벌의 겉옷이 없는 '단벌숙녀'라 목욕탕에서 가끔씩 옷을 빨아 입는다고 했습니다.

장가간 큰아들은 여전히 울산에 살고 있답니다. 그런데 할머니가 10년째 객지에서 고생을 하는 이유는 뭘까요. "아들네에 가끔 가긴 가. 가면 용돈도 20만 원씩 받고. 근디 며느리는 자식이 아니라 남이니께. 아무래도 있기가 눈치가 보이드라고…. 아(손자)가 둘 있어. 며느리가 갸들 키우느라고 정신도 없고." 아침저녁으로 추운 날씨에도 얇은 외투 하나로 견뎌야 하는 할머니는 덤덤하게 "시장서 내의는 하나 사 입을라고" 했습니다. 서울에 온 뒤 눈이 시큰하고 눈물이 자주 나는 병에 걸렸는데 연고를 써도 소용없답니다. 비용이 많이 나올까 병원은 엄두도 못 내고 있답니다.

무료급식소를 찾는 사람들은 대부분 할머니와 비슷한 처지입니다. 원각사 주지인 보리 스님(67세)은 "100명 중 70명은 형편이 어려운 노인들이고, 나머지는 같이 밥 먹을 친구를 찾아서 온 사람들"이라며 "공원에 다 자기와 비슷한 처지의 사람들이 있으니까 심적으로 의지가 되고 대화 상대도 되기 때문에 온다"라고 말했습니다.

보리 스님은 처음(1994년)엔 파고다공원 안에서 어르신들에게 빵과 우유를 나눠주는 일을 시작했다가 1998년 2월부터 지금의 자리에서 무료급식을 제공하고 있습니다. 평일에는 100~150명, 휴일에는 250~300명의 노인들이 점심식사를 하기 위해 이곳을 찾습니다. 단순히 계산해도 일주일에 1000~1350명의 끼니를 해결해준 셈인데, 연간으로 따지면 그 숫자가 어림잡아 5만~7만 명에 이릅니다. 이걸 15년을 쉬지 않았으니 그간 넉넉잡아 100만 명분의 식사를 제공한 것입니다. 이 인원을 한 줄로 촘촘히 세우면 서울에서 제주까지 닿을 수 있는 거리입니다. 또 하루에 보통 20㎏짜리 쌀 1.5가마가 쓰인다고 하니 15년간 사용한 쌀의 양만도 8200여 가마에 달합니다.

원각사 무료급식소는 정부의 지원 없이 종교·시민단체의 기부금과 자발적인 봉사활동으로 운영됩니다. 이곳을 처음 찾아간 날엔 '법화당' 소속 여성 불자 7명이 식사 준비와 배식, 설거지를 맡아서 바삐 움직이고 있었습니다. 매달 넷째 주 금요일마다 봉사를 한 지 벌써 10년이 넘었다네요. 그 틈에 끼어 팔을 걷었습니다. 정오가 되자 번호표를 지급받은 할아버지들이 하나둘씩 법당으로 들어왔습니다. 법당 입구에 놓인 상자 안에는 검정색 비닐봉지가 여러 개 있었는데, 이들 봉지의 용도는 어르신들의 '신발주머니'입니다. 불상을 모신 53㎡(16평) 크기의 법당에 세로로 긴 밥상 4개를 바닥에 놓으면 한자리에서 총 32명이 식사를 할 수 있습니다. 그 후부터는 자리가 비면 한 명씩 채워 앉아야 합니다.

이날 메뉴는 콩나물 비빔밥과 아욱국이 전부였지만 불평하는 사람은 아무도 없습니다. 할아버지들의 불편한 다리 탓에 이따금 배식이

"또다시 경제가 어려워져
제2, 제3의 IMF가 오지 말라는 법이 없으니
건강이 받쳐준다면 죽을 때까지 이 일을 하고 싶어요.
한 끼 배고픔을 달래주는 것보다 더 좋은 일이 어디 있겠습니까."

지체됐지만 뒤에서 채근하는 목소리도 없습니다. 밥과 국을 퍼주는 자원봉사자들은 이곳 어르신들과는 가족처럼 살갑습니다. 가끔씩 할아버지들이 "밥 좀 더 담아줘" 하면 "남기면 안 돼요"라고 으름장을 놓지만 티격태격 오가는 그 말에 정이 담겨 있습니다.

식사 도중에는 밥그릇에 숟가락이 부딪히는 소리만 날 뿐이었습니다. 그렇게 배식을 시작한 지 5분이 지났을까요. 저쪽에서 벌써 식사를 마치고 일어서는 할아버지가 있었습니다. 순간 "남한테 피해 안 주려고 최대한 빨리 먹고 나간다" 하던 어느 자원봉사자의 말이 떠올랐습니다. 다 먹은 밥그릇과 국그릇을 겹쳐 건네줬습니다. 그릇을 받고 "안녕히 가세요"라고 말하자 할아버지는 나지막이 "잘 먹었습니다" 하며 허리를 굽혀 인사를 합니다.

그렇게 다 먹고 난 그릇의 설거지는 배식과 동시에 숨가쁘게 진행됐습니다. 설거지한 그릇은 급하게 물기만 말려 곧바로 다시 배식에 쓰입니다. 자원봉사자 7명은 각자 맡은 역할에 따라 분주하게 몸을 움직였습니다. 커다란 밥솥 2개에 담긴 흰 쌀밥이 바닥을 보이자 배식을 받으려는 사람들의 발길도 뜸했습니다. 그렇게 한 시간여에 걸쳐 배식이 끝납니다.

국을 담당했던 박종숙(68세, 가명) 씨는 "예전에는 노숙인들도 많이 왔었는데 지금은 거의 없어. 요즘엔 옷차림 말끔한 할아버지들도 많이 있어. 집에서 혼자 밥 먹는 것보단 사람들이랑 모여 먹는 게 훨씬 낫다더라" 하고 말했습니다. 번호표를 나눠주던 처사(남자 불자)는 언제나처럼 하루에 몇 명이 다녀갔는지 달력에 표시를 했습니다. 이날은 '112'라고 적었습니다. 그는 "날이 추워져서 그런지 최근에는 오는 사람이 좀 줄었다"라고 말했습니다. 하지만 다른 급식소가 운영하지 않는 공휴일에는 이곳을 더 많이 찾는다고 하네요. 개천절에는 334명, 한글날에는 287명이 다녀갔군요.

부엌일이면 둘째가라면 서럽다는 자원봉사자들도 이젠 할머니가 됐습니다. 임순옥 할머니(67세, 가명)는 "우리도 한 명 빼고는 다 60세 넘었어. 봉사하고 나면 여기저기 안 쑤신 데가 없어"라며 바닥에 털썩 앉았습니다. 뒤늦게 점심을 먹던 도중 그는 "집에 가선 손자 보느라 골병이 들지만 나한테 폭 안기면 그렇게 예쁠 수가 없다"라며 사는 이야기를 꺼내놓기도 합니다. 또 다른 할머니는 수년간 지병을 앓던 딸을 먼저 보낸 얘기를 하다 기어이 눈물을 훔쳤습니다. 무료급식소를 찾는 노인들도, 이곳에서 10년간 인연을 쌓아온 자원봉사자들도 그렇게 또 조금씩 나이를 먹어가고 있었습니다.

"당신은 우리의 희망입니다."

원각사 무료급식소 입구 간판에는 크진 않지만 정갈한 글씨체로 이같이 적혀 있습니다. 문구의 의미가 궁금해져 원각사 주지인 보리 스님에게 물었습니다. 그는 "어르신들이 건강하고 행복하게 생을 마감할 수 있도록 존중하는 마음과 함께, 그들이 없으면 원각사도 존재할 이유가 없다는 뜻을 담고 있다"라고 답했습니다.

노인들을 위한 무료급식을 근 20년간 '업' 으로 삼아왔으니 그 말이 빈말은 아닌 듯합니다. 스님은 1994년부터 파고다공원 안에서 노인들에게 빵과 우유를 나눠주며 무료 배식을 시작했답니다. 이후 불자들이 한두 명씩 무료 배식에 동참하면서 일주일에 이틀은 국수를 삶아주기

"기냥 여기저기 청소해주고 나서 돈 벌어.
그런디 지금은 일이 없어.
교회에서 절에서 밥도 주구 가끔 돈도 쥐어 주구.
그런 디가 있어서 고맙지.
안 그라모 우리 같은 할마시(할머니)는 굶어 죽지."

도 했습니다. IMF 경제위기로 수많은 퇴직자들이 거리로 쏟아졌던 1997년에는 조계종 사회복지재단의 위탁을 받아 소고기국과 쌀밥을 하루 최대 1200여 명에게 대접하기도 했답니다. 이듬해 공원 성역화 사업으로 음식물 반입이 전면 금지되자 근처 건물 2층을 월세로 임차해 지금의 원각사 무료급식소를 세웠습니다.

무료급식은 정부의 지원을 받진 않지만, 오랜 기간 인연을 함께한 30여 개 불교·시민단체와 기업들이 자원봉사를 하는 덕분에 인건비는 전혀 들지 않는답니다. 스님은 "간혹 건강상의 문제로 봉사를 계속하지 못하는 분들도 생기지만 기존 봉사자들의 권유로 새 식구가 들어오기도 한다"라고 전했습니다. 한번은 한 신도가 나주 쌀 100가마를 선뜻 내놔 주위를 놀라게 했다고 하네요.

정원 32명인 작은 법당 안에서 1시간가량의 짧은 시간 동안 100명 이상이 점심을 먹을 수 있는 것도 어르신들이 서로를 '배려' 하는 마음 덕분입니다. 스님은 "사람이 많다 싶으면 어르신들 스스로 어느 때보다 얼른 식사를 마치고 자리를 비켜준다" 하고 말했습니다. 원각사는 몸과 마음이 피로한 어르신들의 휴식처이기도 합니다. 추운 겨울철에는 밖에 있다가 따뜻한 법당 안으로 들어와 몸이 노곤해진 분들이 벽에 기대 잠시 눈을 붙였다가 일어나기도 합니다.

최근에는 경제 사정도 나아지고 무료급식소도 여러 곳 생기면서 원각사에서 점심을 먹는 이가 전보다 줄었다는군요. 하지만 스님은 "또다시 경제가 어려워져 제2, 제3의 IMF가 오지 말라는 법이 없으니 건강이 받쳐준다면 죽을 때까지 이 일을 하고 싶다"면서 "한 끼 배고픔을 달래주는 것보다 더 좋은 일이 어디 있겠나" 하고 되물었습니다.

 그섬, 파고다

그 즈음 보리 스님은 서울에서 경기도 포천까지 수시로 왕래하고 있었습니다. 무료급식에 쓸 배추와 무를 재배하는 일에 푹 빠져 있기 때문인데요. 곧 가을걷이를 할 계획인데 다가오는 겨울, 어르신들에게 이 재료로 만든 친환경 김치를 내놓을 생각에 스님은 벌써부터 들떠 있었습니다.

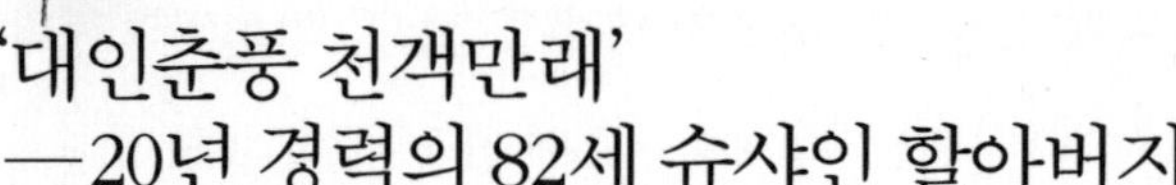

12

'대인춘풍 천객만래'
—20년 경력의 82세 슈샤인 할아버지

파고다공원 주변에는 멋쟁이 할아버지들로 북적이는 곳이 여러 곳 있습니다. 그중에서도 눈에 띄는 곳이 바로 '길거리 구둣방' 인데요. 할아버지들이 많이 지나다니는 종로3가 지하철역 4번 출구 앞이라는 요지에 입지한 때문일까요. 변변한 간판도 없는 길거리 구둣방이지만 이곳엔 손님이 끊이지 않습니다.

20년 경력의 베테랑 구두닦이 정 아무개 할아버지(서울 면목동)가 이곳에서 영업을 합니다. 이 할아버지의 연세는 우리 나이로 무려 여든 둘. 1932년생이지만 아직 정정하게 '현역' 으로 뛰고 계십니다. 할아버지는 지난 2006년부터 이곳에 자리를 잡았다네요. 보통 아침 8시에 나와 오후 6시면 일을 마친답니다. 비나 눈이 오는 날을 제외하곤 매일 같은 자리에 구둣방을 연답니다. 보통 하루에 찾는 손님이 60여 명에 달한다고 하니 한가할 틈이 없을 듯합니다. 인테리어는 플라스틱 우유 박스 엎어두고 그 위에 깔고 앉은 앉은뱅이 의자 하나와 손님용 플라스틱 의자 2개가 전부입니다. 연장도 단출합니다. 검은색 구두약과 구둣솔, 물통은 '구두광' 용이고 플라스틱 통에 담긴 보조굽과 못은 '구두징' 용입니다. 손님들이 신는 슬리퍼에는 근처 모텔 상호명이 적혀 있네요.

'구두광택 1000원, 구두징 1000원'은 이 구둣방의 정찰가입니다. 할아버지는 흰 포대에 매직으로 꾹꾹 눌러 쓴 이 가격표를 등에 매달아 홍보용으로 활용하시는데요. 그 가격표 아래 '대인춘풍 천객만래(對人春風 千客萬來)'라고 한자로 함께 써놓은 글씨에는 할아버지의 영업비밀이 담겨 있는 듯합니다. '사람을 봄바람처럼 따뜻하게 대하면 천 명의 손님이 만 번이라도 찾아온다'니 그 글귀에서 장인(匠人)의 풍모마저 느껴집니다.

이 구둣방을 두 번째로 찾은 지난 5일 오후에도 할아버지의 손길이 분주합니다. 정 할아버지는 현란한 손기술을 놀리는가 싶더니 구두 네 켤레를 10여 분 만에 반짝반짝 윤이 나는 새 신발로 변신시켜놓습니다. 한 손님이 "잘 지내셨소?"라는 인사를 하고는 말없이 구두만 내밉니다. 구두닦이 정 할아버지는 구두를 한 번 뒤집어보고는 솔에 구두약을 묻힙니다. "뭣하러 왔는지 딱 보면 알지. 이 아저씨는 징을 간지 얼마 안 됐어."

의자가 비기 무섭게 또 손님이 왔습니다. 검은색 정장을 입은 김 할아버지(70세, 서울 봉천동)는 "나 구두징 갈아주소"라며 구두를 벗어줍니다. "괜찮아. 그냥 신어. 아직 한 달은 더 신겠구만. 1000원이라도 아껴

구두광택
1,000원
구 두 징
1,000원
待人春風千客萬來

야지." 고객 할아버지의 주머니 사정까지 배려하는, 그래서 '천객만래' 하는 정 할아버지의 영업철학이 그대로 드러나는 말입니다.

정 할아버지는 경북 대구에서 태어나 스물여섯 살이 되던 해인 1957년에 혈혈단신으로 상경했습니다. 상경하기 전 양화점에서 1년 정도 일한 것이 구두랑 맺은 첫 인연이라는군요. 서울에서 정 할아버지는 건축 일용직으로 일하며 장가도 가고 육남매를 낳아 키웠습니다. 그러다 구두를 닦기 시작한 것은 1990년 초 무렵입니다. 예순이 넘어 아무도 일을 시켜주지 않자 직접 충무로 인근에 길거리 구둣방을 차렸다고 합니다. "충무로에 있을 땐 많이 옮겨다녔어. 자꾸 못하게 하니까 대한극장 앞에서도 하다가, 지하철역 앞에서도 하다가. 그러다 손님이 너무 없어서 여기로 옮겼지. 그때나 지금이나 가격도 연장도 똑같아."

정 할아버지의 육남매는 모두 서울에 살고 있어 가끔 얼굴은 봅니다. 자식들은 1997년 외환위기 시절 직장을 잃어 지금은 모두 무직 상태라네요. 은행에 다니며 잘나가던 아들도 이때 회사를 나왔다고 합니다. 정 할아버지는 제 살기도 빠듯한 자식들에게 부담 주기 싫어 용돈도 안 받고 구두를 닦아 번 돈으로 홀로 삽니다. 허리 한번 제대로 펴지 못하고 하루 10시간 일을 하면서도 할아버지는 늘 자식 걱정이 우선인가 봅니다. "내 얼굴도 이름도 신문에 나오면 절대 안 돼. 나야 괜찮은데, 아버지가 길에서 구두 닦고 있다면 자식들 체면이 안 서잖아."

얼마 전까지만 해도 파고다공원 인근에는 세 명의 구두닦이 할아버지가 있었답니다. 그런데 공원 동문 앞에서 구두를 닦던 할아버지가

두 달 전부터 나오지 못하면서 이제는 종로3가 4번 출구 앞에 정 할아
버지를 포함해 구두닦이 할아버지 2명만 남았다는군요. "여기서 꼭 구
두를 닦았는데 이 사람이 아프다고 한두 달 전부턴 안 나오더라고. 나
보다 젊은 사람이 벌써부터 뇌에 이상이 생기면 어쩐데…." 동문을 지
나던 한 할아버지는 한동안 자리를 떠나지 못합니다.

/13

종로 탑골공원에 대한
오해와 진실

향수가 느껴지는 풍경을 고스란히 담고 있는 정겨운 공간이지만 한편으론 노후화되고 관리되지 않은 너저분한 환경. 한 가정의 가장으로, 한 시대의 역군으로 살아온 '어르신' 들의 아담한 쉼터이지만 대낮부터 술판이 벌어지는 소란스럽고 고집 센 '노인네' 들의 아지트. 서울 종로의 파고다공원 일대와 그곳을 사랑방 삼아 찾아오시는 할아버지들에 대한 시선은 이처럼 엇갈립니다. 파고다공원을 찾는 할아버지들은 각자의 삶의 궤적만큼이나 저마다 구구절절한 사연을 품고 있는데요. 그렇게 다양한 군상의 할아버지들이 모이다 보니, 파고다 할아버지들에 대한 파고다 밖 사람들의 오해와 편견도 적지 않은 게 사실입니다. 현장을 오가면서 발견한 파고다에 대한 오해와 진실을 몇 가지 간추려봅니다.

"자식들? 잘나가지,
우리 딸은 미국서 박사까지 하고 왔어"

파고다공원과 그 일대에 대한 편견 중 1순위는 그곳에 모인 어르신들은 대부분 빈곤층일 것이라는 생각입니다. 그러나 파격적인 가격의 음식점과 이발소가 즐비한 곳이지만, 주머니 사정이 어려운 노인만 오는 것은 아닙니다. 하루가 멀다 하고 파고다공원에 출근도장을 찍는 송 아무개 할아버지(67세)는 아파트를 두 채나 보유하고 있는 '부자 할아버지' 입니다. 경기도 용인 수지에 사둔 162㎡(49평) 아파트, 서울 동소문동에 있는 145㎡(44평) 아파트가 모두 송 할아버지 소유라는군요. 동소문동 삼선교 근처에 있는 아파트에서 아내, 딸과 함께 살고 있답니다. 부동산중개소에 알아보니 이 아파트의 시세는 4억 7000만~4억 8000만 원. 예금 등의 현금자산을 포함할 경우 십수억 원대의 자산가인 셈입니다.

"원래 고향은 전준디 고등학교 졸업하자마자 서울로 올라와서 부동산 하면서 돈 많이 벌었제. 수지랑 삼선교 근처에 아파트 한 채씩 있고 예금도 한 6억 원 정도 된디야. 그러다 보니 나라에서 주는 기초 뭐시기(기초노령연금) 그것도 못 받아. 담당직원들이 다 두드려보고 그냥 카트(거절) 시키지." 그래도 아쉬울 게 없다는 표정입니다.

그렇다고 송 할아버지는 거드름을 피우지 않는답니다. 여기 오는 할아버지들과 스스럼없이 어울리고 어쩔 땐 밥값도 턱턱 낸다는데요. "같이 늙어가는 처지에 돈 몇 푼 더 있다고 뭐 다른가. 여기 오면 십 년 넘게 알고 지낸 할아버지들도 많고 맘이 편해."

유 할아버지가 스마트폰으로
캔디크러시 게임을 즐기고 있다.
애니팡이나 사천성에 비해 게임이 어려워
아직 14단계라고 투정을 부린다.

자식 이야기를 꺼내면 입을 꾹 다물거나 손사래를 치는 할아버지들과 달리 송 할아버지는 남매 이야기에도 스스럼이 없습니다. 올해 마흔한 살인 큰아들은 어느 기업의 부장으로 근무하며 자식 둘을 낳고 평탄하게 살고 있답니다. 서른여덟 살 된 딸은 아직 미혼이라네요. 미국에서 심리학 박사학위를 받고 돌아와 한 대기업에서 임원을 대상으로 심리치료 업무를 하고 있답니다.

할아버지를 만나 이야기를 나눈 시간은 오전 11시 30분. 또래 할아버지들이 무료급식을 먹기 위해 한창 줄을 서고 있는 시간입니다. 하지만 송 할아버지는 이 시간에 효도MP3를 틀어놓고 손날로 공원 돌담을 30분째 두드리고 있었습니다. 젊은 시절 태권도를 꽤 잘했고 지금도 운동을 좋아하는 할아버지는 매일 아침 공원 돌담을 50분 동안 두드린답니다. 혈액순환에 좋아서라는군요. 이 모습을 보며 지나가던 한 할아버지가 "매일 돌을 쳐서 이름이 돌이다" 하고 우스갯소리를 건넵니다. 송 할아버지의 성함에 '돌(乭)' 자가 있는 걸 놀린 겁니다.

"나도 로드뷰로 국밥집 찾아가, 우리 손주가 알려줬지"

낙원동 실버 영화관 앞 로비. 동갑내기 친구를 기다리던 박 아무개(71세) 할아버지가 슬며시 옆자리로 다가옵니다. "이것 좀 가르쳐줘" 하며 할아버지가 내민 것은 다름 아닌 스마트폰. 두 달 전 둘째 딸이 사줬다는 검정색 스마트폰은 최신 기종은 아니었지만 널찍한 화면에 잔고장이 적고 튼튼하기로 소문난 모델입니다.

할아버지의 폰에는 각종 정보를 검색할 수 있는 포털사이트, 지도와 지하철 애플리케이션(이하 앱) 등 일상에 필요한 프로그램들이 여럿 설치돼 있었습니다. 자녀와 손자들이 일일이 다운로드받아주고 사용방법도 설명해준 것이랍니다. 그렇다면 이제 '스마트폰 고수'가 됐을 법한 할아버지가 도움을 청하는 이유는 뭘까요.

할아버지는 지도상의 위치를 터치하면 실제 그 거리의 모습을 보여주는 '로드뷰(거리보기)' 기능에 관해 물었습니다. "얼마 전에 손자가 알려줬는데 다시 하려니까 안 되네"라며 고개를 갸우뚱합니다. 그가 보고 싶은 장소는 그리 특별하지 않았습니다. 아까 지나온 낙원상가 주변 거리랍니다. 지도 앱을 열고 해당 위치 표시 아이콘을 터치하자 낙원상가 옆 순댓국밥 골목이 바로 나왔습니다. 익숙한 거리의 풍경이

휴대전화 화면에 그대로 나타나자 할아버지는 그제야 "아, 됐다" 하고 기뻐하시네요.

하지만 피아노 건반을 두드리듯 짧고 가볍게 터치해야 작동이 되는 스마트폰은 할아버지에겐 여전히 녹록지 않은 물건인가 봅니다. 그래도 기계를 탓하거나 짜증을 내기보다는 여러 번의 시도 끝에 성공하면 아이처럼 좋아하는 모습이 평안해 보입니다.

어르신들의 스마트폰 사랑은 이뿐만이 아닙니다. 한때 국민게임으로 풍미했던 동물그림 맞추기 게임 '애니팡'에 푹 빠져 있던 70대 할머니는 그야말로 '신선한 충격'이었습니다. 할머니의 손놀림은 예사롭지 않습니다. 게임 아이템을 적시에 써가던 할머니, '라스트 팡'에서 고득점을 올리시네요. 파고다공원 인근 음식점에서 식사가 나오길 기다리던 할아버지 두 분은 스마트폰을 세워놓고 프로야구 중계방송 시청에 여념이 없었습니다. 또 공원 안에서는 원각사지십층석탑 앞에 서서 '폰카'로 촬영을 하는 할아버지들도 심심찮게 볼 수 있습니다.

"볼일 보고 싶으면 여기로 와, 화장실이 널찍하고 좋아"

2013년 11월 18일 오후. 서울에 첫눈이 내렸습니다. 첫눈 치고는 제법 눈송이가 굵은 함박눈이었는데요. 이날은 궂은 날씨 탓인지 파고다공원을 찾는 어르신들의 발길이 뜸해졌습니다. 첫눈이 매섭게 내리자 팔각정과 벤치에 앉아 있던 10여 명의 할아버지들도 느릿한 걸음을 재촉하며 삼일문과 서문을 넘어 어디론가 사라집니다. 이것도 잠시, 기습적으로 내린 첫눈의 흔적이 채 사라지기도 전에 할아버지들이 다시 파고다공원을 찾습니다.

추위 때문인지, 술기운 때문인지 코와 귀가 빨갛게 물든 오승독 할아버지(70세, 서울 화곡동)가 삼일문을 지나 파고다공원으로 들어섭니다. 오 할아버지는 곧장 왼쪽으로 방향을 틀어 화장실로 직행하네요. "아이고. 막걸리 한잔했더니만 계속 이러네." 오 할아버지는 공원 인근에서 첫눈을 안주 삼아 막걸리를 마시고 집에 들어가기 전에 공원 화장실에 들렀다고 하시네요. "이 근처 나와서 볼일 보고 싶으면 공원으로 와. 여기 화장실이 널찍하고 좋거든."

파고다공원을 찾은 할아버지라면 한 번은 꼭 들르는 곳이 바로 공원 화장실입니다. 그래서 평소에도 화장실은 팔각정만큼이나 붐빕니다. 출입구가 두 개나 있어 드나들기 편하고 길쭉한 연립식 소변기도 두 개나 있습니다. 좌변기 칸도 장애인용을 포함해 10개나 되니 기다릴 일이 없다네요. 세면대도 각 입구 2개씩 총 4개나 있어 손을 씻는 할아버지나 옷매무새를 가다듬는 할아버지들의 모습에서도 여유가 묻어납니다.

할아버지들이 이렇게 여유롭게 화장실을 사용할 수 있는 이유는 이용자 수를 고려한 맞춤 설계 덕입니다. 전체 화장실 면적(178.12㎡)의 약 70%가 남성용이고 나머지가 여성용입니다. 여성용 화장실은 좌변기 4칸에 세면대 2개가 전부입니다. 물론 출입구도 1개입니다. 하지만 '남녀불평등'이라고 불평하는 사람은 없다네요. 마침 여성용 화장실에서 나오는 한 아무개(70세, 서울 부암동) 할머니를 만났습니다. "여기엔 할아범들이 많으니까 당연하지. 우리 같은 사람은 오다가다 들르는 거고."

파고다공원 화장실의 위생은
공원 관리인이 책임지고 있다.
여성용 화장실은 이용하는 사람이 적어
깨끗한 편이라고.

발길이 끊이지 않는 파고다공원 화장실의 위생은 공원 관리인이 책임집니다. 여름에는 수시로, 요즘에는 하루 세 번 청소를 한다네요. 관리인도 이용하는 사람이 적은 여성용 화장실이 청소하기 편하다네요. "여기엔 인근을 지나던 사람들이나 올까, 여자 화장실은 거의 사람이 안 와. 하루에 세 번 청소를 하러 들어가도 치울 게 없다니까."

"할멈이 등 떠밀기에 나왔어,
자식들이 챙겨준 용돈도 두둑해"

종로3가역 지하에서 만난 이 아무개 할아버지. 경기도 양주에서 열 살 아래인 아내와 함께 산다는 할아버지는 아흔둘이라는 나이에도 그 먼 길을 마다 않고 이곳으로 오신답니다. 슬하에 2남 3녀를 두고 있다고 하는데요. 할아버지가 혈기 왕성했을 시절엔 '산아제한' 정책이 시행되기 전이라 다산할 수 있었다고 배시시 웃으십니다. 큰아들은 일흔을 바라본다고 하는데 여전히 "아버지, 아버지" 하며 살갑게 군다고 합니다. 이젠 자식과 함께 늙어가는 처지이다 보니 서로 건강 이야기를 제일 많이 주고받는다고 하네요.

이 할아버지는 2012년에 오른쪽 넓적다리에 생긴 암을 제거하는 수술을 받았습니다. 수술 후유증 탓인지 혈액순환이 잘 안 되고 수시로 다리에 마비가 온답니다. 그 불편한 다리를 이끌고 종로까지 오는 이유는 사진을 찍기 위해서입니다. 앉아 있을 때에도 애지중지하는 카메라가 들어 있는 가죽 손가방을 꼭 쥐고 있었습니다. 이 카메라로 아내 얼굴도 찍고

홀로 사는 할아버지들만
탑골공원을 찾는 것은 아니다.
아내의 등에 떠밀려 나오는
분들도 많이 있다.

파고다공원 풍경도 담고 한답니다. 50년 전부터 취미 삼아 찍기 시작한 사진을 뽑아 정리해둔 앨범이 수십 권은 된다고 하네요. "오늘도 14일 만에 벼르고 나온겨. 다리 수술하고 나서 시방 잘 댕기질 못하니깐."

혼자 자판기 커피를 홀짝이던 김 아무개(75세) 할아버지도 스물세 살 때 부부 연을 맺은 아내, 두 아들과 함께 인천 을왕리에서 살고 있습니다. 마흔두 살인 큰아들과 한 살 터울의 둘째 아들은 모두 미혼이랍니다. 마흔인 막내딸은 2002년 월드컵이 열리던 해에 출가했습니다.

김 할아버지는 할머니한테 등 떠밀려 파고다공원에 나오는 거랍니다. "우리 마누라가 나가라고 내쫓아. 집에 있어봤자 담배만 뻑뻑 피워대고 나가서 놀다 오래." 하지만 할아버지도 이곳으로 마실 나오는 것이 싫지만은 않은 눈치입니다.

"하루 1만 원 가지고 놀아. 2500원짜리 닭곰탕도 사 먹고 순두부찌개도 사 먹고 이발도 하고. 그래도 돈이 1000~2000원은 꼭 남는다니까." 할아버지는 자식들이 살뜰하게 챙겨주는 용돈 30만 원으로 매달 '파고다행 여비'를 충당하신다네요. 세 자녀가 각각 10만 원씩 부담하는 거죠. 덕분에 김 할아버지는 지갑에 5만 원짜리 지폐를 비상금으로 챙겨 다닐 만큼 여유가 있습니다.

할아버지는 아직 총각인 두 아들에게 미안한 마음이 앞선다고 했습니다. 막내딸은 할아버지가 한 회사의 전무로 근무하던 시절에 시집을 보내 남부러울 것 없이 식을 치렀다고 하는데요. 혼기를 놓친 아들 둘은 이제 집 한 칸 마련해줄 여유가 없는 것이 속상하다고 하십니다. "미안하지 내가. 장가를 못 보내서. 돈이 많아서 집 한 칸씩 해줘야 하는데. 집이라고는 지금 사는 집밖에 없어…."

그 섬, 타고라

지금의 / 나는 / 미래의 / 너다

조금은 불편한 이야기

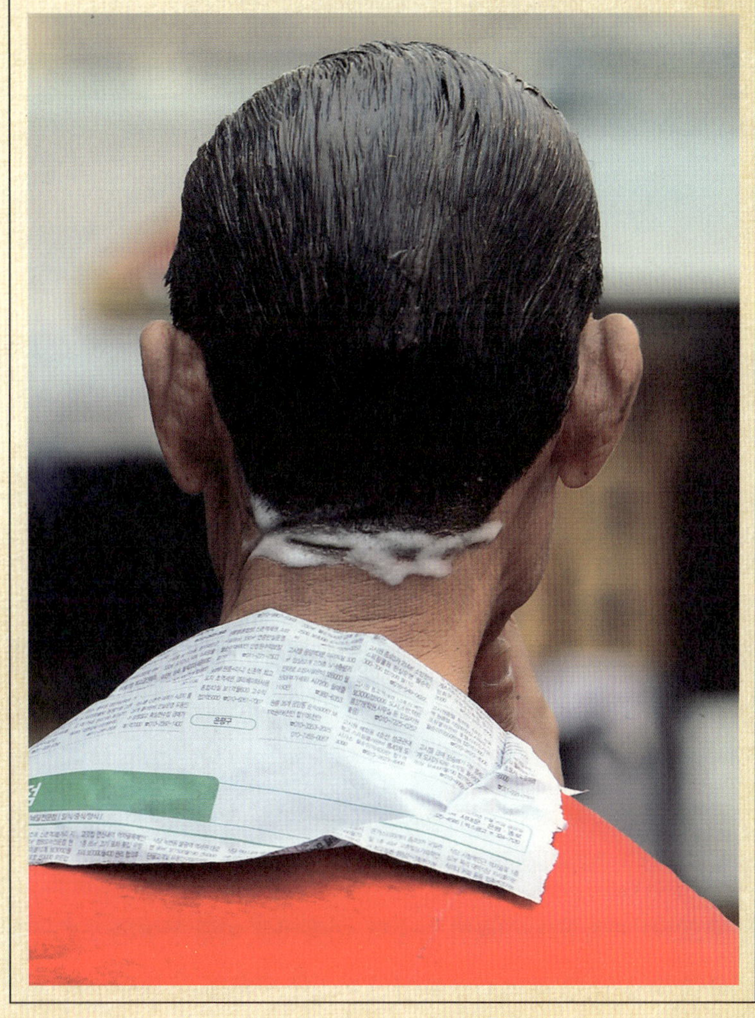

이발에 3500원, 염색에 5000원.
싹둑싹둑 가위 소리.
검은 머리 청춘이 거울 앞에 앉아 있다.

14

박카스 아줌마 400명 활동…
주름진 성, 은밀한 거래

"할머니들이 뭐라는지 알어? 2만 원만 달래. 종묘공원엔 1만 원만 달라는 사람도 많아. 좀 젊다 싶으면 3만 원은 줘야 돼." 경기도 양평에 산다는 70세의 박 할아버지가 '시세'를 들려줬습니다. "경험 있으세요?"라고 넌지시 묻자 "나도 내 친구들도 절대 안 해. 그러다가 몹쓸 병이라도 걸리면 무슨 개망신이야"라고 손사래를 쳤습니다. 박카스 아줌마에 대해 훤히 꿰고 있으면서도 할아버지는 극구 결백을 주장했습니다.

종로3가 지하철 1·3호선 환승역. 가을비를 피해 들어온 노인들로 가득한 역사 안. 꽃무늬 니트에 까만 바지를 받쳐 입은 한 여성이 어슬렁대다 현금자동입출금기(ATM)에 기대선 한 할아버지에게 접근합니다. 할아버지 앞에 멈춰선 여성이 갑자기 지갑에서 1만 원짜리를 모조리 꺼내더니 지폐를 세기 시작합니다. 무슨 일일까. "돈 냄새를 맡았나 보네. 저렇게 유혹하는 거여. 나 이만큼 잘 나가니 돈을 쓰라는 게지." 이 광경을 지켜보던 한 할아버지가 상황을 해설해줍니다.

파고다·종묘공원 일대에 할아버지들을 유혹하는 '박카스 아줌마' 얘기는 과거형이 아니라 아직도 현재진행형입니다. 그것은 오히려 숫자로 입증되고 있었습니다. 혜화경찰서에 따르면 종묘공원 일대에서 성매매 호객행위를 하다 적발된 건수가 2010년 11건, 2011년 59건이었다가, 2012년 108건, 2013년(1~9월) 97건 등으로 매년 늘어나는 추세입니다.

파고다공원에서도 2013년 9월까지 56건이 적발돼 전년 수준(48건)을 이미 넘어서는 등 증가세는 마찬가지였습니다. 경찰 추산에 따르면 종묘공원, 파고다공원, 종로3가 지하철역 지하 등 종로 일대에서 성매매를 하는 '박카스 아줌마' 수는 어림잡아 400여 명입니다. 대부분 40~70대로 최근엔 중국동포 여성들도 많다고 합니다. 이들은 2~3명씩 짝지어 다니기 때문에 금세 눈에 띄지만 단속은 쉽지 않습니다. 경찰이 뜨면 호객행위를 멈추고 딴청을 부리기 때문이죠. 우리는 좀 더 살펴보기로 했습니다.

박 할아버지의 설명처럼 박카스 아줌마의 몸값은 연령대에 따라 다른 게 불문율로 통했습니다. 젊은 축에 속하는 40~50대 아줌마는 3만 원, 60~70대 할머니는 2만 원의 화대를 받고 있었는데요. "이제 박카스 아줌마가 아니라 박카스 할머니야 할머니." 박카스 아줌마의 존재를 묻는 말에 파고다공원서 만난 한 할아버지가 이렇게 대꾸할 정도로 박카스 아줌마 무리 중엔 60~70대 할머니도 적지 않았습니다.

박카스와 동아제약에 보내는 사과문

'박카스'라는 고유명사가 '박카스 아줌마'라는 보통명사로 오용되고 있습니다. 아무 잘못 없는 동아제약 입장에서는 황당하기도 하고 억울하기도 하겠다는 생각이 들었습니다. 그래서 우리는 지면을 통해 박카스를 만드는 동아제약에 우선 양해의 말씀을 전하고자 합니다.

파고다·종묘공원 등 종로 일대에서 할아버지를 상대로 성매매를 하는 여성들을 일컬어 '파고다 아줌마'나 '공원 아줌마'도 아닌 하필 '박카스 아줌마'라고 부르다니요. 이들이 취급하는 '품목'엔 박카스뿐 아니라 소주도 있고 다른 이름의 비타민 드링크제와 커피도 있는데 말이죠.

캄보디아에서는 코카콜라보다 더 비싸게 팔릴 정도로 나라 안팎으로 대중적인 인기를 구가하고 있는 '박카스'에 덧씌워진 부정적인 이미지에 골이 나기도 할 것 같습니다. '지천명(知天命)'이 넘어서도 매년 '국토대장정'을 하는 젊은이들을 열렬히 응원하는 박카스 입장에서도 치욕스러울 수도 있겠지요. 1961년부터 온 국민의 피로를 달래주는 '피로회복제'로 명성을 쌓아왔는데, 느지막이 성매매 아줌마를 빗대는 은어로 쓰이다니요. 그런데 어쩌겠습니까. 이 여성들이 하고 많은 피로회복제 중에 하필 '박카스'를 팔기로 결정한 것을. 그만큼 박카스가 국민 음료라는 방증이기도 하겠지요. 박카스 아줌마들에게 물었습니다. 왜 하필 박카스를 팝니까. 일단 한 병에 400원에 사서 1000원에 팔면 600원의 이문이 난다는 지극히 '경제적인' 답변을 내놨습니다. 평생을 한 가정의 아들로, 남편으로, 아버지로 살아오느라 잔뜩 피로해진 할아버지들에게 '내가 그 피로감, 회복시켜주겠다'는 은밀한 제안을 박카스를 내미는 행위로 대신한다고도 했습니다. 그네들을 지칭하는 다른 말을 찾지 못한 게으름도 있겠지만, 이유야 어찌됐건 '박카스 아줌마'로 통용되는 현실에 불가피하게 이 용어를 사용하기로 했습니다. 박카스와 동아제약에 양해를 부탁드립니다.

서울 종로길 어느 작은 노점 옆 간이의자에
앉아 있는 할머니에게 한 할아버지가
다가가 인사 몇 마디를 주고받다가
자양강장제를 건네받고 있다.

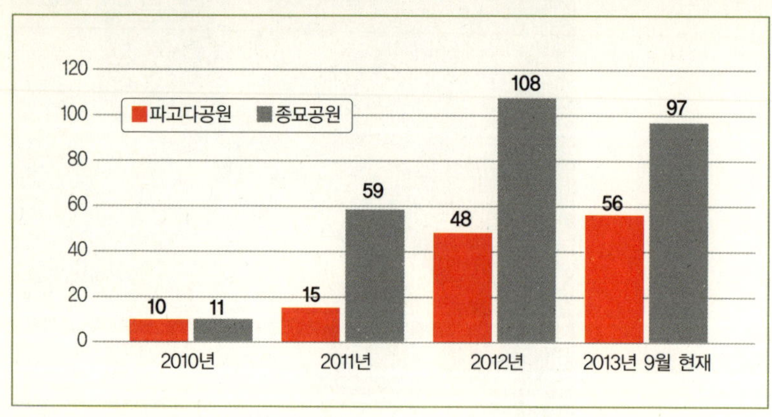

또 구역에 따라 ‘물’이 다르다는 설명도 있었습니다. 파고다공원서 만난 한 할아버지는 “종묘공원은 A급, 지하철역 지하는 B급, 종로3가역 2번 출구 일대는 C급으로 나뉜다”라고 했습니다. 화대에 포함되는 여관비는 보통 1만 원인데 5번 이상 드나들면 5000원만 내면 방을 빌릴 수 있다고 합니다. 박카스 아줌마들은 ○○모텔, □□방 등 종로3가역 인근에 있는 숙박업소와 장기계약을 맺고 좀 더 저렴하게 방을 대여하는데, 이곳에서 나름 ‘단골’ 대접을 받는 것입니다.

박카스 아줌마가 다가오면 뿌리치지 못하면서도 할아버지 대다수는 이들을 깎아내리는 말을 서슴없이 하는 편입니다. 며느리, 아내 몰래 이들과 몸을 섞으면서 ‘박카스 아줌마’ 이야기가 나오면 “나는 안 했다” 하고 잡아떼기 일쑤인데요. 종묘공원에서 만난 한 할아버지는 “불쌍할 거 뭐 있어. 아마 다들 젊었을 때 화류계 생활하다가 갈 곳 없어 이리로 흘러들어온 거지 뭐”라고 혀를 끌끌 찼습니다.

박카스 아줌마에게 접촉을 시도했습니다. 이 일대에선 박카스 아줌마로 짐작되는 이들이 심심찮게 눈에 띄었습니다. 이들의 '인상착의'는 대부분 비슷합니다. 주름을 가리기 위해 짙게 화장을 하고 하나같이 밝은 빛깔의 옷차림을 하고 있습니다. 열이면 아홉은 크로스백을 어깨에 가로질러 메고 다니는데, 이것도 이들의 공통된 패션입니다. 이들이 배낭도, 토트백도 아닌 크로스백을 애용(?)하는 것은 왜일까요. 한 박카스 아줌마는 "박카스를 여러 병 넣었다가 쉽게 꺼내기엔 크로스백만큼 편한 게 없어"라고 귀띔했습니다.

가방 안이 궁금했습니다. 가방 안에는 콘돔, 비아그라, 젤 등 갖가지 '영업 도구'가 가득했습니다. 이들의 '영업 방식'은 간단합니다. 음료를 파는 척 할아버지에게 접근해 은밀한 유혹을 하는 것이죠. 음료 가격은 1000원. 소주를 내밀기도 하는데 소주는 잔 단위로 팝니다. 한 할아버지에게 접근했다가 '허탕'을 친 박카스 아줌마가 기자 뒤통수에 대고 혼잣말을 합니다. "파리 한 마리가 날아댕겨. 요리 갔다 조리 갔다 잡히지가 않네."

종묘공원에서 만난 한 박카스 아줌마는 "일을 빨리 끝내야 나도 덜 피곤해. 공칠 때도 있지만 하루 3명 받을 때도 있어. 어쩔 땐 유착기도 쓴다니깐" 하며 너스레를 떨었습니다. 하지만 박카스 아줌마가 건넨 비아그라를 잘못 복용했다가 비명횡사하는 할아버지도 있습니다. 종로2가 파출소 관계자는 "비아그라를 잘못 먹고 변사한 할아버지가 두 명이나 된다"라고 귀띔했습니다.

2009년부터는 '조선족'으로 힐난 받는 중국동포들이 박카스 아줌마 대열에 합류하면서 기존 아줌마들이 '영업'하기 힘들어졌다는 얘기도 들렸는데요. 실제 혜화경찰서 관계자는 "2013년 9월까지 성매매 호객 행위를 하다 걸린 사람 중 중국 동포의 비율이 60%에 달한다"라고 말했습니다. 박카스 아줌마는 자신의 구역에 '뉴 페이스'가 뜨면 파출소에 이들을 고자질하기도 한답니다. 다른 아줌마가 자신의 구역을 침범하면 머리채를 잡고 치고받는 경우도 왕왕 발생합니다. 한 아무개(70세, 인천) 할머니는 "진희(가명)라고 있는데 여기서 제일 못된 걸로 소문났다. 그 여편네는 자기 구역 넘봤다고 할머니도 두드려 팼다"라고 했습니다.

이들은 영업 대상을 가리지 않습니다. 유부남도 예외는 아닌 것이죠. 종로3가 피카디리 극장 앞, 박카스 아줌마와 10여 분간 밀담을 나누던 할아버지가 고개를 끄덕이곤 헤어집니다. 중절모를 쓰고 위아래로 양복을 차려입은 할아버지는 왼쪽 약지 손가락에 결혼반지를 끼고 있었습니다. 하지만 이 결혼반지는 박카스 아줌마의 구애에 아무런 장애요소가 아닌 듯했습니다. 이방인의 눈길을 알아차린 할아버지는 머쓱한 표정을 짓더니 인근 옷가게로 쏙 들어가버렸습니다.

박카스 아줌마와 일회성 만남을 넘어 로맨스를 꿈꾸는 할아버지도 있습니다. 2013년 10월 종로2가 파출소에 한 통의 전화가 걸려왔습니다. 서울 봉천동에 사는 김 아무개(70세) 할아버지가 자신의 집에서 헤어드라이어를 슬쩍 했다는 이 아무개(74세) 할머니를 찾아달라고 신고한 것입니다. 알고 보니 이들은 2달간 동거하던 사이였습니다. 중국동포인 이 할머니는 종묘공원에서 김 할아버지에게 접근해 인근 여관서 몸을 섞었답니다. 할머니에게 연모의 정을 느낀 할아버지는 "15만 원을 줄 테니 하루 종일 나랑 있어 달라" 하는 제안을 했습니다.

만남은 잦아졌고 할아버지는 할머니에게 자신의 원룸에서 '함께 살자'고 졸랐습니다. 하지만 할머니가 다시 일을 하겠다고 우기면서 둘 사이는 틀어졌습니다. 일을 그만두라는 할아버지의 성화에 못 이겨 할머니는 홀연히 헤어드라이어를 들고 집을 나와버린 것이죠. 가진 것 없는 집에서 본인에게 쓸모 있겠다 싶은 물건만 쏙 빼서 가져간 것입니다.

박카스 아줌마에 대해 알아가던 중 좀 더 충격적인 얘기도 들렸습니다. 박카스 아줌마 중에 30대 여성도 몇몇 있는데, 그중엔 정신지체 장애를 가진 여성도 있다는 것입니다. 그녀의 남편이 이 사실을 알고 있는데 정신지체 아내의 성매매를 묵인하고 있다는 것입니다.

● 가난한 남편은 알면서도 성매매 방치
31세 젊은 여인, 76세 할머니도 영업
"불편한 몸 때문에 다른 일은 하지도 못해"

그랬습니다. 그것은 사실이었습니다. 정신지체 박카스 아줌마가 있다는 이야기도, 그런 아내의 성매매를 남편이 묵인하고 있다는 얘기도 모두 헛소문이 아니었습니다.

2013년 가을 종로2가 파출소에 1976년생 여성이 잡혀 들어왔습니다. '성매매 호객 행위' 때문이었습니다. 이 여성(37세)은 종로3가역 2번 출구 일대를 서성이며 할아버지를 꾀어내는 '박카스 아줌마' 였습니다. 앳된 인상의 그녀는 또래와 달라 보이지 않았다는데요. 그런데 몇

마디 대화를 나눠보니 말투가 어눌했습니다. 조사를 하던 경찰들은 아연실색했습니다. 이 여성이 정신지체장애 3급이라는 걸 알아낸 것입니다. 정신지체 3급의 경우 지능지수(IQ)가 50~70 수준밖에 되지 않습니다.

더욱 기막힌 것은 이 여성의 남편이 아내의 성매매 사실을 알고 있으면서도 방기하고 있다는 점이었습니다. 이 여성은 서울 돈의동 쪽방촌에서 남편과 어렵게 살아가고 있었는데, 경찰이 남편에게 부인의 성매매 사실을 알리자 "나도 알고 있다"라는 식으로 태연하게 반응했다는 것입니다.

이 여성 이외에도 30대 박카스 아줌마는 더 있었습니다. 종로2가 파출소는 이 일대에서 성매매 호객행위를 하다가 적발된 '박카스 아줌마' 23명의 인적 사항을 카드로 만들어 관리하는데, 이 카드에 이름이 올라 있는 사람 중에 이 여성(37세) 외에도 또 다른 정신지체 1981년생(32세) 여성이 한 명 더 있었습니다. 또 1982년생(31세) 여성은 가장 나이 어린 '박카스 아줌마'로 이름이 올라 있었습니다.

경찰의 단속에 걸려든 박카스 아줌마 중엔 1937년생도 있어 충격을 더했습니다. 경찰에 적발될 당시 이 일흔 여섯의 할머니는 68세의 '젊은' 할아버지에게 작업 중이었다고 합니다. 파출소 관계자는 "이 할머니는 원래 경북 경산 출신인데 어쩌다 이리로 흘러 들어온 것인지는 알 수 없다"라고 했습니다. 이 할머니 못지않게 고령인 1944년생 할머니도 호객행위를 하다가 덜미가 잡혔다고 하니, 파고다공원서 만난 할아버지가 왜 '박카스 아줌마'가 아니라 '박카스 할머니'라고 냉소했는지 그 이유를 알 것도 같습니다.

박카스 아줌마라는 꼬리표 때문에 주변의 냉대와 멸시를 받지만 이들은 먹고사는 문제가 더 중요하다고 말합니다. "여기서 술 팔고 박카스 파는 아줌마들은 대부분 남편 없이 혼자 애 키우는 사람이야. 그러니 방법 있어? 새끼들 먹이고 입히려면 이 일이라도 해야지. 여기 오는 아줌마 중에는 자기 혈액투석 비용을 대려고 이 일을 하는 사람도 있어." 종묘공원 앞에서 만난 한 박카스 아줌마의 얘기입니다.

또래로 보이는 한 무리의 아줌마들이 알록달록한 등산복을 입고 종묘공원으로 들어가는 모습이 부럽지 않느냐고 묻자 "남편 잘 만난 팔자 좋은 여편네들 부러워해서 뭐해…"라며 얼굴이 굳어집니다. 하지만 자식 이야기를 꺼내자 "큰아들이 공부를 잘한다"라며 표정이 금세 환해졌습니다. 큰딸이 고3이고, 아들은 대학교 3학년이랍니다.

아줌마는 "나야 자식들이 속을 안 썩이니 다행이지만 자식이 엄마를 외면하는 놈도 있다"면서 고개를 절레절레 흔들었습니다. 한 60대 박카스 아줌마는 술을 몰래 판 벌금 통지서가 집으로 날아가는 바람에 성매매 사실을 아들에게 들켰다는데요. 그런데 그 아들이 어머니의 성매매를 말리기는커녕 벌금통지서만 어머니에게 전해주고 돌아서서 가버리더랍니다.

종로3가역 지하에서 만난 한선화(가명) 할머니. 일흔 살의 할머니는 지난 3월부터 거의 매일 인천에 있는 집을 나서 이곳으로 출근(?)하고 있답니다. 슬하에 딸 둘, 아들 하나를 두고 있습니다. 마흔한 살인 큰딸은 여관방을 전전하며 어렵게 살고, 서른아홉인 둘째 아들은 중국인 아내와 갈라선 이후 중국에서 건설회사에 다니며 겨우 입에 풀칠하며 살고 있다네요. 서른두 살인 막내딸 역시 강원도 철원서 근근이 생계를 이어가기는 마찬가지랍니다. 사정이 이렇다 보니 자식 덕 볼 생각은 진즉 버렸답니다. "자식들 알면 창피스럽지만 여 나와서 벌면 방세도 내고 전기세도 내고 하지 않나. 나는 지금도 부끄러버. 살 생각을 하니깐 이러는 거야." 한 씨 할머니는 보증금 1000만 원, 월세 12만 원을 내고 반지하방에서 혼자 살고 있습니다.

세 아이를 둔 가정주부였던 할머니는 20년 전엔 서울 우면산의 D사찰에서 비구니를 모시는 보살이었습니다. 1991년부터 8년 동안 절밥을 먹었는데 스님이 입적하면서 갈 곳 없는 신세가 됐답니다. 엎친 데 덮친 격으로 12년 전 교통사고로 한쪽 팔을 거의 못 쓰게 됐습니다. 먹고살 방도가 없었다네요. 그렇게 박카스 아줌마가 됐다는 게 할머니의 설명입니다. 왜 하필 성매매로 밥벌이를 하느냐고 묻자 한 할머니가 갑자기 바지를 걷고 무릎에 점점이 박힌 뜸 자국을 보여줍니다. "너무 아파서 혼자 뜸뜬 자국이야. 팔다리 멀쩡하면 주방에서 설거지라도 하겠어. 돈 없어서 거지꼴로 굶어죽는 것보단 낫잖아."

한 씨 할머니는 이곳에서 '여사님'이라 불립니다. 일종의 별명인 셈이죠. 이 일대의 박카스 아줌마들은 이름 대신 별명으로 서로를 부르거나 '안산댁', '마산댁', '천안댁' 하는 식으로 택호(宅號)를 쓰기도 합니다. 한번은 동생들하고 청량리에 놀러갔는데 한 할아버지가 뒤에서 큰 소리로 "○○여사님 어데 가!"라고 부르더랍니다. 끈질기게 불러대는 통에 얼굴이 화끈거렸다네요. "그때부터 누가 물어보면 성도 안 가르쳐줘. 하긴 이름이고 뭐고 그저 나를 잊고 이 일을 하는 게 나아."

립스틱과 상의 색깔을 꽃분홍색으로 맞춘 아줌마가 다가와 한 씨 할머니에게 알은체를 합니다. 안산댁(59세) 아줌마입니다. 안산댁 아줌마는 앞니를 비롯해 치아가 9개나 썩었습니다. 입을 열 때마다 듬성듬성 썩은 이가 보입니다. 귀가 잘 안 들리는 탓에 말투도 어눌합니다. 안산댁 아줌마는 임대아파트의 임대료 20만 원을 벌기 위해 박카스를, 몸을 팝니다. 딸이 둘 있답니다. 남편은 결혼한 지 7년 만에 간암으로 죽었다는군요. "외로워 죽겠어. 부잣집 남자도 못 만나고. 이빨도 아픈데 돈이 어디 나서 치료를 하나" 하며 하소연도 늘어놓습니다. 왜 이 일을 하느냐고 질문하기가 무섭게 가방을 열어 보여줍니다. 약봉지가 줄줄이 사탕처럼 딸려 나옵니다. 알약이 하나, 둘, 셋…총 7개. 위장약, 허리약이랍니다. "몸이 다 고장났어. 애들도 정부에서 받아먹어서 키운 거야. 이렇게 살다가 가는 거지 뭐." 체념한 말투입니다.

안산댁 아줌마의 푸념을 옆에서 듣는데 한 씨 할머니가 툭툭 칩니다. "저기 영감하고 빨간옷 입은 여자 좀 봐." 시선을 돌리자 한 할아버지와 50대 아줌마가 지하철역 지하 기둥에 나란히 앉아 있습니다. 주변 시선에 아랑곳 않고 할아버지에게 여성이 쪽 입을 맞추자 돈 1만 원을 얼른 쥐어줍니다. "저 영감이 한 달에 연금이 180만 원이 나오는데 입 한 번 맞추면 1만 원, 가슴 한 번 만지면 1만 원 하는 식으로 하루 7만 원 나가. 저 여자는 가만히 앉아서 7만 원 벌어가지고 가는 거야." 은근히 부럽다는 눈치입니다.

"흉이라고 생각하지 말고 들어줘." 한 할머니는 민망한 이야기가 나올 때마다 추임새를 넣듯 이렇게 말했습니다. "여기서 비아그라도 팔고 그렇게 해서 1만 원도 벌고 2만 원도 벌고 그래. 이거 흉이라고 생각하지 마." 이런 식입니다. 할머니는 "여기 앉아 있다 보면 사는 게 별거 없다. 인생 이래 살다 가는가 보다 싶다" 하는 생각에 눈물이 난다

 그섬, 파고다

고 했습니다. "내 혼자서 노래를 하나 지었다." 할머니가 입을 뗍니다. "내가 만약 죽는다면 누가 내 시체를 묻어주랴. 봄이 오면 꾀꼴새가 내 무덤에 와서 울어주랴."

"솔직히 창피한 일이지만…." 오십 대 중반의 양주댁 아줌마는 입을 뗐습니다. 아줌마는 안해본 일이 없다고 했습니다. 구두닦이부터 노점, 조경, 식당 서빙까지. 15년 전 남편과 사별한 뒤론 홀로 고등학교에 다니는 딸과 시어머니를 부양해야 했기 때문입니다. "날 낳아주신 부모는 아니지만 시어머니를 버릴 순 없잖아. 딸내미는 내가 식당 다니는 줄 알아."

처음엔 광화문 교보생명 빌딩 앞에서 구두를 닦았답니다. "헝겊 끼고 퉤퉤 침 뱉어가며 닦았지." 아줌마가 손에 헝겊을 둘둘 마는 시늉을 해보입니다. 손이 트도록 구두코를 문질러서 종잣돈을 마련해 노점을 차렸답니다. 그런데 장사가 생각처럼 잘 되지 않았다는군요. 3년 만에 노점을 접은 양주댁 아줌마는 말 그대로 '먹고살기' 위해 조경 관련 자격증을 땄습니다. 어렵게 손에 넣은 조경 자격증 덕분에 건설사를 낀 외주업체에 취직했습니다. 손에 쥐는 돈은 150만 원 안팎이었지만 떳떳했습니다. 이름만 대면 다 아는 어느 그룹 회장의 집 정원도 양주댁 아줌마의 손을 탔답니다.

그러다 강원도 문막에서 사고를 당했답니다. "거기서 눈이 날아갔어." 왼쪽 시력을 잃을 만큼 큰 사고를 당한 탓에 한동안 병원신세를 져야 했습니다. 퇴원하고 나서 식당 서빙 일을 했답니다. 하지만 이마저도 곧 그만둬야 했습니다. 다른 직원과 부딪히거나 그릇을 곧잘 엎는 아줌마를 참아주는 고용주는 없었습니다. "전라도 말로 내가 그릇을 들고 염병하고 있더라고."

식당 일도 잘리고 살길이 막막한 그때 누군가 "종로3가를 한번 가보라" 하더랍니다. "도둑질 안 하고 사기 안 치고 살려면 뭐 방법 있어?" 아줌마는 그렇게 2013년 7월부터 박카스 아줌마 대열에 합류해 출근하기 시작했습니다. 아줌마 옆에 가면 희미하게 담배 냄새가 났습니다. 담배를 입에 문 지는 4년 됐답니다. 아줌마는 '속이 타 들어갈 때마다' 담배를 태운다고 했습니다.

양주댁 아줌마는 저녁에 집에 가면 휴대폰부터 꺼놓는답니다. 알고 지내는 남성들한테서 전화가 올까 두려워서랍니다. "그러다가 딸이 알기라도 해봐."

다시 피카디리 극장 앞. "딸내미 때문에라도 벌어야 하는데 그럼 나와야지." 한 박카스 아줌마가 휴대전화에 대고 말을 하며 파고다공원 쪽으로 발길을 옮깁니다. 누군가의 아내, 누군가의 엄마, 누군가의 할머니일 그녀의 뒷모습에는 직업적인 화류 여성의 모습이 깊이 배어 있어 보는 이를 씁쓸하게 했습니다.

● "여성 가난과 노인 성욕의 일그러진 결합"

씁쓸한 사회의 한 단면을 보여주고 있는 박카스 아줌마에 대해 전문가들은 어떻게 보고 있을까요?

"여성의 빈곤과 남성의 욕망이 만나 빚어진 일그러진 현상이다." 이호선 서울벤처대학원대학교 교수(사회복지상담학과)는 파고다 일대의 박카스 아줌마 현상을 노인복지의 사각지대에서 만들어진 음성적인 성 문화로 정의했습니다.

학력이 낮고 건강하지 못한 탓에 일자리를 구하지 못한 여성들이 호구지책으로 삼은 것이 '성매매'이며 나이와 상관없는 남성들의 삐딱한 성욕이 어우러지면서 빚어진 현상이 바로 이들의 출현이라는 것이죠.

이 교수는 "노년기에 접어든 여성들이 자발적으로 성매매 전선에 뛰어드는 것은 전 세계적으로 유례가 없는 일"이라고 진단했습니다. 2002년부터 박카스 아줌마를 연구한 이 교수는 "평생 전업주부로 살다가 뒤늦게 성매매 현장에 나온 분들도 적지 않다. 이런 일을 할 수밖에 없는 상황은 오로지 가난한 탓"이라고 말했습니다.

이호선 교수는 박카스 아줌마의 실상을 파헤치기 위해 2008년 80여 명의 박카스 아줌마들을 인터뷰했습니다. "너 굶어본 적 있느냐, 폐지 주워본 적 있느냐." 인터뷰차 만난 여성들은 왜 성매매를 하느냐는 질문에 냉소했다고 합니다. 실상은 경험해보지도 않고 책상에서만 연구한다는 생각에 아차, 싶었답니다. 그 길로 며칠 동안 60대 여성을 따라 함께 폐지를 주워 손에 쥔 돈이 달랑 5200원. 그렇게 해서 얼굴을 튼 박카스 아줌마 10여 명을 심층 인터뷰해서 두 차례에 걸쳐 논문을 발표하기도 했습니다.

이 교수는 또 "만약 지금처럼 박카스 아줌마 현상을 그저 종로3가만의 지엽적인 문제로 치부한다면 성병 등 보건의료학적 문제는 더욱 심각해질 것"이라며 "노인의 경우 노화가 함께 진행돼 성병인지 노화인지 구분을 못하기 때문에 성병을 옮은 남성이 가정으로 돌아가 전염시킬 우려도 높다"라고 지적했습니다. 이 교수는 "남성 노인을 그저 '노인'으로만 보는 시각도 문제"라며 "남성의 발기부전 확률은 70대까지도 35% 밖에 되지 않으며, 80대가 되어야 75%가 발기부전을 겪는다"라고 했습니다. 80대 할아버지도 젊은 남성과 똑같이 성욕을 느끼고 성생활이 가능하다는 얘기입니다. 아울러 이 교수는 "이런 남성의 욕망을 건강하게 배출할 창구가 필요하며 부부 성교육, 레크리에이션, 교육 활동의 장을 정부 차원에서 마련해야 한다"라고 했습니다.

1990년대 중반 인천의 집창촌에서 젊은 성매매 여성들을 인터뷰했던 이 교수는 이들과 박카스 아줌마의 차이점을 이렇게 말합니다. "젊은 여성에게는 그런 대로 희망이 있다. 박카스 아줌마들은 내일은 뭘 하겠다는 희망이 없다. 그것이 가장 큰 차이점이다." 박카스 아줌마를 성매매 여성으로만 치부할 것이 아니라 이들을 보호하고 끄집어내야 할 존재로 인식해야 하는 이유입니다.

15

"홍보관·약장수·사기꾼…
그래도 자식보다 살가워 알고도 속는 거지"

파고다(탑골)공원과 그 일대의 어르신들을 알아가면서 노인을 대상으로 하는 사기 및 학대 등 노인 관련 범죄 이야기를 심심찮게 들을 수 있었습니다. 범죄는 아니더라도 가족, 특히 자식들에게 착취받는 사례도 노인들의 말 못할 고민거리입니다. 홍보관을 차려두고 인정 많은 노인들의 판단력을 흐리게 하는 얄팍한 상혼부터 노인 부모의 노후자금을 야금야금 빼먹는 자식들까지 노인들의 얇은 주머니에 손을 뻗치는 '검은 그림자'는 다양합니다. 노인들의 입에서 나온 직간접적인 피해 사례는 황혼기에 접어든 노인들의 경제상황을 더욱 힘들게 벼랑으로 내모는 안타까운 사연이 많았습니다. 피해 규모가 큰 경우도 많아 가족들이 알게 되는 경우 가정 불화로 이어지고 황혼 녘에 가정 파탄에 이르기도 합니다. 피해를 당한 노인들은 배우자와 자식들 눈치에 말도

한차례 가을비가 지나간
서울 종로구 파고다공원 북문 근처에서
고인 물에 비친 한 할아버지의 모습이 쓸쓸해 보인다.

못하고 홀로 속앓이만 하는 경우가 많습니다. 파고다 안팎에서 노인 착취 및 사기 피해 사례를 들여다봤습니다.

파고다공원에서 만난, 갓 여든 살이 넘은 최 아무개 할아버지. 전북 익산이 고향인 할아버지는 스물한 살 때 서울에 올라와 서른 되던 해에 열 살 아래인 아내를 만나 가정을 꾸렸습니다. 슬하에 3남 1녀를 뒀고 40대인 아들 둘은 아직 미혼이랍니다. 결혼 후 8년 동안 남의 집을 전전하던 할아버지는 마흔이 채 되기 전에 서울 중곡동에 27평짜리 단독주택을 장만했습니다. 43년 전 할아버지가 38세 때랍니다. '27평짜리 단독주택'을 말할 때 할아버지의 목소리에는 어떤 자부심이 배어 있었습니다. 옥탑방이 딸린 2층 단독주택은 최 할아버지의 전부입니다. 옥탑방은 세를 놔 다달이 30만 원을 받아 생활비로 쓰고 있지만 일층엔 반갑지 않은 손님이 묵고 있습니다.

"딸이 우리 집 밑에서 살아. 망해 처먹고 갈 데가 없으니 여 와서 사는 거지. 자식년이 와서 사니깐 일 층에 세도 못 놓고…." 마흔아홉인 할아버지의 큰딸은 같은 집에 살지만 대화는 별로 없답니다. "잘 못하니깐 흉을 보지. 왜 흉을 보겠어." 숨이 찬지 말을 잇지 못하는 최 할아버지. 딸 이야기가 나올 때마다 뭐가 그리 화가 나는지 짚고 있는 지팡이로 바닥을 탁탁 두드립니다. 그런 게 부모라지만 여든이 넘어서도 자식이라는 짐을 지고 살고 있는 것입니다.

최 할아버지처럼 부모를 착취하는 자식 때문에 속앓이를 하는 노인들이 늘고 있습니다. 중앙노인보호전문기관이 2013년 6월 발간한 「노인학대 현황 보고서」에 따르면 2012년 노인 학대 상담 건수는 정서적 학대(2134건)·신체적 학대(1326건)·방임(1042건) 등이 주요 유형이었으나 경제적 학대도 540건으로 9.7%에 달했습니다. 눈에 띄는 점은 학대 행위자에 아들(41.2%)·배우자(12.8%)·딸(12.0%) 등이 며느리(6.5%)·친척(1.7%)·사위(0.7%)보다 많다는 점입니다. 심지어 타인에 의한 학대(6.2%)는 적게 보일 정도입니다.

경찰청이 집계한 노인학대 신고건수도 2008년 213건, 2009년 190건, 2010년 111건으로 감소하다가 2011년을 기점으로 144건, 2012년 173건으로 증가하고 2013년에는 8월까지 집중단속으로 395건이 발생한 것으로 나타났습니다. 통상 노인학대라고 하면 노인에 대한 신체적·정신적 착취 또는 가혹행위를 떠올리지만 부모에게 손 벌리는 경제적 착취도 포함됩니다. 서울시 어르신상담센터의 상담 사례를 살펴보면 수천만 원의 돈을 갈취한 아들에게 더 이상 돈을 줄 수 없다고 하자 아들이 욕설을 퍼붓고 때렸다고 호소한 노인도 다수입니다.

노인학대뿐 아니라 노인사기·폭력 등 노인 관련 범죄도 꾸준히 증가하는 추세입니다. 경찰청에 따르면 60세 이상 대상 범죄 건수는 2009년 12만 1618건, 2010년 10만 6329건, 2011년 7만 6624건으로 점차 감소 추세를 보이다가 2012년 12만 6482건으로 다시 증가했습니다. 이는 2011년과 비교하면 65.5%가 급증한 것으로 2012년 기준으로 하루에 347건의 노인 범죄가 발생하는 셈입니다.

특히 노년층을 상대로 한 사기범죄가 기승을 부리는데요. 경찰청이 최근 5년간 61세 이상 사기범죄 피해자 수를 집계한 결과를 보면 2009년 1만 8981명, 2010년 1만 7622명, 2011년 1만 265명, 2012년 1만 3083명, 2013년(1~10월) 1만 2210명 등 노년층을 상대로 한 사기 피해도 좀처럼 줄어들지 않고 있습니다. 노후자금과 퇴직금을 노리는 각종 보이스피싱이나 홍보관, 여행 등을 미끼로 한 사기 범죄가 노년층을 위협하는 것입니다.

무심코 홍보관에 드나들었다가 가족 몰래 빚을 떠안고 전전긍긍하는 노인들도 있습니다. 경기도 평택에 사는 최영순(65세, 가명) 할머니는 전형적인 '홍보관 사기' 피해자입니다. 할머니는 늘 외로웠습니다. 남편은 아침에 나가 저녁 늦게 집에 들어오기 일쑤였고 아들은 결혼 후 따로 살고 있었습니다. 집에 홀로 있는 시간이 많다 보니 우울증까지 걸릴 지경이었답니다. 이러던 차에 옆집 사는 동년배 주부가 "춤도 추고 노래도 가르쳐주는 재미난 곳이 있다" 하면서 할머니를 꼬드겼습니다. 이것이 화근이었습니다. 처음 한 달은 옆집 주부 말처럼 홍보관이 삶의 활력이었습니다. 청년들과 노래도 부르고 게임도 하다 보니 젊어지는 느낌마저 들었습니다. 한 달가량 지나자 얼굴을 튼 남자 직원이 "복용하면 허리 아픈 게 없어진다. 염증을 완화시켜주는 효과가 좋아 암환자 등 수술한 사람들이 많이 먹는다" 하면서 148만 원 상당의 프로폴리스를 사라고 권했습니다. '자식한테 폐 안 끼치려면 아프면 안 된다' 라는 생각에 프로폴리스를 구입했지만 이게 끝이 아니었습니다. 이들의 연이은 유혹에 할머니는 상어연골, 천삼, 수의 등을 구입하느라 6000만 원을 써버렸습니다. 이 돈을 충당하느라 홍보관에서 주선해준 캐피털에서 돈을 끌어다 쓰기까지 했습니다. 할머니는 뒤늦게 '아차' 하는 마음에 환불을 요청했지만 그 홍보관은 이미 매장을 정리하고 떠난 뒤였습니다.

최 할머니는 "처음엔 단순히 재미로 갔던 것인데, 어떻게 이런 지경에까지 이르렀는지 나 자신이 한심스럽고 후회막급일 따름"이라며 "가

지고 있던 현금은 모두 썼고 앞으로 청구될 캐피털 할부청구와 지로청
구서 생각에 하루하루가 사는 게 사는 것이 아니다"라며 한숨을 지었
습니다. 남편, 아들과도 사이가 멀어져 최 할머니의 가정은 현재 붕괴
될 위기에 처했습니다.

이들은 홍보관이나 체험관 등을 차려놓고 연예인 초청공연, 안마,
레크리에이션 등을 통해 노인의 혼을 쏙 빼놓고 화장지, 세제 등을 무
상으로 나눠주며 어르신들의 환심을 삽니다. 마음의 빗장이 풀렸다고
생각되면 화술 뛰어난 직원이 나와 속칭 '영업' 으로 불리는 판매 활동
을 개시합니다. 싸구려 건강식품을 노인병 치료에 특효가 있다며 속여
파는 것이죠.

한국노년복지연합(이하 한노연)에 따르면 이렇게 노인을 꾀어 불법상
품을 파는 홍보관은 전국적으로 1만여 개, 이곳에 드나드는 노인 수만
어림잡아 50만 명에 이른다고 합니다. 그렇다면 노인들은 왜 홍보관을
가는 것일까요? 노정호 한노연 사무총장은 노년의 외로움을 달래줄 적
절한 여가 문화의 부재를 꼽습니다. 노 사무총장은 "외로운 노인들의
심리를 이용해, 아들뻘 되는 직원들이 시종 '어머니' 라고 부르며 살갑
게 굴면서 환심을 사고 이를 이용해 사기를 벌인다"면서 "노인 대상의
다양한 사기 수법과 발생 가능한 피해 유형을 사전에 교육시켜 사기
피해를 줄여야 한다"라고 말했습니다.

더욱 문제인 것은 사기 피해를 입고도 자구책을 강구하기는커녕 오
히려 쉬쉬한다는 점입니다. 서울시에 따르면 피해자의 신고 비율은
17.8%에 불과합니다. 피해자 10명 중 신고자는 2명도 채 안 된다는 얘
기입니다. 실제 서울시 영등포노인종합복지관에서 70대 이상 노인 30

노인 대상 사기 피해 유형

영화 엑스트라 출연 따라가지 마세요
영화제작사 명함을 건네며 "엑스트라가 필요하다"라고 말한 뒤 방송사 촬영 세트장을 견학시키고 제3의 장소에서 건강식품을 판매하는 수법

연예인 공연에 속지 마세요
연예인을 초청해 흥을 돋은 뒤 화장지, 세제 등을 무상으로 나눠주고 노인병 치료에 특효가 있다며 건강식품 등을 고가에 판매하는 수법

효도관광 아닙니다
효도관광을 빙자해 어르신들을 홍보관, 떴다방 등으로 유인한 뒤 건강식품 등을 강매하고 이를 택배로 배송한 뒤 결제하게 하는 수법

무료 여행권 당첨은 무조건 의심
회사 이벤트로 여행상품권이 당첨됐다고 속이거나 신제품을 공짜로 보내주겠다고 속인 뒤 정상적으로 구매한 것이라고 속여 파는 수법

공무원 아니고 사기꾼일 수 있습니다
구청직원을 사칭해 임대아파트나 기초생활수급자 서류접수비로 돈을 요구하거나 주민등록증을 받아간 뒤 거액의 비용을 지불하게 하는 수법

자녀가 교통사고 났어요
목소리를 알아듣기 어렵게 울먹이며 자녀인 척 연기하거나 교통사고를 냈으니 합의금을 빨리 보내달라고 돈을 요구하는 경우

투자하면 큰 돈을 만집니다
정부가 추진하는 사업에 투자하면 큰돈을 벌 수 있다고 어르신들을 꼬드긴 뒤 투자금 명목으로 거액의 돈을 뜯어내고 도주하는 수법

사기 피해 예방 수칙

▶ 연예인 초청 공연이라면 후원기관이 어디인지 꼼꼼히 살피고 연락처 등을 메모한다.

▶ 고수익 사업에 투자하라는 권유를 받으면 무턱대고 투자금부터 주지 말고 주변 지인들에게 이를 알리고 회사 사정을 자세히 알아본다. 직접 회사에 찾아가 회사명, 사업계획서 등을 검토하는 것이 좋다.

▶ '공무원' 신분을 밝히며 접근하는 자가 있다면 그 사람의 소속과 성명, 연락처 등을 우선 확인한다. 그 자리에서 곧바로 114를 통해 해당기관에 전화를 걸어 신분 확인이 가능하다.

▶ 자녀 등을 사칭한 전화가 걸려오면 목소리를 유심히 들어보고 낯선 목소리일 경우 통화를 끊고 자녀에게 바로 연락을 취한다.

여 명을 대상으로 열린 '사기예방 교육'에서 자신의 피해사실을 속 시원히 털어놓는 노인은 단 한 명도 없었습니다. 홍보관 현장을 보여주는 동영상을 틀어주자 "맞아, 맞아"라며 맞장구를 치던 어르신들은 "홍보관에 가보셨느냐"라는 말에 손사래를 치기 바빴습니다. 특강이 끝나자 "나중에 전화하겠다"면서 특강을 진행한 직원의 명함을 받아간 할아버지, 할머니 수는 8명. 강연을 진행한 직원은 "저분들, 다 분명 홍보관에서 물건을 한두 번은 사신 분들이다"라고 귀띔했습니다. 이날 교육에 참석한 김 아무개(73세) 할머니는 "노인정에 있는 할머니들 따라서 서너 번 가봤는디 물건은 많이 안 샀어. 그냥 하루 춤추고 재미있게 노는 데 쓴 돈이라고 생각하면 아깝진 않아…"라며 말끝을 흐렸습니다.

피해금액이 몇천만 원에 이르지만 남편, 아내 몰래 빚을 감당하는 경우도 허다했습니다. 사기당한 사실이 알려지면 자칫 가정불화로 이어질까 우려해서입니다. 실제 한노연이 모아놓은 피해상담 사례를 살펴보니 '남편이 알면 맞아죽는다', '이혼당하고 자식들에게 쫓겨났다', '주부로서 남편 몰래 큰돈을 썼다. 돌려받고 싶다' 하며 속 끓는 노인이 여럿 있었습니다.

이중 6000만 원의 피해를 입은 유 아무개 씨에게 전화 통화를 시도했습니다. 유 씨는 남편이 알까 두려워 연락처조차 여동생의 전화번호를 남겨놨습니다. 하지만 유 씨는 전화를 받지 않았고 여동생은 "괜히 일 크게 만들었다가 형부가 알까봐 그냥 언니가 6000만 원을 손해 보기로 했다"면서 전화를 급히 끊었습니다. 레이저 치료기 등 수천만 원어치의 물품을 구매했다는, 또 다른 피해자인 전 아무개 씨는 "도저히 감당이 안 돼서 남편에게 사실을 털어놨다. 기억하고 싶지 않은 일이니 묻지 말아달라" 하며 더 이상의 통화를 거부했습니다.

유지웅 경찰대학교 치안정책연구소 연구관은 "노인이 사기에 취약한 것은 외로움, 고독감 등 정서적인 면을 파고들어 판단력을 흐트려 놓기 때문"이라며 "노인 사기피해가 증가하고 있다는 것은 그만큼 사회적으로 고립된 노인이 많다는 것을 보여준다"라고 말했습니다.

16

그가 남긴 건 '사인미상 고독사' 뿐이었다
— '충성 할아버지' 죽음의 재구성

"○씨? 몇 주째 안 보이던데." "이렇게 안 보이면 병원에 누워 있거나 죽은 거지. 혼자 산다 그랬는데 누가 장례는 치러줬나 몰라."

매일 공원에 나오던 한 할아버지가 몇 주째 보이지 않는다는 얘기를 들었습니다. 할아버지들의 추정일 뿐이지만 이 말이 맞다면 ○할아버지가 쓸쓸한 죽음을 맞았을 가능성도 전혀 없는 것은 아닙니다. 전남 나주에서 고독사한 할아버지 주검이 건설폐기물 처리장에서 발견되는 등 최근 우리 사회에서 고독사는 끊이지 않고 이어집니다. 고독사는 파편화된 가족 해체가 낳은 극단의 결말입니다. 가족, 이웃과 인연의 끈이 끊긴 삭막한 사회의 어둡고 불편한 단면인 것입니다. 2012년 말 사망하여 해를 넘겨 시신이 발견된 박진욱(가명) 할아버지의 고독사 사례를 재구성해봅니다. 이를 위해 해당 주민센터와 구청, 경찰서, 특수

청소업체, 주민 등의 도움을 받았습니다.

축제 분위기에 물든 크리스마스에도, 보신각 종소리가 울려 퍼진 세밑과 새해 첫날에도 박 할아버지는 홀로 누워 있었습니다. 몇 주째 박 할아버지가 전화를 받지 않자 지인이 박 할아버지 집을 찾았습니다. 청록색 페인트가 칠해진 철문은 굳게 잠겨 있었습니다. 신고를 하자 달려온 경찰과 함께 창문을 깼습니다. 깨진 창문을 통해 역한 냄새가 훅 밀려나왔습니다. 이 같은 소란에도 박 할아버지는 전기장판을 켜놓은 큰방에 가만히 누워 있었습니다. 2013년 1월 5일 오후 8시 18분. 홀로 숨을 거둔 박 할아버지는 그렇게 발견됐습니다.

박 할아버지 머리맡에 놓인 책장에는 흑백 사진 20여 장이 들어 있는 액자가 놓여 있었습니다. 사진 속에는 교복을 입은, 군복을 입은 박 할아버지의 젊은 시절이 담겨 있었습니다. 주변 사람들은 시도 때도 없이 "충성!"을 목청껏 외치는 박 할아버지를 '충성 아저씨'라고 불렀습니다. 군대에서 머리를 다쳐 정신이 온전치 않은 탓입니다.

파고다공원의 어느 오후,
고개를 파묻은 한 노인의 뒷목에
내려앉은 햇살만큼이라도
우리가 따뜻해질 수 있을까요.

서랍장 옆으론 목이 부러진 선풍기 두 개와 박하사탕이 들어 있는 봉지가 발견됐습니다. 차곡차곡 쌓아놓은 종이 박스 위에는 박 할아버지가 생전에 입던 옷가지들이 어지럽게 올려져 있었습니다. 바닥에는 전기장판과 이불 3개가 켜켜이 쌓여 있었습니다. 맞은편 작은방에는 1.8ℓ 들이 담금소주통 10개와 낡은 라디오 카세트 등이 바닥에 덩그러니 놓여 있었습니다. 작은 방에 딸린 화장실에는 악취가 진동했습니다. 좌변기에는 각종 오물이 가득 차 있었습니다. 바닥엔 쓰러진 빨래건조대 옆으로 수건과 옷걸이가 어지럽게 놓여 있었습니다. 수도는 끊겼는지 물이 나오지 않았습니다. 거실에 놓인 싱크대에는 냄비와 국자, 컵 등이 바짝 마른 분홍색 플라스틱 대야에 담겨 있었습니다. 냉장고 안에는 물통이 전부였습니다. 박 할아버지 집에서 느껴지는 생명의 기운은 담금소주통에서 자라고 있는 고구마가 유일했습니다.

경찰은 박 할아버지의 시신에 외상이 없고 외부 침입 흔적이 없어 부검은 하지 않았습니다. '사망시간 장시간 경과로 인한 전신 부패 및 악취와 변색이 발생했다'는 짧은 검안 소견이 전부였습니다. 결국 박 할아버지의 사인도 사망일시도 '미상'으로 남았습니다.

쓸쓸히 죽음을 맞은 박 할아버지는 사망 이후에도 혼자였습니다. 시신이 발견되고 닷새가 지나서야 인근 병원으로 옮겨졌는데요. 이후 간신히 연락이 닿은 배다른 누나도 사촌 여동생도 경제적 이유로 사체 인도를 포기했습니다. 박 할아버지는 '무연고 사망자'로 처리돼 화장을 거쳐 서울시의 무연고납골당에 안치됐습니다. 시신이 발견되고 13일 만이었습니다.

박 할아버지의 사후 처리가 늦어지는 동안 부패한 시신이 남긴 시취는 깨진 창문을 타고 골목 전체로 퍼져나갔습니다. 약 20m 떨어진 골목 입구까지 시신 썩은 냄새가 진동했습니다. 인근 한 주민에게 당시 상황을 묻자, 아직도 냄새가 난다는 듯 코를 막으며 고개를 절레절레 흔들었습니다. "오십 평생 송장 썩은 냄새 처음 맡았는데 똥 냄새보다, 하수구 냄새보다 시체 썩은 냄새가 지독하다더니 그때 알았어요. 사후 처리를 안 해서 송장을 치운 다음에도 한 달 넘게 냄새가 나더라고요. 골목에만 들어서면 코를 잡았죠."

결국 인근에 살던 주민이 시청에 민원을 넣고서야 사후 처리가 진행됐습니다. 시취 민원을 받은 구청에서 특수청소업체를 부른 겁니다. 박 할아버지의 시신이 발견된 지 한 달이 지나서였습니다. 2월 6일 오후 2시에 시작한 청소는 꼬박 하루가 걸려 다음날 오후 4시에야 끝났습니다. 당시 청소를 담당한 특수청소업체에 따르면 시체 부패물이 박 할아버지가 깔고 있던 전기장판 아래까지 스며들었다고 합니다. 이렇게 사후 처리가 늦어진 것은 집주인과의 전세금 합의가 늦어진 때문이었습니다. 사촌 여동생은 할아버지의 전세보증금 1500만 원에서 집 정리 비용 100여만 원을 부담하고는 나머지를 가져갔습니다.

박 할아버지는 2003년 80대 노모와 함께 이곳으로 이사를 왔습니다. 3년 뒤 앞집으로 이사 온 가족에게 박 할아버지는 앨범을 보여주며 군대시절 이야기를 늘어놓기도 하고 철도 공무원으로 일하던 시절의 이야기를 들려주기도 했답니다. 하지만 2010년 노모(당시 87세)가 먼저 세상을 떠난 뒤 박 할아버지는 주변 사람들과 스스로 담을 쌓았습니다. "할머니도 나이가 많으면서 아들 몸보신 시킨다고 성남 모란시장

까지 가서 오리도 사와서 고아주고 그랬는데, 할머니가 노환으로 돌아가시고 나서는 변변히 뭘 드시지 못했을 거예요. 김치라도 담가다 드릴걸. 지금도 그게 마음에 걸려요." 건너편 집에 사는 김 아무개(49세, 여) 씨는 박 할아버지 얘기를 꺼내자 "나라도 챙겼어야 하는데"라는 말을 반복했습니다.

생전 박 할아버지는 자전거를 타고 동네 주변으로 운동을 다닐 만큼 건강했다고 합니다. 인근 부동산을 운영하는 곽 아무개 씨는 '눈이 부리부리하고 씩씩한 사람'으로 박 할아버지를 기억했습니다. 박 할아버지는 정신장애가 있었으나 장애인 등록은 안 되어 있었습니다. 2010년 12월 16일부터는 기초생활 수급비도 끊겼습니다. 근로능력이 없다는 진단서를 받아 재신청을 해야 했지만 박 할아버지는 진단서를 제출하지 않아 이후 수급 대상으로 원복되지 못한 것이죠. 대신 '비수급 저소득 틈새 특별 구호 대상자'에게 주는 구호비 20만 원으로 한 달을 났습니다.

통계청의 '2013 고령자 통계'에 따르면 올해 65세 이상 노인은 613만 7702명으로 전체인구의 12.2%입니다. 이 가운데 독거노인은 125만 2012명으로 65세 이상 인구의 20.4%에 달합니다. 통계청은 독거노인이 2020년 174만 4830명(21.6%)으로 늘고 2030년에는 282만 212명(22.2%)으로 급증할 것으로 전망하고 있습니다. 65세 이상 노인(2030년 1269만 명)과 독거노인 모두 현재의 2배가 넘을 것이라는 예상입니다. 박 할아버지와 같은 처지에 노출된 잠재적 고독사 위험군이 늘고 있는 것입니다.

물론 고독사 예방을 위한 노력이 없는 것은 아닙니다. 보건복지부는

 그섬, 파고다

■ 전국의 주요 고독사 방지 사업 및 기관

사업명	시행기관	내용
노인돌봄서비스	복지부	정기적 방문 및 전화를 통해 정기적인 안전 확인 및 건강영양관리
독거노인 사랑잇기	복지부	독거노인과 자원봉사자 연결
응급안전돌보미	복지부	가스 화재 감지기 및 응급호출 버튼 설치
재가노인지원서비스	서울시	청소, 세탁, 목욕, 말벗, 급식, 병원 등 서비스 지원
어르신 무료급식지원	서울시	거동불편 독거노인에게는 밑반찬 배달
사랑의 안심폰	서울시	화상전화로 실시간 안부 확인
통장복지사	서울 마포구	통장들이 독거노인 방문
아름다운 동행	서울 양천구	고독사 우려 독거노인 실태조사 및 맞춤 서비스 제공
행복배달 빨간자전거	경기도	우편집배원을 통해 불편한 독거노인의 불편사항 접수
카네이션하우스	안양, 이천, 여주, 구리, 가평, 연천	독거노인 공동생활주택
독거노인 U-케어 서비스	강원도	독거노인의 활동과 사고 상황 등을 감지하는 센서 설치
공동거주제	경남 의령군	독거노인 공동거주제

※ 출처: 복지부 및 각 지자체

'노인 돌봄 기본 서비스 사업'을 실시하고 있습니다. 요양 서비스가 필요하지 않은 독거노인을 대상으로 주기적인 방문(주 1회)과 안부전화(주 2~3회)를 통해 안전 확인 및 말벗 서비스를 진행하고 있습니다. 또 월 2회 이상 보건·복지·문화 등에 대한 프로그램을 운영하기도 하고 지역 내 민간 복지 서비스 기관과의 연계도 지원합니다.

서울시도 저소득층 독거노인의 가정을 방문해 청소와 세탁, 목욕, 말벗, 급식, 병원동행 등 '재가 노인 지원 서비스'를 진행하고 있습니다. 또 거동이 불편한 노인에게는 화상통화가 가능한 '안심폰' 서비스와 결식 우려가 있는 노인에게는 매일 한 끼 식사를 배달하며 안부를 묻는 서비스 등을 실시하고 있습니다. 서울 마포구 합정동에서는 통장들이 직접 독거노인 가정을 방문해 안부를 살피는 '통장복지사' 사업이 시행 중입니다. 경기도는 우편집배원을 통해 불편한 독거노인의 불편사항을 접수하는 '행복배달 빨간자전거' 사업을 시작했습니다. 경기도 일부와 경남 의령군에서는 독거노인들이 함께 생활하는 '공동거주제'를 운영하고 있습니다.

하지만 이 제도 대부분이 기초생활수급자 위주인 탓에 차상위계층을 비롯한 상당수 노인이 사각지대에 놓여 있습니다. 125만의 독거노인 중 노인 돌봄 서비스를 받고 있는 노인은 올해 30여만 명에 불과합니다. 이번에 홀로 세상을 떠난 박 할아버지도 기초생활수급자가 아니라 지자체의 관리 대상에서 제외된 경우였던 것입니다.

서대문구청은 박 할아버지의 고독사 이후 마을 장례지원단인 '두레'를 구성했습니다. 무연고 사망자에 대한 마을 장례를 치러주고 사후 원활한 행정처리 지원을 위해 '임종 노트' 운동도 시작했습니다. 임종 노트에는 '꼭 연락해야 할 사람, 각종 신분증의 위치, 유언' 등을 적게 했습니다.

전문가들은 고독사의 근본적인 원인을 핵가족화에 따른 가족 해체로 분석하고 독거노인 중 고독사 위험군을 정기적으로 순회하는 서비스가 필요하다고 지적했습니다. 고독사 예방에 대한 접근방법에도 변화가 필요하다고 입을 모았습니다. 송기민 한양대학교 고령사회연구원 교수는 "독거노인들이 사회적 관계를 형성하면 고독사 이전에 막을 확률이 높아진다"라며 "가족 해체를 완화시키는 정책도 이를 보완하는 사회적 정책도 미비한 상황"이라고 진단했습니다. 송 교수는 "고독사의 대부분은 빨리 발견하면 살릴 수 있는 경우가 많다"면서 "고독사 예방에 대한 접근을 무관심과 외로움 등 감정적인 부분에서만 할 것이 아니라 응급의료 차원에서 접근해야 한다"라고 지적했습니다. 이인수 한서대학교 노인복지학과 교수도 "노인 고독사 중에는 굶어 죽거나 얼어 죽는 경우가 많은데, 예산상의 문제로 돌봄 범위를 확대하기 어렵다면 노인 돌보미가 한곳에 체류하는 시간을 줄여서, 단 5분이라도 주기적으로 독거노인을 확인해야 한다"라고 말했습니다.

● 죽음의 흔적을 지워드립니다 —특수청소업체

이처럼 최근 고독사가 늘어나고 있지만 공식적인 고독사 사망 통계는 아직 잡히지 않고 있습니다. 통계청에서 매년 발표하는 인구통계의 사망 통계에 사망 원인으로 여러 항목을 두고 있지만 여기에 고독사는 없습니다. 제도가 현실을 반영하지 못한 사례인 것이죠.

고독사 사례는 언론을 통해 자주 기사화되고 있는데, 현실은 이보다 훨씬 심각한 수준인 듯합니다. 최근 속속 생기고 있는 특수청소업체의 수가 이를 방증하는데요. 이들은 주로 이 같은 고독사 현장부터 살인 등 흉악범죄 현장까지 말 그대로 특수한 현장을 정리하는 업무를 맡고 있습니다. 그중 한 업체를 찾아가봤습니다. 2008년부터 특수청소를 해오고 있는 바이오해저드 김석훈 대표는 어느 날 인터넷 쪽지를 받고서 이 일을 시작했다고 하네요.

"긴 해외 출장을 다녀온 사이 부모님이 모두 돌아가셨다. 혼자 움직일 수 없는 어머니를 아버지가 돌보고 계셨는데, 지친 아버지가 먼저 쓰러져 돌아가시자 거동할 수 없었던 어머니도 식사를 못 챙겨 결국 아버지를 따라 가신 것 같다. 부모님 두 분이 모두 돌아가셨는데 부모님 집을 수습해줄 수 있겠느냐."

2007년 10월 한 40대 남성이 김 대표에게 보내온 쪽지 내용입니다. 바로 얼마 전 장례식장에서 의뢰를 받아 시신이 부패한 현장을 청소한 뒤 김 대표가 블로그에 남긴 글을 보고 연락이 온 것입니다. 당시 김 대표는 12년째 장례지도사로 일하고 있었습니다. "직접 부모님 집을 정리하는 것이 자식 된 도리겠지만 부모님이 돌아가신 집에만 가면 부모님을 모시지 못했다는 죄책감이 가슴을 죄어온다"라는 의뢰인의 말에 이 현장을 맡았다고 합니다.

이 일을 계기로 김 대표는 2008년 6월 특수청소업체 바이오해저드를 열었습니다. 이때만 해도 고독사, 자살, 살인사건 등이 남긴 혈흔과 시취를 제거해주는 업체가 거의 없었다고 하네요. 김 대표는 "지금은 건설폐기물이나 생활쓰레기 등을 처리하던 업체까지 유품정리 일에 뛰어들고 있지만, 시신 부패물이나 시취를 전문적으로 제거하는 업체는 지금도 몇 곳에 불과하다"라고 설명했습니다. 지금까지 바이오해저드가 맡은 현장은 800여 건. 이중 250여 건이 65세 이상의 고독사 현장이었다고 하는군요.

이 회사 외에도 키퍼스코리아 · 바이오에코 · 천국향 · 제이콤 등 10여 개 업체가 유품 정리 및 특수청소를 하고 있습니다. 이들은 고독사로 늦게 발견돼 시신이 심하게 부패했거나 범죄현장 등 혈흔이 남은 현장을 주로 맡습니다.

김 대표는 이 일을 하면서 시취가 아니라 주변 사람들의 곱지 않은 시선이 가장 힘들다고 토로했습니다. 그는 "현장에 나가면 '왜 우리 집 앞으로 지나다니느냐', '우리 집 앞에 왜 차를 대놨느냐' 는 등 항의를 한다"면서 "시취에 대한 혐오감과 무서움은 충분히 이해하지만 이럴 땐 정말 힘이 빠진다"라고 말했습니다.

17

"갈 때 가더라도 깨끗하게 하고 가려고"
―낙원동 가위손 이발소 14곳 단골손님들 이야기

2013년 11월 30일 오후 1시. 파고다공원 뒤편에 있는 이발소 장수이용원에 들어서자 '윙~ 윙~' 바리캉 소리와 '싹둑싹둑' 가위질 소리가 요란합니다. 네 개의 이발 의자엔 이미 할아버지 손님들이 첫날밤 새색시처럼 얌전히 앉아 있습니다. "할아버지, 털어드릴까요? 감겨드릴까요?" "…." 말이 없습니다. 귀가 어두우신 거네요. 이발사가 좀 더 큰 목소리로 다시 묻자 김 할아버지(95세)가 그제야 "안 감아"라고 힘없이 대답하십니다. 이발사가 가운을 걷어내자 김 할아버지는 거울을 가만히 들여다봅니다. 위태로운 걸음걸이로 이발소를 나서는 김 할아버지에게 "할아버지 아흔이 넘으셨는데 여기까지 이발하러 나오기 힘들지 않으세요?"라고 묻자 "응? 응? 뭐라고? 안 들려"라고 되물으십니다. "할.아.버.지. 이.발. 왜. 하.시.냐.고.요?" 한 글자 한 글자 끊어 묻자 할아버지가 한마디 툭 던지시네요. "응…갈 때 가더라도 깨끗하게 하고 가려고."

파고다공원 주변에서 빼놓을 수 없는 것이 이발소 이야기입니다. 공원을 중심으로 이발소들이 다닥다닥 몰려 있습니다. 서울시 종로구청 보건위생과에 따르면 낙원동 일대 이발소는 14개에 달합니다. 시중에선 찾기 힘든, 그래서 보는 눈을 의심하게 만드는 이발 가격이 눈길을 잡아끕니다. 이발소 특유의 사인볼이 빙빙 돌아가는 가게 앞에는 하나같이 '이발 3500원, 염색 5000원'이라고 쓴 가격표가 나붙어 있습니다.

이 '착한 가격' 탓에 주머니 사정이 여의치 않은 어르신들이 지하철을 갈아타는 수고를 마다하지 않고 낙원동 일대 이발소를 찾는 것이죠. 어지간한 동네에선 배춧잎 한 장(1만 원)은 너끈히 지불해야 하니 그에 비하면 이곳 이발소들의 가격은 가히 파격적입니다. 좁은 동네에 이발소가 이렇게 넘치는데 장사가 될까요. 그래도 아직까진 가게마다 손님이 있는 편이랍니다. 이 일대 이발소 식구들에 따르면 이발소마다 하루 평균 60~70명이 이발을 하고, 염색을 하는 손님도 50~60명이라니 '박리다매'의 효과를 톡톡히 보는 셈입니다.

이 일대를 '탐방'하다 보면 자연스레 미소를 짓게 하는 한 장면이 있습니다. 바로 머리에 염색약을 바르고 이마에는 비눗물을 두른 할아버지들이 이발소 앞 의자에 나란히 앉아 있는 모습이죠. "내일 아파트 경비 면접 보러 오라고 해서 염색했어. 좀 젊어 보이나 몰라." 노태홍 할아버지(73세, 서울 금호동)는 물기를 머금은 앞머리를 툭툭 털었습니다. 노 할아버지는 한 달에 한 번은 꼭 염색을 한다네요. 아내가 흰머

서울 종로구 파고다공원 동문 근처 이발소에서
한 어르신이 이발을 하고 있다.

리를 두고서 잔소리를 퍼붓기도 하지만 깔끔하게 안 하고 다니면 바깥에서 무시당하기 십상이라는 생각에서죠. 할아버지는 파크이용원 단골입니다. "우리같이 돈도 팍팍 못 쓰고 돈도 잘 못 버는 사람들이 자주 오지. 여긴 이발비가 싸니깐. 나이 잡순 분들이 많이 와." 노 할아버지가 염색을 하기 시작한 건 마흔세 살 때부터랍니다. 젊은 시절 르네상스호텔 나이트클럽에서 12년을 근무했다는데, 노 할아버지의 염색 '입문' 계기가 이채롭습니다. "나이트클럽에 젊은 사람들이 많이 왔다 갔다 하잖아. 머리 희끗희끗하면 보기 싫을까봐. 그래서 염색하기 시작했어."

이 일대 이발소에선 단골이 많다 보니 서로의 안부를 묻는 것도 자연스럽습니다. "그 어르신 요새 통 안 보이시네. 안창호 선생 비서실장이셨다는 그분 말이여." 장수이용원에 있던 한 손님의 말에 한창 가위질에 몰두하던 이발사가 화답합니다. "그르게. 그분 봄까지 오시고 안 보여. 돌아가셨나봐…"

확인해보니 향년 105세를 일기로 2013년 4월 타계한 최고령 독립운동가이자 도산 안창호 선생의 비서실장이었던 고(故) 구익균 옹도 이곳의 단골이었군요. 거동이 불편해 휠체어를 타고 간병인까지 대동해야 했지만 선생은 돌아가시기 전까지 이곳에서 이발을 했다고 합니다. "청춘의 넋은 어디 가고 흰머리만 남았구나." 청년의 기백은 어디 가고 백발 서린 노인으로 변한 자신의 모습에 대한 한탄이었을까요. 고인은 이발소 거울에 비친 자신의 모습을 들여다볼 때마다 이렇게 말하곤 했답니다.

서울 상암동에 사는 윤영식 할아버지(71세, 가명)도 3년 전부터 장수

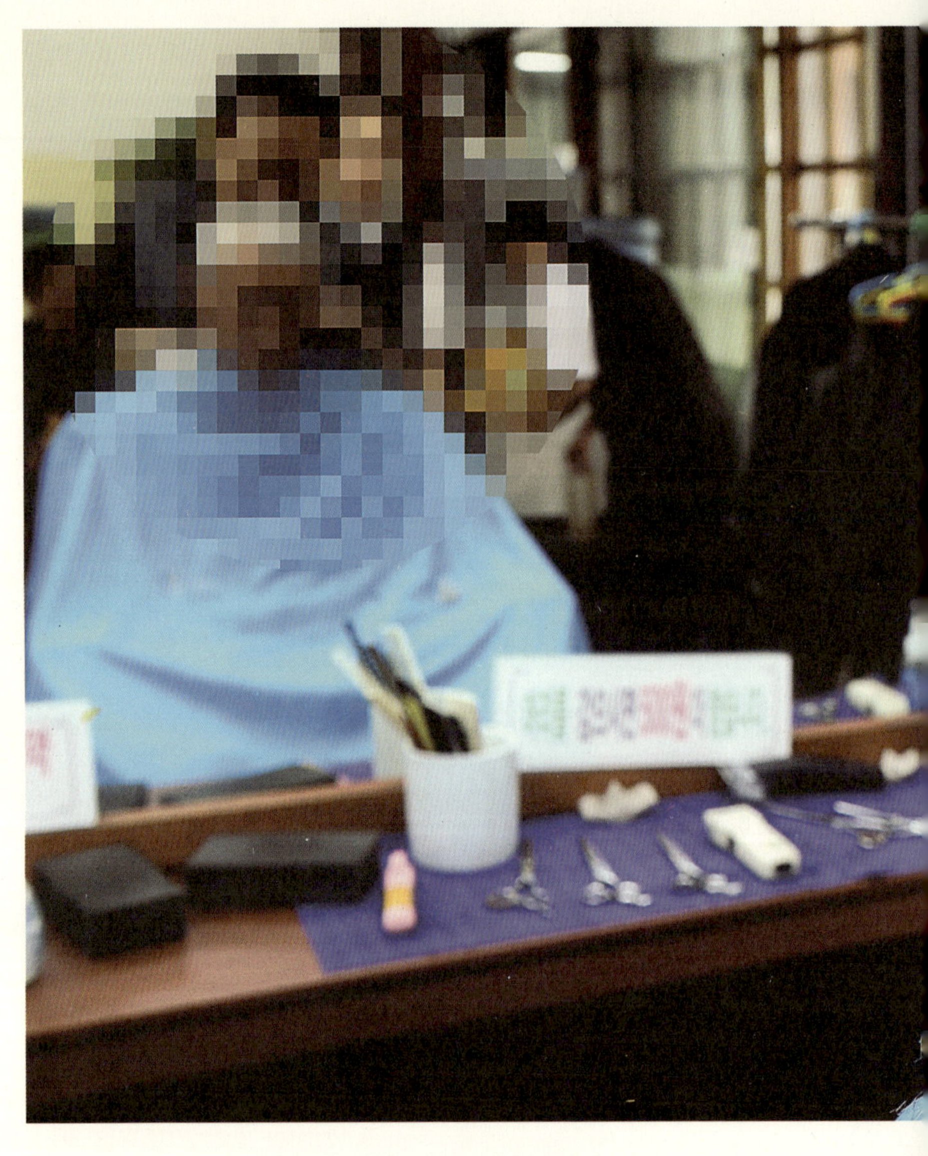

"응? 응? 뭐라고? 안 들려"라고 되물으십니다.
"할.아.버.지. 이.발. 왜. 하.시.냐.고.요?"
한 글자 한 글자 끊어 묻자 할아버지가 한마디 툭 던지시네요.
"응….
갈 때 가더라도 깨끗하게 하고 가려고."

이용원을 단골로 드나들고 있습니다. "공덕에서 5호선 타고 와. 여기서 이발하고 조기(저기) 다문화거리에 있는 한국기원에 가서 바둑도 두고 여기 오면 안 심심해서 좋지 뭐." 윤 할아버지는 건국대학교 64학번이랍니다. 태생적으로 머리색이 붉은 편이라 대학에 입학하고 나서부터 염색을 하기 시작했다고 합니다. 지금이야 개성시대이니 일부러 빨간색, 갈색 등으로 머리카락을 물들이지만 1960년대만 해도 튀는 머리색이 허용되지 않는 분위기였겠죠. "젊었을 땐 남들 보기 싫을까봐 염색했는데, 이젠 내가 보기 싫어 꼬박꼬박 염색하는 거지 뭐."

장수이용원과 불과 열 걸음 떨어져 있는 파크이용원. 이발소 유리벽에는 모 방송국에서 촬영한 프로그램의 한 장면이 훈장처럼 붙어 있습니다. 안을 둘러보니 붓글씨로 '孝(효)'라고 쓴 액자 아래 염색약을 잔뜩 바르고 눈썹까지 염색약을 칠한 할아버지가 신문을 보고 있습니다. 머리를 맡긴 이도 가위질을 하는 사람도 이마에 주름이 자글자글한 게 나이가 지긋해 보입니다. 이곳에서 막 이발을 마치고 나온 박윤서 할아버지(68세, 서울 신설동)는 "여기서 머리 깎아주는 사람들 다 경력 20년은 족히 넘은 베테랑이야. 싸지, 머리 잘 깎지. 그러니깐 나도 2년째 이집만 와"라는군요. 박 할아버지는 염색도 꼭 이곳에서만 한답니다. "동네 미용실서 염색하고 머리를 감겨줬는데 염색물이 잘 안 빠졌드라고. 여기는 머리도 시원하게 잘 감겨줘."

그렇다고 이발소에 머리 희끗한 '노인' 손님만 오는 건 아닙니다. 부천에 사는 한 20대 청년은 10분당 1000원 하는 주차비를 내고서라도 자가용을 몰고 장수이용원에서 머리를 자른답니다. 이발을 마치고 나온 한 손님은 "저기 안경 쓰고 조끼 입은 양반 있잖아. 그이가 미국 뉴욕서 오래 활동한 양반이야. 저 양반한테 머리하려고 부천서 일부러 자가용 끌고 오는 20대 청년도 있어"라고 귀띔합니다. 또 다른 이발소인 뉴탑골이용원에서 근무하는 한 아줌마는 "지나가다가 가격표 보고 놀라면서 '이런 데도 있네' 하고 호기심에 머리 깎고 가는 젊은 이도 있어. 그러다가 단골된 사람도 여럿이야"라고 자랑을 늘어놓습니다.

낙원동서 이발소를 운영하는 사람들은 3~4년 후의 미래를 걱정합니다. 거동이 불편하거나 돌아가시는 분들이 많아지다 보니 단골손님이 줄고 있어서입니다. 이 때문에 젊은 층을 끌어들이기 위해 '변화'를 줘야 한다는 목소리도 나옵니다. "요즘엔 예전 같지 않아. 여기 오는 노인들처럼 우리(이발소들)도 쇠락해가는 거지 뭘…."

18

"찍기는 찍어야 하는데…"
풀기 힘든 숙제 '영정사진'

단정히 머리를 깎고 검은 머리로 물을 들여 10년은 젊어진 것 같은 어르신들은 어디에라도 가시려는 걸까요? 이발 가격이 싸다는 이유 말고 다른 건 없을지 '돌직구'를 날려봅니다.

"영정사진은 안 찍으세요?" 얘기를 꺼내자 어깨에 하얀색 천을 두르고 이발을 하던 할아버지도, 검은색 염색약을 바르고 앉아 계신 할아버지도 고개를 절레절레 흔드시네요. "그런 걸 벌써부터 찍어서 뭐해", "나 아직 여든도 안 됐어" 등의 호통이 돌아옵니다. 두 할아버지 모두 2~3년 후면 여든인데도 아직 영정사진을 찍을 생각이 없다고 합니다.

40년 경력의 이발소 주인이 할아버지들의 말을 거듭니다. 파고다공원 후문 쪽에서 5년이나 이발소를 운영했지만 단 한번도 영정사진을 찍으러 왔다는 할아버지를 본 적이 없다는군요. 이유가 궁금한 찰나,

이발소 주인인 김 할아버지(68세, 서울 방학동)의 설명이 이어집니다. "뭐가 자랑이라고 영정사진 찍는다고 하겠어. 먼저 말 안 하는데 뭐 좋은 일이라고 '영정사진 찍나 봐요?' 이렇게 물을 수 있나. 맘속으론 그럴 작정으로 머리 깎으러 왔어도 영정사진 찍으러 간다고 말 안 하지."

실제로 파고다공원과 종묘공원 인근에 위치한 사진관에는 할아버지 손님이 뜸하답니다. 이 일대에 남아 있는 롯데시네마 피카디리(옛 피카디리극장) 인근에 위치한 W사진관도, 종로3가역 7번 출구 앞에 있는 S사진관도 영정사진을 찍으러 오는 어르신들이 1년에 3명이 될까 말까 하답니다. 사진을 찍으러 와도 '영정사진'이라는 말 자체를 입 밖에 내지 않는 게 불문율이라는군요.

"(영정사진) 찍으러 왔다는 소리는 안 하고 '나중에 하나 필요할 것 같아서 그러는데 사진 하나 찍어주소'라고 해. 영정사진이라는 얘기를 하기 싫어하는 거지." S사진관을 운영하는 문재철 할아버지(72세, 경기도 김포)가 영정사진을 찍으러 오는 어른신들의 마음을 대신 헤아려봅니다.

겉으론 짐짓 관심 없는 척하지만 영정사진은 할아버지들에게 풀기 싫은 숙제인 듯합니다. 카메라를 들고 다니는 기자가 영정사진에 대해 묻자 대뜸 "나 찍어줄라고?"라고 반문합니다. 아니라고 하자 실망한 기색이 역력합니다. "찍기는 해야지. 언제 찍어도 찍어야 하니까. 그나마 볼때기가 탱탱할 때 찍어야지. 나이 들어 도깨비처럼 나오면 쓰나. 근데 일부러 찾아가서 찍긴 싫어. 누가 찍어주면 좋고."

날이 풀리는 매년 3월쯤 종묘공원 관리사무소 옆에선 할아버지들의 영정사진을 무료로 찍어주는 행사가 열린답니다. 이때를 기다려 많은

할아버지들이 영정사진을 찍는다는군요. "난 진작 다 해놨어"라고 자랑스럽게 말하시는 정화진 할아버지(83세, 서울 사당동)도 7년 전 이곳에서 영정사진을 찍었다고 합니다. "대포 한잔하고 종묘공원 갔는데 사진 찍어준다기에 찍었지. 기분? 기분이야 뭐, 갈 때 되면 가는 건데 뭔특별한 것이 있나."

3월까지 기다리기 어려워 말이 나온 김에 어르신들의 영정사진을 찍어드리기로 했습니다. 장소는 파고다공원 뒤편에 있는 서울노인복지센터의 도움을 받아 얻었고, 사진부 기자가 촬영을 맡았습니다. 영하 8도까지 떨어진 12월 아침. 이른 시간인데도 복지센터 별관에 마련된 간이 스튜디오로 어르신들이 들어섭니다. 앉아서 사진 촬영 순서를 기다리시라고 마련한 의자 12개는 사진 촬영 전부터 만석입니다. 오후 1시까지 진행된 사진촬영에 50여 명의 어르신들이 다녀갔습니다.

"그냥 찍지 뭐"라며 한사코 메이크업을 거부하던 김용태(78세, 서울 압구정동) 할아버지는 "얼굴이 번들거리면 안 예쁘게 나와요"라는 말에 결국 화장대 앞에 앉으십니다. 뽀얗게 분을 바른 김 할아버지께 "정장도 입으셔야죠"라고 운을 떼자 "그럼 더 젊어 보이는 걸로 줘봐"라며 점퍼를 벗고는 흰색 셔츠와 검은색 정장 상의로 갈아 입으십니다. 자주색 나비넥타이까지 맨 김 할아버지는 큰소리로 "입장~!"을 외치며 카메라 앞에 앉았습니다.

사진기자의 코치를 받아 포즈를 취하고 나서 플래시 세례를 받는 김 할아버지 얼굴에는 웃음이 가득합니다. "오늘 호강하는 날이야. 화장도 하고, 정장도 입고. 나이 든 우리들 이렇게 공들여 찍어줘서 고마워."

　‘영정사진’ 이라는 단어에 거부감을 느끼는 어르신들을 위해 ‘영정사진’ 이라는 단어를 꺼내지도 않았습니다. 어르신들의 건강과 행복을 기원하는 의미로 ‘장수사진 촬영’ 으로 정한 겁니다. 하지만 어르신들은 “이거 영정사진이지?” 하며 귀신같이 속내를 알아차립니다. 하지만 사진만 잘 나오면 이름이야 뭐 어떻든 괜찮답니다. 이원오(84세, 서울 동선동) 할아버지는 “영정사진이면 뭐 어때. 언젠가 필요할 텐데 잘됐지. 예쁘게만 찍어줘. 난 모자 써야 잘 나오는데 쓰고 찍어도 되지?”

19

60세 이상만 근무하는 성남 카페…
12인의 '일자리 찬가'

그런데 할머니들은 다 어디 가신 걸까요? 이곳 파고다에서 할머니를 만나기란 참 힘든데요. 우리나라 인구통계만 보더라도 할머니들이 할아버지보다 100만 명 이상 많고 기대 수명도 길어서 할머니들이 훨씬 더 눈에 많이 보여야 하는데 말이죠. 그렇습니다. 할머니들은 할 일이 많은가 봅니다. 애 봐달라는 딸내미 부탁을 매정하게 내치지도 못하고, 자식들이 다 출가했다 해도 집안 대소사를 관장해야 하니 늘 바쁘실 테죠. 또 환갑은 예사고 일흔을 넘기고서도 식당이며 청소 등 일손을 놓지 않는 우리 어머니들이 많은 게 사실입니다. 그래서 우리는 점심 때 식당 아주머니들에게 스스럼없이 '이모', '엄마'라고 부르는지도 모릅니다. 어르신들에게 일자리는 단순히 경제적인 여유만 주는 게 아닙니다. '난 아직 쓸모 있다' 하는 자존감의 회복이기도 합니다.

경기도 성남시 중원어린이도서관에 위치한 책마루
카페에서 어르신 바리스타들이 주문 받은
커피를 정성껏 만들고 있다.
어르신들의 커피는 만드는 데
조금 시간이 걸리지만 깊은 맛이 난다.

우리는 할아버지와 할머니가 함께 일하는 곳을 찾아가봤습니다.

"파고다공원이야 잘 알지만 가본 적은 없어. 지금껏 살면서 '답답하다' 거나 '지루하다' 는 생각은 한번도 해본 적이 없거든. 마음만 먹으면 나이 들어서도 바쁘게 살 수 있다구."

경기도 분당에 사는 이무일 할아버지(69세)는 은퇴한 지 11년이 지났지만 파고다공원엔 단 한번도 가본 적이 없다고 했습니다. 대신 할아버지가 일주일에 두세 번씩 꼬박꼬박 나가는 곳이 따로 있다는데요. 지난달 성남시 중원어린이도서관 1층에 문을 연 '책마루' 카페가 바로 그곳입니다. 할아버지는 이곳에서 '폼나는' 바리스타로 일하고 있습니다.

'책마루' 에 방문한 날은 마침 휴일이어서 나들이를 나온 가족 손님들로 북적입니다. 희끗희끗한 머리를 단정하게 옆으로 빗어 내린 이 할아버지는 흰색 셔츠에 앞치마를 두른 말끔한 차림이었습니다. 목에 두른 스카프가 포인트 역할을 톡톡히 하네요. 할아버지는 차분하게 주문을 받고, 복잡해 보이는 커피 기계도 제법 능숙하게 다루시네요. "주문하신 커피 나왔습니다." 경쾌한 목소리와 함께 커피가 든 쟁반을 손님에게 전달하는 솜씨는 여느 대형 커피 전문점과 다를 바 없어 보입니다.

이렇게 '흰머리 바리스타' 가 되기 전에 할아버지는 인근 청소년수련관에서 4개월 과정을 정식으로 밟았답니다. 새로운 일에 뛰어드는 걸 주저하지 않는 성격이라는 할아버지. "동네 복지관에서 배울 수 있는 수업이 100개가 넘더라고. 난 할멈(아내)이랑 같이 컴퓨터, 요리, 클래식 음악 수업 들었어." 카페 일을 하지 않는 시간에는 자전거를 타며 젊은 사람 못지않게 건강한 생활을 하고 있다네요. 일터에 가려면 가파른 오르막길을 올라야 하지만 이제는 적응이 되어 거뜬하다고.

이런 할아버지가 '선배님'으로 모시는 사람이 있습니다. 바로 책마루 카페의 강여실 매니저(65세, 여)인데요. 나이는 할아버지보다 어리지만 야무진 일처리를 보고 혀를 내두른 게 한두 번이 아니라는군요. 강 매니저는 11명의 직원을 관리하며 카페 운영 전반을 책임지고 있습니다. 할아버지를 포함해 이곳 카페 직원은 모두 60세가 넘은 어르신들. 머리가 하얗게 센 직원들이 자신을 '매니저님'이라고 높여 부르는 게 아직 쑥스럽고 어색하다네요. 이제 막 예순다섯, 법적으로도 할머니가 된 강 매니저는 이래 봬도 커피 경력이 햇수로 3년째랍니다. 자주 다니던 중원노인종합복지관 내에 있는 카페에서 일하기 시작해 이곳 '책마루' 카페의 매니저까지 이르게 된 것입니다.

이곳에서 근무하는 어르신 바리스타들은 2013년 7월 바리스타 자격증 시험에 당당히 합격했습니다. 직원 모두가 함께 공부를 했는데 딱 1명이 떨어졌다는군요. 낙방한 할머니는 다음 달 재시험을 치를 예정이랍니다. "예전엔 몰랐던 커피 맛을 알게 되면서 바리스타가 되는 공부에 푹 빠졌었지. 젊었을 적에 이렇게 열심히 공부했다면 판검사도 됐을 거야." 강 매니저가 호호 웃습니다. 20대 중반에 결혼한 강 할머니는 줄곧 전업주부로 살다가 작은 뜨개질 가게를 운영한 게 사회생활 경험의 전부랍니다.

강 매니저를 포함해 이 카페 근무자들은 순번을 정해 일주일에 이틀 정도씩 일을 하고 수익금을 나눠 갖습니다. 1인당 월급은 보통 20만

원꼴이랍니다. 손에 쥐는 돈의 액수는 적지만 젊었을 적 돈을 벌 때보다 뿌듯함은 더 크답니다. 일하면서 얻게 된 선물이 또 있는데요. 강할머니는 "카페에서 일하면 다들 전보다 예쁘고 멋있어진다"라고 살짝 귀띔합니다. 중학교 1학년인 손녀가 "할머니는 다른 할머니들하고 다른 것 같아"라고 말한 걸 떠올리면 절로 웃음이 난다네요.

어린이도서관 안에 있는 '책마루' 카페의 손님들은 대부분 학부모와 아이들입니다. 가족 손님들에게 '흰머리 바리스타들'은 더욱 각별합니다. "용기 있고 멋져 보여요. 나도 나이를 먹어서 저런 일을 하는 것도 나쁘지 않겠다 싶은데요. 나이에 대한 편견이 사라진다면 앞으로도 이런 일자리가 더 늘어나지 않겠어요." 이날 자녀들과 책마루 카페에 들른 이나미(39세, 여) 씨의 말입니다.

카페 '책마루'의 직원들처럼 노인들이 실버 카페를 직접 운영해 그 수익금으로 월급을 받는 형태를 정부에서는 '시장형' 노인 일자리로 구분하고 있습니다. 2004년부터 본격 추진돼 올해 10년째를 맞은 정부의 노인 일자리 사업은 공공부문인 공익형, 복지형, 교육형 일자리와 민간부문인 시장형, 인력 파견형 일자리 등 크게 다섯 갈래로 나뉜다는데요. 그런데 어찌됐건 세금이 투입되는 공공부문보다 민간부문에서의 건강한 일자리가 많아야 할 텐데, 위 사례와 같은 민간 일자리는 전체의 10%도 채 되지 않는 게 현실이랍니다. 반대로 노인 일자리 참여자의 90% 이상이 공공부문에 집중돼 있는 것입니다.

한국노인인력개발원의 '2012년 노인일자리사업 참여노인 실태조사'에 따르면 공익형 참여자가 전체의 61.6%로 절대 다수였으며, 복지형(19.2%)과 교육형(11.6%) 일자리가 그 다음이었습니다. 시장형과

인력 파견형은 각각 5.3%, 2.3% 수준에 머물렀습니다. 그나마 공익형 일자리의 대부분은 환경관리(41.8%)였으며, 교통질서 계도(12.0%), 초등학교 급식지원(10.4%) 등이었습니다. 또 인력 파견형의 경우도 경비원(24.8%), 청소·미화원(15.1%) 중심으로 파견되고 있는 것이죠. 노인 일자리의 질에 대한 지적이 끊이지 않는 이유가 바로 이것입니다. 노인 개개인의 재능과 경험치를 살려 지역사회에 공헌할 수 있는 직종 개발이 필요한데, 이에 대한 개선은 더딘 것이죠. 일하고 싶어도 환경미화나 경비밖에 없다고 어르신들이 내뱉던 얘기가 헛소리가 아닌 듯합니다.

보건복지부는 25.7%포인트 높인 2997억 원의 예산을 투입해 2014년 노인 일자리를 약 30만 개로 늘린다는 계획입니다. 또 전문기술 등을 가진 노인에게 일자리를 제공하고 활동비를 지원하는 '재능활용형 일자리'를 신설해 일자리의 질도 함께 높인다는 방침인데요. 복지부 관계자는 "내년에는 노인들에게 일자리 정보를 안내해주는 전용 콜센터를 운영할 계획"이라며 "노인 일자리 참여를 통해 사회활동과 봉사로 고독감을 해소하고 소득 보충까지 할 수 있는 기회가 되도록 할 것"이라고 했습니다. 정책의 효과가 실질적으로 어르신들의 피부에 와닿는 성과로 이어지길 기대해봅니다.

"노인 고용 증가, 청년층 일자리 뺏는다는 건 오해"

보건복지부 산하 한국노인인력개발원은 노인 일자리 개발과 보급을 맡고 있는 곳입니다. 곧 '고령사회복지진흥원'으로 확대·개편돼 노인 일자리 사업과 함께 노후 생애 설계 및 사회참여 활성화 등을 중점적으로 수행할 전망인데요. 이정희 사업운영국장에게 고령화 사회의 일자리와 복지에 대해 들어봤습니다. 다음은 일문일답입니다.

노인의 경력과 재능을 살리고 지역사회에 이바지하는 양질의 일자리를 마련하기 위한 대책이 있나요?

공공부문의 경우 사회에 도움이 되는 일자리를 강화할 방침입니다. 학교 CCTV모니터링 순찰과 어린이 보호활동, 노인이 노인을 돌보는 노노(老老)케어 활동이 있습니다. 또한 '시니어 직능클럽'을 통해 퇴직 후에도 경륜을 활용할 수 있도록 지원하고 있습니다. 2013년 10월 기준으로 코레일, 한국마사회 등 12개 기관에 설립됐습니다. 노인일자리 평가대회도 열어 지역 내 우수 사례 및 아이템을 발굴해 매뉴얼을 개발·보급하고 있습니다.

또한 2013년부터 '융복합 노인일자리'를 시범 운영하고 있습니다. 지역 공동체를 기반으로 다양한 노인 일자리를 결합해 일자리 창출뿐 아니라 지역경제 활성화, 도시와 농촌의 상생 등 지역 현안을 해결하는 사업입니다. 현재 완주군 로컬푸드 사업과 부산동구 이

바구길 특화사업이 진행 중입니다. 2014년에는 전체 직원 중 70% 이상을 고령자로 구성하는 고령자 친화기업도 지역사회와 연계해 추진할 예정입니다.

'노인 복지'라는 노인 일자리 사업의 기본 취지는 유지하되, 취업 노인의 급여 만족도를 지금보다 높이기 위한 방법이 있나요?

취업 노인의 경제적 만족도를 높이려면 민간 부분과 연계해 일자리를 창출하는 방향으로 가야 합니다. 민간시장에서 자체적으로 고령 근로자 채용이 활성화되는 풍토가 마련돼야 하고요. 민간기업과 연계한 시니어 인턴십과 고령자 친화기업에 취직할 경우 평균 급여가 70만~100만 원입니다. 다만 공공형 일자리보다 근무 시간이 길고 노동 강도가 높습니다.

민간 업체의 참여를 이끌어내기 위한 방안은 무엇인가요?

고령 근로자에 대한 인식 개선이 중요합니다. 인식 개선은 노인 일자리 사업의 궁극적 목표 중 하나이기도 합니다. 몇 해 전 한 대형 마트와 '시니어 인턴' 시범사업을 진행했는데, 어르신들이 성실히 일해준 덕분에 해당 기업에서 노인 1000여 명을 추가 채용했습니다. CGV와 함께한 '시니어 도움지기' 사업도 마찬가지입니다. 시니어 인턴을 채용한 후 서비스 품질이 향상돼 최근 시니어 도움지기를 전국적으로 확대 채용했습니다.

영국은 고령자 근로 인식 전환을 위한 '에이지 포지티브(Age Positive) 캠페인'을 통해 고령자 채용 후 성공사례를 국민에게 알리고 있습니다. 이처럼 고령 근로자 고용에 대한 인식전환이 정책적으로 이뤄져야 합니다. 현재 우리나라는 노인일자리 정보를 한눈에 보는 '100세 누리(www.100senuri.go.kr)'를 운영하고 기능을 보강하고 있습니다. 2014년까지 일자리 검색에서 연계까지 가능한 원스톱 서비스를 구축할 계획입니다. 구인·구직 기능을 포함한 노인 사회 참여 데이터베이스를 통해 체계적인 이력관리 및 취업 연계 활성화가 이뤄질 것으로 예상됩니다.

노인 일자리가 청년 일자리를 잠식한다는 오해가 있지만 실상은 그렇지 않습니다. 노인 일자리는 초등학교 급식도우미, 문화재 해설사, 공동작업장, 어린이 안전지킴이처럼 청년층 일자리와는 성격이 조금 다릅니다. 한 연구에 따르면 우리나라를 포함한 경제협력개발기구(OECD) 15개국에서 중·고령층 고용률이 상승할수록 청년층 고용률이 높아졌습니다. 인구감소로 근로 인력이 매년 줄어드는 가운데 고령층의 근로 참여가 노동 인력을 충당하는 수단이 될 수 있습니다. 100세 시대를 맞이하면서 고령 근로자 증가는 이제 하나의 시대 흐름입니다. '세대 갈등' 보다는 '세대 화합' 이라는 관점으로 바라볼 필요가 있습니다.

고령화 시대를 맞아 은퇴 설계 등 노후를 미리 대비해야 할 것으로 보입니다. 이와 관련해 정부가 준비하는 프로그램이 있는지요.

고령화 현상이 빠르게 진행되고 있는 가운데 국민의 생애주기에서 노년기가 차지하는 비중이 증가하고 있습니다. 노년기의 삶이 개인의 삶의 질에 중요한 역할을 하게 된 것입니다. 이에 따라 복지부는 노후준비 수준을 측정할 수 있는 노후준비지표를 개발했고, 계속 보완하고 있습니다. '베이비 부머 종합정보포털(www.activebb.kr)' 에서 대인관계, 건강, 재무, 여가 등 4대 영역의 지표를 바탕으로 노후설계 프로그램을 사용해볼 수 있습니다.

그 섬에 들어갈수록 이 사회의 무관심이 보였다

"서른 살 차이 '파친'이 생겼습니다"

주상돈 기자

한참 동안 자판기 커피 예찬을 듣고 돌아서는 기자를 박동석 할아버지 (75세, 서울 상도동)가 불러 세웠습니다. 대뜸 "기자 양반은 우리를 어떻게 생각해?"라고 묻더군요. 노인에 대한 사회적 시선을 묻는 것 같아 선뜻 대답을 못하고 멈칫거리는데 박 할아버지는 "적적해서, 심심해서 공원에 나오는 건데 '거지들처럼 나와 돌아다니고 있다' 라는 식의 그런 기사만 쓰지 마"라며 신신당부를 합니다. 박 할아버지도 파고다공원에 나오는 어르신들에 대한 곱지 않은 시선이 신경 쓰이나 봅니다. 본지 설문조사에서 '전혀 존경받지 못한다' 를 가장 많이 선택한 연령도 60대 이상이었습니다.

파고다에서 만나는 어르신들은 자존감도 많이 상실한 것처럼 보이기도 했습니다. 이 때문인지 어르신들은 젊은 기자에게 "젊은 사람이 뭘 안다고 우리들에 대해 쓴데", "할 말 없으니까 그냥 가"라며 등 돌리기 일쑤였습니다. 지금까지 '노인' 들에게 쏟아진 비난의 화살을 기자에게 돌려주는 듯했습니다. 하루가 멀다 하고 파고다공원을 찾았습니

다. 파고다공원에서 시간을 보내며 얼굴을 드밀었더니 이제는 손주 대하듯 먼저 다가와 말을 거십니다. "밥은 먹었어?" "대포 한잔해야지?" "어딜 그냥 가. 커피 한잔 먹고 가." 서른 살 이상 차이 나는 '파친(파고다 친구)'이 생긴 거죠.

　기온이 영하로 뚝 떨어지자 한겨울에도 내복을 입지 않는다던 윤 할아버지가 생각나 전화를 드렸습니다. "누구요?"라며 퉁명스러운 목소리가 "할아버지 따라다니던 기자예요"라는 소리에 금세 부드러워집니다. "할아버지, 내복 오늘도 안 입으셨어요?"라고 물었는데 '내일 온다고?'로 들으셨는지 "내일 공원에서 봐"라고 하시네요. 조만간 꼭 찾아 뵈야겠습니다. 혹시 부모님과 이런저런 이유로 따로 살거나 소원하신가요? 오늘 부모님께 전화 한 통 어떨까요?

파고다, 희로애락이 숨쉬는 곳

김보경 기자

"요즘 어떻게 지내세요?"라는 질문에 아무렇지 않은 듯 "죽을 때만 기다리는 거지, 뭐. 옛날에야 나이 많다고 대접받았지. 지금은 천덕꾸러기 신세밖에 더 돼?" 하고 내뱉는 한 할아버지의 말에 마음 한쪽이 아릿해졌습니다. 자조와 푸념 섞인 말들이 그들의 의지에서 비롯된 건 아닐 겁니다. 나이를 먹을수록 가정과 사회에서 마땅히 설 곳을 찾지 못하고 외면당한 탓일 겁니다. 그들이 한참을 방황하다 당도한, 바로 종로의 파고다공원과 그 주변은 노인들의 허한 마음을 달래주는 도피처이자 안식처였습니다.

사실 이런 생각을 하게 된 건 최근 일입니다. 처음엔 이곳에 독자들에게 들려줄 만큼 의미 있고 재밌는 이야기가 담겨 있을까 싶었죠. 할아버지들의 마음을 헤아리지 못한 탓에 인터뷰를 거절당한 적도 한두 번이 아니었습니다. 그래서 어르신들과 보폭을 맞추듯 천천히 다가가기로 했습니다. 낮에는 공원 팔각정에 앉아 붙박아보기도 하고, 저녁에는 식당에서 할아버지들과 막걸리잔을 기울이기도 했습니다. 그렇게 공원을 들를 때마다 새로운 사실을 깨달았고, 어르신들의 마음을 조금씩 이해하게 됐습니다. 외로운 섬처럼 보이던 파고다 공원이 인간의 희로애락이 살아 있는 공간으로 변모하는 순간이었죠.

그곳엔 고단한 세상에 지쳐 할 일도, 할 말도 잃어버린 어르신들이 유독 많습니다. 아프다고 소리치지도 않습니다. 모든 걸 내려놓은 듯 텅 빈 눈동자만 남았더군요. 그런 어르신들을 바라보며 한동안 머릿속

에 맴돈 고민이 하나 있습니다. '노인들이 생을 마칠 때까지 내일에 대한 희망을 품고, 삶의 의미와 사는 재미를 잃지 않으려면 어떻게 해야 할까.' 아직까지 명쾌한 답을 찾아내진 못했습니다. 하지만 「그 섬, 파고다」를 통해 여러 사람들이 이 고민에 진지하게 동참해준다면 그걸로 충분하겠다 싶습니다. 그들의 삶을 간접적으로 경험하고 '머지않은 미래의 내 이야기일 수도 있다' 라는 생각으로 노인 문제를 바라봐주길 바랄 뿐입니다.

그분들 모두 누군가의 부모님

김민영 기자

박카스 아줌마를 취재하라는 지시가 떨어졌을 때 자신이 없었습니다. 남에게 털어놓기 남우세스러운 일을 하는 할머니들이 새파랗게 어린 기자에게 속내를 털어놓을까, 싶은 생각에 걱정이 앞섰던 거죠. 배를 곯아본 기억이 없는 서른 살 여성이 일흔을 넘긴 할머니에게 "왜 이 일로 먹고 사세요?"라고 묻는 건 산전수전 다 겪은 그분에게는 봉창 두드리는 소리로 들렸을 수도 있습니다.

스님 밥을 지어주는 보살이었다가 박카스 아줌마 처지로 곤두박질 친 한선화 할머니(70세, 가명)가 특히 기억에 남습니다. "칠순 잔치 때 동생들하고 찍었다"라며 스마트폰에 저장된 사진을 보며 활짝 웃으시던 모습이 눈에 선합니다. 그때까지 잊고 있었습니다. 싸잡아 박카스 아줌마로 불리는 이분들도 누군가의 어머니, 할머니란 사실을 말입니다. 40년을 전쟁하듯 살아온 할머니의 인생을 고작 원고지 몇 장에 담을 수 있을까요. 자칫 이 보도가 나가면 박카스 아줌마에 대한 비난만 거세지는 건 아닐지. 우여곡절 끝에 기사가 나가고 한 할머니한테 문자를 넣었더니 고맙다네요. 할머니의 고단한 개인사를 재료 삼아 마감을 끝내기 바빴던 내가 그런 소리를 들을 자격이 있는지 부끄러워졌습니다.

파고다공원을 뻔질나게 드나들면서 30여 명의 어르신들을 만났고 45개의 녹음 기록이 남았으며 19꼭지의 기사가 남았습니다. 그 섬에 처음 발을 디딘 지 두 달입니다. 취재를 하는 내내 이 기사가 섬 밖의

"

사람들과 섬 안의 어르신들을 이어주는 가교가 되길 바랐습니다.

기자 역시 "이 기사를 쓰는 기자들은 부모에게 잘하냐"라는 쓴소리에 6년 전 혼자 되신 아버지의 안부를 더 자주 살피게 됐습니다. 이제야 성당 모임에 그토록 열성을 보이며 산이다 모임이다, 사람들을 찾아나서는 아버지를 이해하게 됐습니다. 아버지도 사람이 그리웠던 것입니다. 사람은 누구나 '섬' 하나쯤 안고 사는 걸까요. 이 기사가 외로운 누군가를 한번쯤 돌아보는 계기가 되면 좋겠습니다.

렌즈 넘어 '물음표'에 고민하다

백소아 기자

2013년 11월 30일 오후 3시. 파고다(탑골)공원 돌담길을 따라 걸어가던 길에 손과 얼굴이 피투성이인 채 넘어져 있는 할아버지 한 분을 발견했습니다. "할아버지, 괜찮으세요?" 곁에 다가서자 술 냄새가 훅 끼쳤습니다. 약주를 하신 게 분명해 보입니다. 그런데 이 짧은 순간 내 머릿속에선 전쟁이 일어났습니다. '찍어야 하는데, 얼굴 나가면 초상권에 걸리려나', '일단 병원으로 모셔다 드려야 하는데' 두 마음이 다툽니다. 결국 할아버지 손에 난 상처를 휴지로 닦아드리고 나서 셔터를 부지런히 눌렀습니다. 이것이 파고다와 나의 첫 만남이었습니다.

사진으로 파고다의 풍경을, 사연을 전하는 것은 생각보다 어렵고 복잡했습니다. 기획 시리즈가 20회에 걸쳐 한 달 내내 매일 나간다고 들었을 땐 대체 얼마나 많은 사진을 찍어야 할지 걱정이 앞섰습니다.

《사진기자는 만세를 부르지 않는다》라는 책에는 이런 구절이 나옵니다. "사진기자는 어떠한 상황에서도 개입하지 않는 것이 원칙이자 딜레마다." 파고다는 달랐습니다. 찰칵 셔터를 누르기 전에 '아버님' 또는 '어머님'이라고 부르며 서로에게 '꽃'이 되는 과정이 먼저였던 거죠. 찰칵이란 소리에 "어디다가 카메라를 대고 난리야" 등의 험악한 소리를 듣기도 했지만 "예쁘게 찍어줘" 말씀하시는 할아버지들도 많았습니다.

그들의 입장이 되어 파고다를 바라보려고 했고 때로는 철저한 타인의 시선으로 파고다를 응시하기도 했습니다. 그렇게 2주 동안 파고다를 들락거렸습니다. 기사가 나가기 시작하면서는 다시 그분들을 만나러 또 나가야 했죠. 누군가 내게 「그 섬, 파고다」가 어떤 의미였느냐고 묻는다면 아직 1년차밖에 되지 않은 사진기자에게 사람을 렌즈에 어떻게 담을지 진지하게 고민해본 계기였다고 말하고 싶습니다. 또 나에게, 우리 사회에 커다란 물음표를 선물한 가을이었다고 대답하렵니다.

지면을 필름 삼아 펜을 렌즈 삼아 다큐 찍듯 썼죠
김동선 부장

「그 섬, 파고다」를 처음 시작하며 생뚱맞게 피에르 상소(Pierre Sansot)를 언급했습니다. 파고다 어르신들에게서 마주한 '저속(低速)의 미학'이 그의 저서 《느리게 산다는 것의 의미》를 문득 떠오르게 한 때문이었습니다. 그 책은 다음과 같은 머리말로 시작합니다.

"단도직입적으로 말해, 느린 사람들은 평판이 좋지 못하다. 흔히 느린 사람들은 고집이 세다는 소리를 들으며, 매사에 동작이 굼뜬 데다가 서투르다는 말도 듣는다. 심지어 매우 힘들고 까다로운 작업을 하고 있을 때조차도 워낙 행동이 느려서 그렇다는 소리를 들어야 한다. 게다가 대부분의 사람들은 그들이 좀 둔하다고 생각한다. 그들이 여유 있는 동작으로 걸어가고 있을 때도 우아함이라고 보기보다는 운동신경이 느리기 때문이라고 보는 것이다. 또 그들은 일을 할 때도 온 정신을 집중하지 않고 대강대강 시간만 때운다는 의심을 받아야 한다."

과연 그분들의 저속에 현대인의 속도의 자를 대는 게 온당할까요? 노인이라는 메마른 이름으로 불리다가 때가 되면 어르신으로 대접받는 파고다공원 일대의 할아버지들은 두 개의 호칭과 두 개의 시선으로 비칩니다. 아니, 어쩌면 이곳의 할아버지들에게는 더 다양한 호칭과 시선이 존재할지도 모르겠습니다. 그만큼 노인을, 노인 문제를 바라보는 관점은 시각차가 클 수밖에 없습니다. 코끼리의 어느 쪽을 보느냐에 따라 달리 표현하는 것과 비슷하겠죠. 한쪽을 부각하면 다른 한쪽이 외면받기 십상인 것도 이 때문입니다. 또 어떤 각도로 보느냐에 따라서도 사물은 달라 보일 겁니다.

파고다는 과거를 살던 분들이 현재의 공간에서 머무는 공간이자 우리의 미래를 예지하는 곳입니다. 그래서 우리 사회의 어제와 오늘과 내일이 모두 투영되고 그분들과 우리의 삶이 만드는 다양한 사회적 문제도 함께 함축·응축하고 있는 공간입니다.

고령화 사회로 진입한 우리 사회의 복잡다단한 문제를 짚어보자며 「그 섬, 파고다」를 기획할 때 처음부터 무작정 중후장대한 노인 문제의 원인과 해법을 찾아가며 기사를 전개하는 것도 식상한 측면이 있겠다 싶었습니다. 대신 우리는 노인 문제와 그로 인해 파생된 다양한 담론이 담긴 공간인 파고다공원을 훑어보고 그곳에 있는 사물과 사람 이야기를 소재 삼아 담담히 이야기를 전개하기로 했습니다. 파고다라는 공간이 갖는 상징성과 그 속에 버무려진 할아버지들의 이야기를 담아보자는 것이었죠.

사실 부서 내 취재기자들의 눈을 피해(?) 파고다공원 일대를 너덧 차례 따로 답사하기도 했습니다. 저녁 약속을 일부러 종로 근처로 잡고 약속시간보다 일찍 사무실을 나서 공원 주변을 맴돌기도 했는데요. 취재기자를 못 믿어서가 아니라 어르신들의 모습을 조금이라도 가까이서 보고, 그들의 삶을 객관적으로 조망하는 눈이 데스크에게도 필요해서였습니다. 취재는 현장에서 시작되지만 데스킹도 현장을 떠나서는 안 된다고 봤기 때문입니다. 일본을 가장 객관적으로 다룬 책으로 평가받는 《국화와 칼》의 저자 루스 베네딕트. 그녀는 정작 일본을 한번도 방문해본 적이 없고, 그래서 "학문적 연구에서 그 대상을 직접 목격하지 않은 쪽이 오히려 엄밀할 수 있는 가능성을 입증했다"라고 평가받는다고 하는데, 내게는 그런 혜안도 그럴 자신도 없었기 때문입니다.

데스킹을 보면서 취재기자들에게 요구한 특별 주문은 딱 하나였습니다. 그곳에서 만난 사람들이 사투리나 욕을 하더라도 그대로 쓰라는 것이었죠. 유려한 미사여구보다 사실적 표현 하나가 있는 그대로의 현장을 생생히 증언한다고 보았기 때문입니다. 한편으론 자칫 몇몇의 사례가 전체인 양 변질·왜곡될 수도 있어 사례와 증언들이 침소봉대되지 않도록 애썼습니다. 일부 회차(박카스 아줌마 편)에서는 할아버지들이 저속(低俗)하게만 비치지는 않을지도 점검해야 했습니다.

물론 미디어 이론에는, 기사는 현실을 거울처럼 그대로 보여줘야 한다는 관점(현실사회 반영론·거울론)과 현실을 해석하고 다시 규정해야 한다는 관점(현실사회 구성론)이 있다지요. 우리는 어쩌면 이 둘 사이에서 줄타기를 했을지도 모릅니다. 그래서 파고다 일대의 정경을 때론 내레이션 방식으로, 때론 건조한 일반 기사처럼 소재에 따라 다른 글쓰기 방식을 시도해봤습니다. 지면을 필름 삼아, 펜을 렌즈 삼아 논픽션 다큐멘터리를 찍는다는 느낌으로 전개해본 것이었습니다.

기획을 시작할 때만 해도 더웠던 것 같은데, 마지막 회를 정리하는 지금은 함박눈이 내리는 겨울입니다. 어르신들이 따뜻한 겨울을 나시길 빕니다. 가깝지만 먼, 낯익으면서도 낯선, 그래서 애잔하면서도 불편하기도 한 이야기는 여기서 마치려 합니다.

그 섬, 파고다

지금의 / 나는 / 미래의 / 너다

부록

"기사 읽는 내내 가슴이 시렸습니다."
"어머니 칠순잔치 비용 쪼개 기부하고 싶어요."

1
성인 1000명 대상 설문
─대한민국 노인을 묻다

"노인 존경 못 받아", "존경 받아"보다 7배 많아

산업 역군이었지만 이기적, 고집불통

연금·건강보험 개선, 노후 설계 필요해

#1
그분들을 존경하시나요

수도권 주민들은 대체로 우리나라 노인들을 산업발전에 이바지하고 연륜과 지혜가 쌓인 사람이라고 인정하는 반면, 사회적으로 그에 걸맞은 존경을 받지 못한다고 인식하는 것으로 나타났다. 노인이 존경받는 편이라는 응답보다 7배가량 많게 조사됐다. 또 노인복지 수준에 대해서는 대부분 불만족스럽다고 답했으며, 노인 문제 해결을 위해서는 연금과 건강보험 제도의 개선, 은퇴 정년의 연장 및 노후 설계 프로그램에 대한 교육이 필요하다고 꼽았다.

모바일 리서치 업체 오픈서베이를 통해 2013년 11월 19일 수도권 거주 성인 1000명에게 노인의 이미지에 대해 물어본 결과, '연륜과 지

혜가 쌓인 사람'(43.2%), '산업발전에 이바지한 사람'(73.2%), '사회구성
원으로서 필요한 사람'(64.5%) 등과 같이 노인들의 사회적 가치를 인정
한다는 의견이 주를 이뤘다.

또한 '노인은 사회의 관심이 필요한 대상'(83%)이라는 점은 전 연령
대가 의견을 같이했지만, '노인은 고집 세고 이기적인 사람', '가정에
서 소외된 사람'이라고 인식하는 젊은 세대의 비중이 상대적으로 높았
다. 20대 응답자의 31.5%, 30대의 33.5%가 '노인이 고집 세고 이기적
인 사람'이라고 답해 50대(29.1%), 60대 이상(27.9%)에 비해 높게 집계
됐고, '노인은 가정에서 소외된 사람'이라고 답한 30대 응답자가
33.5%에 달해 60대 이상 응답자(25.6%)보다 비중이 높았다.

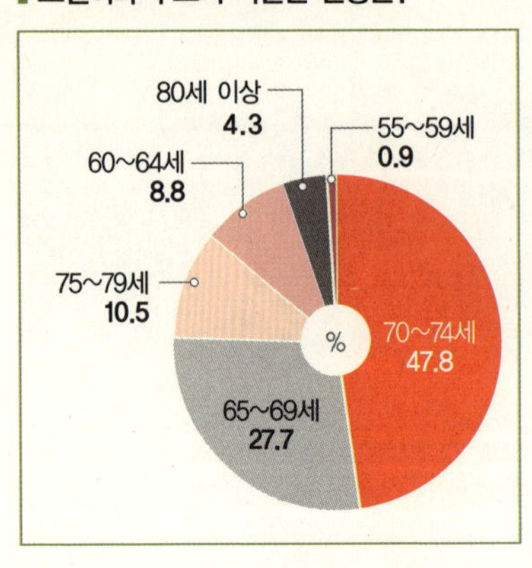

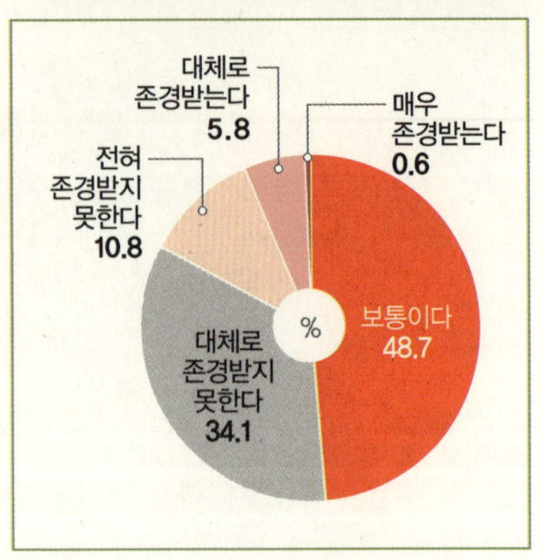

 '노인이 얼마나 존경받는다고 생각하는가'를 묻는 질문에선 '존경받지 못한다'는 답변이 44.9%로 '존경받는 편이다'는 응답(6.4%)보다 7배가량 많았다. 이 질문에는 50대, 60대 이상 응답자의 각각 46.5%가 '존경받지 못한다'고 답했다. 특히 '전혀 존경받지 못한다'는 응답을 한 20~30대는 8.5%에 불과했으나 60대 이상은 이 응답률이 18.6%로 10.1%포인트 높게 나와 노인들의 자존감이 크게 떨어지는 것으로 조사됐다.

 노인 이미지에 대한 설문은 '전혀 아니다', '아니다', '보통이다', '그렇다', '매우 그렇다' 등 5점 척도로 진행됐는데, 이렇게 측정한 노인에 대한 이미지는 산업발전에 이바지하고(3.9점), 연륜과 지혜를 갖춘 사람(3.3점)이지만, 사회구성원으로서 필요한 사람(3.7점)인데도 존경받지 못하고 있어(2.5점) 사회의 관심이 필요한 사람(4.1점)으로 요약된다.

 우리나라 노인 복지 수준에 대해선 연령대에 상관없이 대부분 만족하지 못한다는 의견을 나타냈다. 전체 응답자의 60.9%가 '불만족스럽

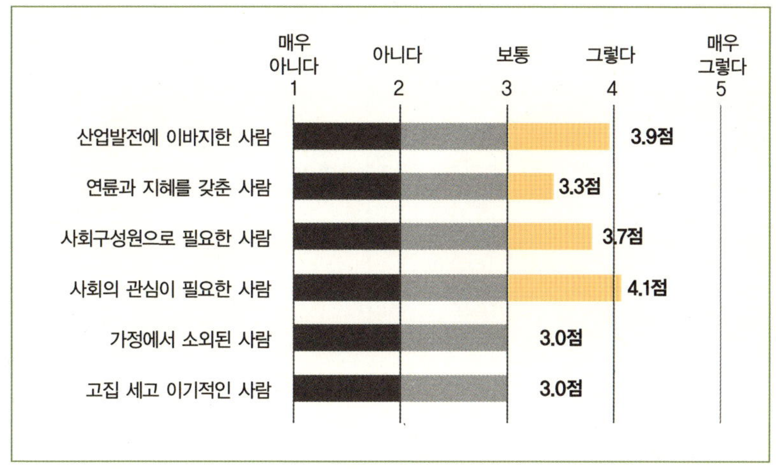

다'는 답변을 내놨고, 그중 '매우 불만족스럽다'는 답변도 17.7%에 달했다. 그에 반해 '만족한다'는 응답은 4.5%에 그쳤다.

노인들이 경험하는 가장 큰 문제가 무엇인지 묻는 질문에는 '생활비 문제'가 26.5%로 가장 많이 꼽혔고, '외로움 문제'(23.5%), '가족 간 불화·부양 문제'(22.6%), '건강 문제'(13.6%), '재취업 문제'(10.4%) 등의 순으로 나타났다. 60대 이상은 상대적으로 생활비(30.2%)와 건강 문제(18.6%) 등을 다른 연령대보다 많이 지적했고, 20대들은 외로움(30%)을 가장 큰 문제로 꼽았다.

또 이와 관련해 성별에 따라 무게를 두는 노인 문제의 종류가 달랐다. 남성은 '생활비 > 외로움 > 가족 문제' 순으로 경제적인 문제를 심각하게 보는 반면, 여성은 '가족 > 생활비 > 외로움 문제' 순으로 정서적인 문제를 중요하게 여겼다. 60대 이상 남성(41.7%)의 경우 '생활비 문제'

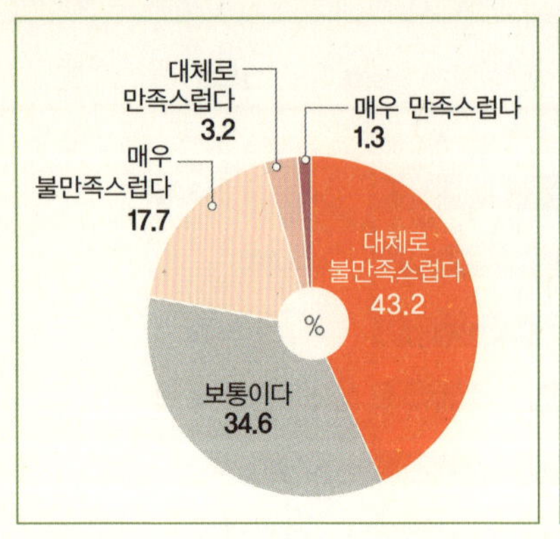

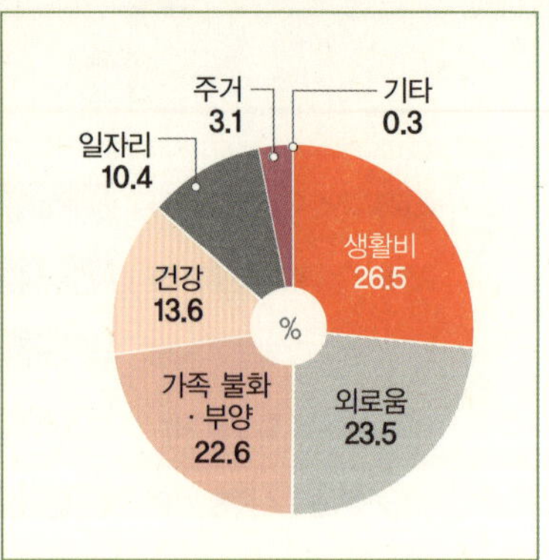

를 가장 심각한 노인 문제로 꼽았지만, 50대 여성(27.6%)은 '가족 문제'를, 60대 여성(31.6%)은 '외로움 문제' 를 가장 큰 문제라고 인식했다.

노인 문제 해결을 위해 필요한 대책을 중요한 순서대로 3가지를 선택(복수 응답)하라는 질문에는 '공적 연금 개선' 과 '병원비 부담을 줄일 수 있도록 건강보험제도를 개선' 해야 한다는 의견이 각각 13.4%로 가장 많았으나 '은퇴정년의 연장' (11.5%)과 '노후설계 프로그램 교육' (11.4%)이 오차범위 안에 있었다. 아울러 '공공 일자리 취득 기회 제공' (9.4%), '가족 · 사회 등의 공동체 의식 함양' (8.4%) 등의 순으로 나타났다.

연령대별로 시급하다고 생각하는 노인복지 서비스의 종류가 다른 점이 눈에 띈다. 20대의 경우 '노후설계 프로그램>정년 연장>보험제도 개선' 순이었고, 30대는 '연금제도 개선>보험제도 개선>은퇴정년 연장' 순으로 나타났다. 연령층이 높아질수록 '보험제도 개선' 과 '정부의 공공 일자리가 필요' 하다는 의견이 많았다. 특히 60대 이상 응답자 가운데 보험제도 개선이 중요하다고 답한 사람이 23.3%로 가장 많아 병원비로 인해 금전적 부담이나 불안감을 느끼는 노년층이 많은 것으로 파악됐다.

한편 현재 65세 이상을 노인 기준으로 삼고 있는데 응답자의 62.6%는 70세는 넘어야 노인이라 부르기에 적절하다고 생각하고 있었으며, 응답자의 연령대가 높을수록 이런 경향이 높았다. 50대 응답자의 67%, 60대 이상 응답자의 79.1%가 70세 이상을 노인으로 봐야 한다고 답했는데, 이는 20대(49.5%)에 비해 크게 높은 수치다. 노인 기준에 대해서도 청년층과 노·장년층 간에 세대차를 보인 것이다. 특히, 20대에선 노인의 기준을 65세 미만으로 보는 사람이 18.5%에 달해 60대 이상(4.7%)과는 확연한 입장차를 보였다.

파고다·종묘공원 '노인들의 아지트' 인식
노년 남성 성문제 해결 위한 상담 필요

2
'박카스 아줌마' 해결책은

서울 종로 파고다(탑골)·종묘공원 일대에 대해 시민들은 어떻게 인식하고 있을까. 수도권 거주자 10명 중 6명은 이곳이 '노인들만의 아지트 같다'는 답변을 내놨다. 또한 이 일대 '박카스 아줌마'로 인한 문제는 단속이나 처벌보다 노인 남성들에 대한 성상담 프로그램 등을 통해 해결해야 한다는 의견이 절대 다수를 차지했다.

탑골·종묘공원에 대한 이미지에 대해서 전체 응답자의 62.7%가 이 일대를 '노인들만을 위한 아지트 같은 공간'으로 인식한다고 답했다. 이 같은 답변은 30대 이상의 전 연령대에서 60% 이상으로 비슷했으며 20대도 53.0%가 이와 같이 답했다.

그 다음으로 '노숙인들이 많아 지저분하거나 위험한 곳'이라는 응답이 12.4%를 차지했고, '과거와 현재가 공존하는 공간'(9.3%), '낙후된 지역으로 변화가 필요한 공간'(7.6%), '정감 있고 사람 냄새가 나는 곳'(4.1%)이라는 답변이 뒤를 이었다. 반면 '문화 행사·축제 등이 많이 열리는 곳'(1.7%), '저렴한 먹을거리가 많은 곳'(1.6%)이라고 답한 시민들은 극소수에 불과했다.

이곳을 '지저분하고 위험한 곳'이라고 답한 응답자를 나이대별로 보면 50대까지는 오차한계 안에 있었으나 60대 이상의 20.9%가 이렇게 응답했고, 특히 60대 여성의 26.3%가 이같이 답해 고연령층의 여성들이 이 지역의 위생과 치안 문제를 크게 인식하는 것으로 드러났다. 반면 이곳을 '정감 있고 사람 냄새 나는 공간'으로 인식하는 응답자는 20대 남성(15%)이 가장 많았다.

이 일대에서 활동하는 '박카스 아줌마'에 대해선 전체 응답자의 48.4%가 '들어본 적이 있으며, 무슨 일을 하는지도 안다'고 답했다. 연령대별로 20대의 응답(33.%)이 가장 낮았으며 30대(41.2%), 40대(56.3%), 50대(56.0%), 60대(58.5%) 등 고연령일수록 인지도가 높았다. 이로 인한 사회 문제를 해결하려면 '노년 남성의 성문제 해결을 위한 상담 프로그램을 제공해야 한다'(49%)는 의견이 가장 많았다. 특히 60대 이상 남성들은 69.2%가 이같이 답해 노인 성문제 상담 프로그램 확충

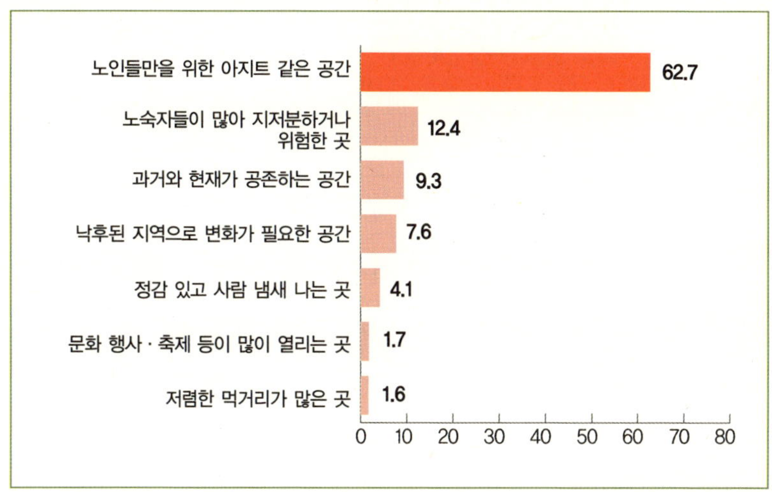

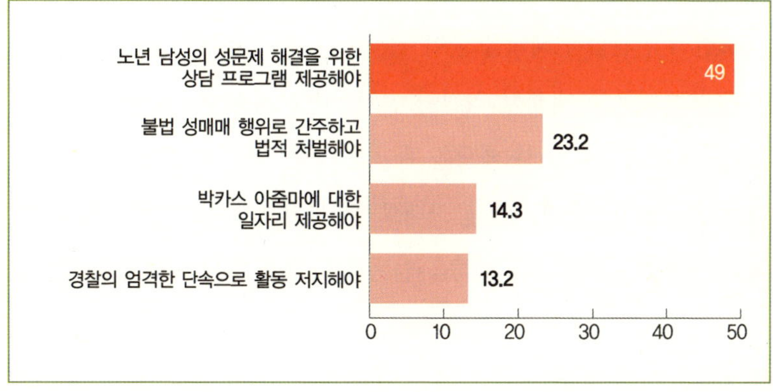

의 필요성이 제기됐다.

이어 '일종의 불법 성매매 행위이므로 법적 처벌을 해야 한다' (23.2%), '박카스 아줌마에게 적절한 일자리 제공을 해야 한다' (14.3%), '경찰이 보다 엄격한 단속을 펼쳐야 한다' (13.2%) 순으로 나왔다.

#3
지하철 무임승차, 의견은

노인들의 지하철 무임승차에 대해서는 10명 가운데 6명이 혜택을 축소해야 한다는 입장인 것으로 나타났다. 50~60대도 절반 이상이 무임승차 자격을 축소해야 한다는 입장이어서 눈길을 끌었다.

전체 응답자의 60.5%가 노인들에게 주는 지하철 무임승차에 대한 혜택을 축소해야 한다고 답한 것이다. 65세 이상에게 누구나 무임승차 혜택을 주는 '현행 유지'를 선택한 응답자는 33%에 그쳤다.

노인의 무임승차 혜택을 줄이자는 데 다수가 찬성표를 던졌지만, 그 기준과 방법론에 대해선 의견이 엇갈렸다. '경제사정이 어려운 일부 노인들에게만 무임승차 혜택을 줘야 한다'는 응답이 전체의 37.3%로 가장 많았는데, 나이 기준을 그대로 두고 선별적 혜택을 주자는 것이다. 다음으로 '무임승차 자격을 얻는 연령대를 70세 이상으로 높여야 한다'는 응답이 23.2%로 집계됐다.

무임승차 혜택 축소에 찬성한 응답자를 나이대별로 보면 20대가 65.5%로 가장 높았고, 40대가 49%로 가장 낮았다. 50대와 60대 이상도 각각 65.6%, 53.5%가 무임승차 혜택 축소에 손을 들어줬지만 이들은 나이보다 소득을 기준으로 혜택을 제한해야 한다는 의견이 10%포인트가량 높았다.

'65세 이상은 누구나 무임승차 자격을 주는 현행 제도를 유지해야

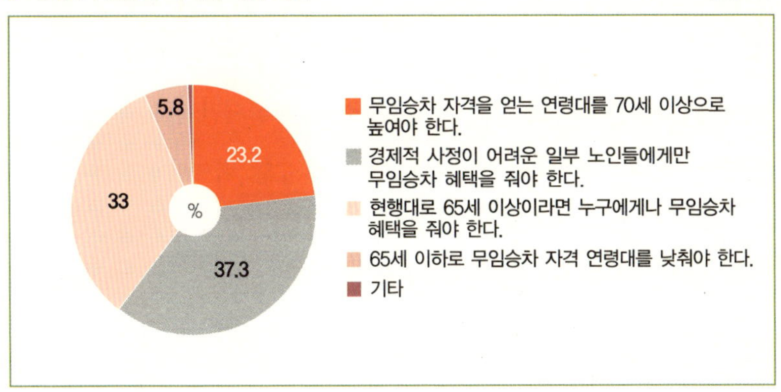

한다' 는 의견이 전체 응답자의 33.0%로 나타났다. 현행 유지를 선택한 응답자는 무임승차 혜택을 이미 받고 있거나 현행 제도가 유지되면 곧 혜택을 받을 60대 이상(32.6%)이 가장 많았고, 20대가 26.0%로 가장 낮았다. 반면 '65세 이하로 무임승차 자격 연령대를 낮춰야 한다' 등의 기타 의견은 전체 응답자의 6.5%에 그쳤다.

한편 무임승차 혜택 축소 이슈는 현재 중장년층 사이에서 '뜨거운 감자' 로 떠오른 것으로 파악됐다. '노인 지하철 무임승차 대상 축소 논란에 대해 알고 있는가' 라는 질문에 40대 이상 응답자의 63.7%가 '잘 알고 있다' 고 답해 20대(48%), 30대(51.5%)보다 높은 수치를 기록했다.

40대 이상에서도 40대 62.0%, 50대 64.1%, 60대 이상 67.4% 등으로 나타나 전 연령대에 걸쳐 나이가 많을수록 지하철 무임승차 이슈에 대해 관심이 많다는 것을 방증했다. 이 이슈에 대해 아예 '들어본 바 없다' 고 답한 20대 응답자는 29.5%에 달해 40대 이상(16.8%)보다 12.7%포인트 많았다.

　이 설문조사는 모바일 리서치 업체 오픈서베이에 의뢰해 2013년 11월 19일 서울·경기·인천 등 수도권 지역에 거주하는 20세 이상 성인 남녀 1000명을 대상으로 스마트폰을 이용한 실시간 설문방식으로 진행했다. 조사 대상은 20, 30, 40대 응답자 수를 나이대별로 각각 200명, 50대 이상 응답자 수를 400명으로 구성했다. 조사의 신뢰수준은 95%, 표본 오차는 ±3.10%포인트다.

2
"탑골 · 종묘 주변, 세대공감 거리로 확 바꾼다"
– 서울시 밝혀

서울시가 종로 탑골(파고다) · 종묘공원 주변을 노인들의 복지 향상을 위한 거리로 탈바꿈시킬 디자인 사업의 밑그림을 그리고 있다. 또 이 지역에 베이비부머 세대(1955~1963년생)의 재취업과 인생설계 교육 등을 맡는 '인생 이모작 지원센터'를 세운다는 방침이다.

서울시의 '종묘 · 탑골공원 주변 서비스 디자인 기획안'에 따르면 시는 어르신 밀집지역인 이 일대를 '세대 공감의 거리', '생산형 복지의 거리', '그리운 풍경의 거리'로 조성한다는 3대 전략을 세우고 추진 중에 있다.

사업안에는 이 주변을 노인들의 눈높이에 맞으면서도 시민과 공유하는 공간으로 거듭나게 하기 위한 다양한 아이디어가 제시됐다. ▲보행 및 위생 문제 해결 ▲음악 동아리, 생활체조, 장기 · 바둑대회 등 여가 프로그램 ▲심리 · 의료 · 금융 등 각종 노후 상담 ▲다양한 먹을거리와 즐길거리를 한눈에 보는 '만원의 행복' 지도 ▲어르신들의 명언과 덕담을 담은 전광판 등이 그것이다.

시는 용역 발주를 통해 1년간 사업을 위한 현황 및 기초조사 분석을 거쳤으며, 2013년 7월에는 각종 노인 문제 관련 전문가 9명으로 구성된 자문위원회의 검토를 거치는 등 사업안에 대해 최종 점검을 진행했다. 전문가들은 이 자리에서 "역사와 장소성에 대한 심도 있는 접근으로 이 장소를 찾는 사람과 공간적 형상이 유지되는 곳으로 활성화해야 한다"라고 조언한 것으로 알려졌다.

시는 복지센터 등 현장직원들을 비롯해 일자리, 여가, 문화, 도시계획 등 분야별 전문가 14명과 만나 자문을 받기도 했다. 건축가 승효상 씨는 "종로와 종묘의 역사성을 유지하는 도시계획이 필요하다"면서 "필지의 형태를 보존하면서 서울의 전통적인 도시구조와 맞물려서 접근되어야 한다"라고 진단했다.

또 같은 해 4월과 6월에는 각각 주민과 상인을 대상으로 설명회를 열어 사업안에 대한 의견을 수렴하기도 했다. 본래 시는 이 일대를 '어르신 거리'로 이름 짓기로 했지만, 이들의 입장을 받아들여 이 명칭은 쓰지 않기로 결정했다. 이에 관해 서울시 관계자는 "대다수의 주민과 상인들은 외지인들이 지나치게 많이 몰려와 주변 환경을 어지럽히는 것을 원하지 않는다"면서 "앞으로도 사업을 추진하는 과정에서 주민들과의 꾸준한 논의와 설득의 과정이 필요하다"라고 말했다.

아울러 시는 '인생 이모작 지원센터'를 종로구 돈의동에 위치한 동의빌딩 일부를 임차해 세울 방침이다. 이곳은 상담센터, 북 카페, 각종 교육 프로그램 등을 운영해 노인층뿐만 아니라 베이비부머 세대의 인생설계 교육과 일자리 알선, 사회 참여를 지원하는 커뮤니티 공간으로 활용될 예정이다.

시는 이를 위해 건물 리모델링 비용 8억 원과 연간 운영비 7억 7000

만 원의 예산을 책정해 민간에 위탁할 것으로 알려졌다. 시는 이 예산 안과 센터 운영을 전문성과 노하우를 갖춘 법인이나 단체에 맡긴다는 내용의 민간위탁 동의안을 같은 해 8월 서울시의회에 제출한 상태다. 센터 리모델링을 위한 설계용역을 착수한 상태로서, 계획대로 진행된 다면 2014년 4월 완공된다.

서울시 관계자는 "현재는 종묘·탑골공원 일대 디자인 사업의 큰 그림을 그리는 기획 및 설계 단계로 구체적인 예산 배정과 부서별 담 당 업무가 정해지면 내년부터 본격적인 실행에 돌입할 계획"이라며 "노인 복지와 관련된 사안인 만큼 보건복지부와 협력할 수 있을 것으 로 본다"라고 밝혔다.

3
"기사 읽는 내내 가슴이 시렸습니다"
―다큐의 힘

쪽방 노인 사진 보고 "초등 친구 닮았다"라며 울먹
노인 문제 제보하러 편집국 찾아온 할머니도…
"어머니 칠순잔치 비용 쪼개 기부하고 싶어요"

'원각사 무료급식소'에 대한 기사가 나간 직후 반가운 이메일을 받았다. 한 독자가 무료급식소에 쌀을 기부하겠다는 의사를 밝혀온 것이다. 독자 류경화 씨는 "곧 칠순이 되는 불자(佛子)이신 어머니가 잔치 비용을 기증하고 싶다고 하셨는데 이곳에 쌀을 기증하면 좋겠다"라며 원각사의 주소와 전화번호를 물어왔다. 어려운 환경에서도 베푸는 삶을 사는 사람들에게 감동받았다는 류 씨는 이후 원각사에 직접 찾아가 "이렇게 인연이 닿았으니 큰 양은 아니더라도 꾸준히 후원하고, 자원봉사도 한 달에 한 번쯤이라도 시작해보고 싶다" 하는 결심을 전했다.

「그 섬, 파고다」 기획 시리즈가 보도되면서 전국 각지에서 격려 이메일과 전화, 댓글이 줄을 이었다. 독자 이도훈 씨는 "항상 말로만 상

생을 외치고 다투기만 하는 정치권이나 언제나 힘들다고 흙빛 미래만
을 은연중에 제시하는 경제권, 그리고 연예인들의 신변잡기 기사들만
가득했는데, 어찌 보면 소소하지만 우리네 어르신들의 삶의 한 모습을
조명하고 이를 통해 우리 주변 이웃들의 모습을 엿볼 수 있는 훈훈한
기사였다"라고 평가했다.

「그 섬, 파고다」 시리즈에서 노인에 대해 관심 있게 다루는 것을 보
고 제보하러 왔다"라며 편집국에 찾아와 억울한 속사정을 털어놓은 할
머니도 있었다. 이 만남은 '노인범죄'의 실태를 들여다보고 이것을 기
사화하게 된 계기가 되었다. '정신지체 박카스 아줌마, 남편은 알고
도…'를 통해 지적 장애를 겪는 30대 여성이 성매매를 한다는 사실이
알려지자 보건복지부는 실태 파악에 나섰다. 종로경찰서에 전화해 '실
제로 관리 카드가 있냐'라며 문의해온 것.

'45년간 한 평 쪽방서 사는 70세 할아버지'의 기사가 보도된 이후엔
"내 친구 같다"라며 박 할아버지를 찾는 전화가 걸려왔다. 1965년에
낙원동에서 학교에 다녔다는 이의용 할아버지는 "박 할아버지가 초등
학교 시절 어울려 놀던 동무인 것 같다"라며 기자에게 박 할아버지의
인상착의와 실명을 물었다. 안타깝게도 이 할아버지가 찾는 인물은 박
할아버지가 아니었지만 잊고 살아오던 친구를 떠올리는 계기가 됐음
은 물론이다.

온라인에서도 네티즌의 반응이 뜨거웠다. 네티즌들은 실버 세대의
애환과 고민을 엿볼 수 있었다고 했다. 포털 네이버의 한 네티즌
(lith****)은 "그들이 있어 지금의 우리가 있다는 것을 알면서도 이런 기
사를 볼 때 눈시울이 붉어지는 건 편협한 삶이 부끄러워서일 것"이라

며 "하지만 이런 소소함이 우리 삶의 한 자락이며 그 삶을 유지시켜주는 이야기가 아닐까"라고 적었다. 닉네임 자연***(다음)은 "이 사회의 슬픈 자화상…시간이 지날수록 점점 심해지겠지. 노인만 불쌍한 세상이 아니고 아주 많은 이가 쓸쓸하고 고독한 인생을 살지나 않을지 걱정이 앞선다"라고 했다. 기사를 읽고 나서 파고다공원에 나와 앉아 있는 노인의 속사정을 헤아리게 됐다는 네이버 아이디 j_ba****는 "종로에 학원을 다니면서 노인분들의 느린 걸음을 쫓느라 답답했었는데 이렇게 사연이 많을 줄 몰랐다"라고 느낌을 밝혔다.

노인에 대한 관심을 촉구하는 목소리도 높았다. '지금 우리 사회는 이미 중첩사회'라고 진단한 네이버 아이디 korn****는 "지금 20대부터는 전부 다 우리 아래 세대가 내는 세금이나 연금으로 먹고살아야 할 것"이라며 "저 모습은 분명 우리가 책임지고 가야 할 모습"이라고 말했다. 아이디 rsd2**** 역시 "저분들의 모습이 나의 미래라고 생각한다면, 그리고 조금이라도 입장을 바꾼다면 무시할 수는 없을 것"이라며 "저분들의 손 주름 하나하나에 삶의 흔적이 있는 것 같다"라고 적었다.

종로3가 일대에서 행해지는 성매매 실태에 대해선 단속 위주의 억제책만이 답은 아니라는 의견이 많았다. 다음 닉네임 애도**은 "중장년에서 노인에 이르기까지 성문제에 대해 근원적인 문제 인식과 그 해결책이 제시되어야 한다"라며 "혼자인 남성들이 나이를 먹어감에 따라 이들에게 필요한 삶의 공간을 합리적으로 조성해주는 것이 필요하다고 본다"라고 지적했다. 아이디 quf******는 "노인들이라고 우리가 함부로 재단해서는 안 된다"면서 "성욕을 없앨 수도 없고 또 직면한 여러

생활고를 무시할 수도 없으므로 이런 노인들을 위한 대책이 마련되어야 한다"라고 했다.

다만 노인을 단순히 동정의 대상으로만 바라봐서는 안 된다는 지적도 있었다. 아이디 soci****는 "동정이나 시혜의 차원에서만 볼 게 아니라 제도적 차원의 모색이 필요한 때"라며 "누구나 언젠가는 노인이 될 뿐 아니라, 그 노인들 모두에게 개인의 능력만으로 살아남기를 요구하기엔 한국의 고령화는 너무 빠르다"라고 지적했다.

2013년 11월 4일자

news face
임종식 14면　김근식 15면　강경목 16면　김승조 27면

아시아경제

www.asiae.co.kr

아시아경제

pinpoint

삼성에버랜드 건물관리 사업 에스원에 이관

패션 등 신수종에 올인

삼성에버랜드가 건물관리 및 급식·식자재 유통사업을 떼어 내고 패션 등 신수종 사업에 집중하는 구조 재편에 나섰다.

삼성에버랜드는 4일 이사회를 열고 건물관리사업을 에스원으로 영업 양도하고 급식·식자재 유통사업은 물적 분할해 삼성웰스토리(가칭)를 신설키로 했다고 밝혔다. ▶관련기사 13면

삼성에버랜드 측은 제일모직으로부터 패션사업을 인수하기로 하면서 디자인·콘텐츠사업을 중심으로 사업구조를 재편하는 과정에서 연관성이 낮은 사업의 매각 및 분할을 추진하게 됐다고 설명했다. 패션 및 바이오사업 등 신수종 사업에 대한 투자여력 확보도 필요한 상황이라는 것.

이번 결정으로 삼성에버랜드는 향후 건설·레저·패션사업 등에 집중하게 된다. 삼성에버랜드는 현재 엔지니어링과 에셋(E&A) 부문에서 건축·경관·플랜트·부동산서비스사업 등을 영위하고 있는데 이 중 부동산서비스(건물관리)사업을 에스원으로 이관한다. 양도가액은 4800여억원이다. 향후 주주총회 등을 거쳐 내년 1월1일까지 건물관리 사업의 자산과 인력 등이 모두 에스원으로 이관될 예정이다.

급식·식자재 유통을 맡고 있는 푸드컬처(FC)사업은 신설되는 삼성웰스토리로 넘어간다. 삼성웰스토리는 식음 전문 기업에 최적화된 조직체계를 구축해 원가 경쟁력과 전문성을 갖춰 나갈 계획이다.

삼성에버랜드는 지난해 건물관리사업에서 3011억원의 매출을 올렸다. 이는 전체 매출 3조3370억원의 10% 수준이다. 급식·식자재 부문 매출은 1조3742억원으로 42.4%를 차지한다.

재계는 이번 삼성에버랜드의 사업구조 재편이 향후 삼성그룹의 후계 구도와 관련된 것으로 보고 있다.

재계 관계자는 "최근 삼성그룹이 제일모직의 패션사업을 삼성에버랜드로 넘기기로 한 이후 그룹 내 사업구조 개편도 지속하고 있다"며 "후계 시기와 오너 3세들의 후계 구도에 관심이 집중되고 있다"고 말했다.

박민규 기자 yuthin@

in 섹션

섹션 빛낸 IT업계의 '책벌레 세상' 24

'붉은 별' 무대예술 지구촌과 대화 25

아시아경제

스마트폰에서도 보세요

QR코드를 찍으면 아시아경제 웹페이지에서 지면 보기 등 서비스를 받을 수 있습니다.

나는, 너다

백소아 기자 sharp2046@

아경 빅시리즈 - 고령화의 자화상, 파고다 속으로 ▶기사 9면

우리나라 65세 이상의 노인 인구가 600만명을 넘어서면서 노인인구 비율도 12%에 달합니다. 서울 한복판에 자리한 파고다 공원은 황혼기에 접어든 어르신들의 보금자리가 된 지 오래입니다. 특별할 것 없어 보이는 이곳에 할아버지들의 발길이 끊어지지 않는 것은 왜일까요? 공원 밖과는 너무나 다른, 시간마저 멈춘 듯한 그곳은 차라리 외따로 떨어져 있는 섬과도 같습니다. 인근 종묘광장공원도 노인들의 희로애락이 서려있기는 마찬가지입니다. 이들 공원과 그 일대는 본격적인 고령화 사회에 진입한 우리 사회의 노인문제, 일자리문제, 사회복지의 문제, 가족해체의 문제 등 사회 전반의 문제가 고스란히 투영되고 응축된 공간입니다. 우리의 오늘이자 내일인 셈이죠. 아시아경제는 오늘부터 노인 기획 '그 섬, 파고다'를 싣습니다. 독자 여러분의 관심 부탁드립니다.

〈기획취재팀〉

문재인 소환 검찰서 통보했다

文 "당당히 응하겠다"

2007년 남북정상회담 대화록 실종사태를 수사 중인 서울중앙지검 공안1부(부장검사 김광수)는 참여정부 당시 마지막 비서실장으로 문서이관을 책임졌던 문재인 민주당 의원에게 참고인 자격으로 검찰에 출석할 것을 지난 2일 통보한 것으로 4일 확인됐다. 검찰 관계자는 이날 "지난 주말 문 의원 측에 최대한 일찍 검찰에 나와 달라는 뜻을 전달했다"고 말했다. 검찰과 문 의원 측은 소환 일정을 조율 중이며 검찰 출두일은 5∼6일이 될 것으로 알려졌다. ▶관련기사 6면

문 의원은 소환에 응하겠다는 입장이다. 문 의원은 "당당히 응하겠다"고 밝혔다. 앞서 문 의원은 자신을 10일 보도자료를 통해 "검찰은 짜 맞추기 수사의 들러리로 죄 없는 실무자들을 소환해 괴롭히지 말고 나를 소환하라"고 밝힌 바 있다. 민주당은 문 의원 소환에 즉각 반발하고 나섰다. 전병헌 민주당 원내대표는 이날 국회에서 열린 최고위원회의에서 "국감이 끝나자마자 문 의원에 대한 검찰의 참고인 출석 요구가 있었다"며 "시기, 형식, 내용 등 세 가지 문제가 있다고 지적했다. 전 원내대표는 "문 의원이 진작부터 출석하겠다고 공개적으로 자청한 상황에서 해결해 종합관리의 국정원 및 청와대 국감, 검찰총장 후보자 인사청문회를 앞둔 시기에, 박근혜 대통령이 국외순방으로 국내에 없는 시기에 딱 맞춰 부른 것 자체가 공작적이라고 주장했다. 이어 "제1야당의 대통령 후보를 했던 분을 그런 식으로 야멸차게 불러 재촉하는 것이 과연 형식적으로 옳은 것이냐"라고 비판했다.

전 원내대표는 "이 정도 일로 야당 대선후보를 검찰로 부르는 게 상식에서 벗어나지 않았나 하는 게 상식적 국민의 판단"이라고 유감을 표명한 뒤 "나는 이 문제를 정치적으로, 공안작으로 악용해선 안 된다"고 주장했다.

나주석·정준영 기자 gonggam@

"내년 2400 증시"

본지, 10대 증권사 CEO 설문

"연말 코스피지수가 2100을 넘고, 내년 상반기까지 2300에서 2400까지 추가 상승할 수 있다." ▶관련기사 3면

4일 아시아경제신문이 국내 10대 증권사 최고경영자(CEO)들에게 향후 증시에 대해 설문 조사한 결과, 대다수 CEO들은 낙관론을 유지했다.

대다수 CEO들은 연말 2100선 돌파를 예상했고 일부 CEO는 2200선까지 오를 것으로 보기도 했다. 연말까지 2100선 돌파가 어렵다고 본 CEO는 한 명뿐이었다.

내년 전망도 밝았다. CEO 10명 중 9명이 내년 지수 상단을 2300 이상으로 예상했으며 2450까지 가능할 것이라고 본 CEO도 있었다. 2300 이하로 예상한 CEO도 2250을 고점으로 제시했다.

최근 2년간 벗어나지 못했던 박스권을 깨고 증시 사상 최고점을 돌파할 수 있다는 데 무게를 싣고 있는 것이다. 지금까지 코스피지수 최고점은 2011년 4월 기록한 2231.47이었다.

또 올 하반기부터 지속적으로 하락하면서 국내 수출주를 압박한 환율은 추가 환율하락에 대한 압박이 더 강하기 때문으로 풀이된다. 조선주도 글로벌 경기회복에 수혜를 볼 업종으로 지목됐다.

글로벌 경기회복과 출구전략으로 인한 금리상승을 염두에 두고 금융업종을 추천한 CEO도 여럿 있었다. 금융업종 중에서는 은행이 첫손에 꼽혔다.

원화 가치 상승과 정부의 내수진작 정책 기대감을 감안한다면 내수주에도 관심을 가질 필요가 있다는 조언도 나왔다. 음식료 업종과 함께 집권 2년차 정부의 내수활성화 정책에 장기 침체 중인 건설주가 회복될 가능성도 제기됐다.

증권부

취득세 인하, 8·28부터

(소급적용 시점)

당정, 재정부담은 지방소비세율 11%까지 인상해 보전

당정은 4일 주택 취득세 영구인하 조치를 정부 대책 발표일인 지난 8월28일부터 소급 적용하기로 했다. 소급 적용에 따른 지방자치단체의 재정부담은 지방소비세율을 5%에서 11%까지 단계적으로 인상해 보전하기로 했다. 국회 안전행정위원회 소속 새누리당 의원들은 이날 오전 국회에서 유정복 안전행정부 장관과 당정협의를 갖고 이같이 의견을 모았다. 또한 개정안의 소급 적용에 따라 발생하는 취득세 감소분에 대한 재원보전은 2014년 예산에 예비비로 반영하기로 했다. ▶관련기사 3면

정부는 그동안 재정부담을 이유로 내년 1월1일부터 취득세 인하를 적용하자고 주장해왔다. 취득세 인하를 8월 말부터 적용하면 세수 감소로 인한 지자체의 재정부담은 연간 2조5000억원으로 추산된다. 하지만 새누리당이 대책 발표일부터 소급 적용해야 한다고 적극 요구하면서 합의가 이뤄졌다. 당정은 취득세 인하에 따른 지방세수 결손액 보전을 위해 2년간 지방소비세율을 3%포인트 올려 2014년에는 8%, 2015년에는 11%로 단계적으로 높이기로 했다. 취득세 소급적용에 대한 시기가 쟁점지면서 안행위 내부에서도 오늘부터 지방세법 개정안 심의에 들어간다. 지방세법 개정안은 긴급 상정으로 본회의에서 논의될 예정이다. 민주당도 연내 소급 적용을 찬성하고 있어 11월 법안 처리가 가능할 것으로 예상된다. 국회 안행위의 황영철 새누리당 간사는 "지방소비세율은 기본에 정부가 지방재정 건전성을 확보하기 위해 이미 연을 마련해 놓은 부분이 있었다"면서 "이것을 취득세 인하와 관련지어 조속히 시행하는 것으로 결정했다"고 설명했다.

전슬기·김인원 기자 sski@

소비자 불안과의 전쟁, 전자금융 해결사는

금융IT포럼 8일 개최

스마트폰과 같은 정보통신 기기가 금융산업의 총아로 부상하고 있습니다. 자금은 금융소비자가 직접 금융기관을 찾지 않아도 장소와 시간에 구애받지 않고 언제 어디서나 편리하게 금융거래를 할 수 있는 시대입니다.

하지만 이런 편리함 뒤에는 어두운 그늘도 있습니다. 피싱, 파밍, 스미싱 등 전자금융 범죄가 그것입니다. 전자금융 범죄가 지능화되면서 소비자들의 피해 역시 급증하고 있습니다.

해킹을 막기 위한 보안 기술이 곧 업그레이드 개발되는 것도 전자금융의 부작용을 최소화하기 위한 노력의 일환일 것입니다. 아시아경제신문과 금융보안연구원은 올해 제3회 금융IT포럼을 개최합니다. 금융권의 핵심 이슈인 '소비자보호'에 부응하기 위해 특히 주제 역시 '소비자보호와 전자금융의 미래'로 정했습니다. 전자금융의 지향점인 금융소비자의 편익성 증대에기 때문입니다. 우리나라 금융산업의 미래를 내다볼 수 있는 어떤 포럼에 많은 참여를 부탁드립니다.

- 일시 : 2013년 11월8일(금)
- 장소 : 여의도 중소기업회관 그랜드홀
- 주최 : 아시아경제, 금융보안연구원
- 후원 : 금융위원회, 금융감독원, 금융보안연구원, 금융회사 등
- 문의 : 아시아경제신문 편집국 금융부 (02)2200-2071∼2
- 참가신청 : 금융IT포럼 홈페이지(it.forum.asiae.co.kr/2013)

10월의 마지막날 오후. 백발이 성성한 머리에 중절모를 쓰고 양복에 외투까지 한껏 멋을 부린 한 할아버지가 파고다공원 인근의 골목길을 지팡이에 의지한 채 걷고 있다.　백소아 기자 shar2049@

우리 안에 있는 섬, 우리 밖에 있는 섬 … 참 불편한

빅시리즈 ① 돌여다본 탑골, 고령화시대 자화상

"노인네들이 어디 갈 때가 있나. 여 와서 친구들도 만나고 한나절 시간 때우다 가는 거지."

오전 9시 문이 열리자 할아버지 여남은 명이 우르르 들어섭니다. 아침 녘엔 제법 쌀쌀해졌지만 30분 전부터 문 앞에서 기다리고 있던 분들입니다. 인천에서 왔다는 이모(73) 할아버지는 "난 매일 와. 여서 밥도 공짜로 주니께, 슬슬 돌아댕기다가 점심까지 먹고 집에 가게"라고 말하며 공원 안으로 발을 뗍니다. 백발이 성성한 노인들의 행렬은 대부분 종로3가 지하철역에서부터 이어지고 있습니다. 역에서 빠져나와 공원 정문까지 200m 남짓을 쉬엄쉬엄 걸어가니 해서 다다릅니다.

공원에서 만난 임중석(72) 할아버지는 "정년퇴임하고 딱히 할 일 없나. 여기서부터 조계사, 종묘까지가 관광코스여, 코스, 지하철 요금이 공짜니께 서울 각지에서 오지. 인천, 수원, 멀게는 천안서도 오고"라고 설명합니다. 임 할아버지는 멀리서 걸어오는 또 다른 할아버지를 보고 "저 친구 또 왔네"라며 혼잣말을 합니다.

도대체 이분들의 정체는 무엇일까요. 할아버지들의 아득한 눈속에는 우리나라의 굴곡진 근현대사가 고스란히 담겨 있는 듯합니다. 주름진 손은 그네들의 팍팍한 삶을 그대로 이야기하고 있습니다. 이곳에 나오는 할아버지들은 보통 일흔 살이 넘은 분들입니다. 연세를 감안하면 이분들은 막 태어나 젖먹이나 코흘리개일 때 광복을 맞았고 열살 남짓에 6·25라는 전쟁을 겪었습니다. 이 중

매번 보는 얼굴이니 굳어 알은체를 할 필요는 없겠죠. 하지만 오랜만에 보는 동년배면 여김없이 다가가서 "여어- 난 또 죽었나 했"라며 농을 건넵니다.

서울시 종로구 종로2가 38-1. 파고다공원의 하루가 그렇게 시작됩니다. 특별할 것 없이 보이는 이곳에 할아버지들의 발길이 끊이지 않는 이유는 무엇일까요. 저마다 특별한 삶을 살고 황혼기에 접어든 저분들에게 이곳은 어떤 의미라도 있는 걸까요.

공원으로 몇 걸음을 떼자 주변의 시선이 기자에게 쏠립니다. 이방인이라도 보는 듯한 신기한 눈초리입니다. 그도 그럴 것이, 공원 안의 분위기는 바깥과 사뭇 다릅니다. 정문(삼일문) 바로 앞 도로에는 꼬리를 문 자동차들이 경적을 울리며 쌩쌩 지나가고, 아침을 근심을 재촉하는 직장인들의 발걸음도 그게 못지않습니다. 바로 옆 인사동 초입에는 외국인 관광객을 삶아 나르는 버스들이 줄을 서있고, 큰길 건너면 배낭을 멘 젊은이들이 학원가로 빨려 들어갑니다. 시간에 쫓겨 분주히 오가는 대오에서 살짝 비켜 이 공원에 들어섰을 뿐인데 공원 안은 발 없이 주변을 겉고는 할아버지들과 새소리뿐입니다. 할아버지들이 내딛는 걸음의 속도만큼 이곳의 시간은 그렇게 더디게 흘러가는 듯 합니다. 속도전에 치여 사는 현대인에게 '느리게 산다'는 것의 의미를 강조하며 한가름게 거닐기와 권태를 제안한 피에르 상소(Pierre Sansot)가 이 공원의 풍광을 본다면 어떻게 해석할까요. 도심 한복판에 자리하고 있지만 이곳은 차라리 외따로 떨어져 있는 섬 그 자체입니다. 문화재 보호라는 명분 아래 건신한 햇살이 투과되는 저 '유리관' 안에 박혀있는 원각사지10층석탑(국보 2호)이 이분들의 처지와 닮아 보입니다.

누군가는 월남전에 파병돼 한 차례 더 전쟁을 겪었을지도 모릅니다. 개발 시대엔 산업역군으로 허리 휘도록 일했을 테고 서슬 퍼런 독재를 묵묵히 목도하면서 누군가는 '독재 타도'를 외치는 젊은이들을 응원하는 넥타이부대가 되기도 했겠죠. 환갑 무렵엔 손주 손을 잡고 시청광장에서 '대-한민국'을 목청껏 환호하기도 했을 겁니다. 그야말로 역사의 질곡을 온몸으로 헤쳐나온 우리시대의 산증인들입니다. 그런 그들이 이제 더딘 시간을 헤아리며 이곳에 앉아 있습니다.

북문(후문)의 골목길은 공원보다 정적인 느낌은 덜합니다. 하지만 이곳도 노인들만의 공간입니다. 플라스틱 간이의자에 줄지어 앉아 두런두런 이야기를 나누고 200원짜리 자판기 커피를 마시기도 합니다. 근처 식당 아주머니는 할아버지들의 주머니 사정을 알기에 수년째 국밥 가격을 묶어두고 있습니다. 주인도 손님도 할아버지인 이발소 10여곳은 약속이나 한 듯 '커트 3500원, 염색 5000원'이라는 가격표가 붙어있습니다. 이발사에게 머리를 맡긴 할아버지들의 모습이 꼭 얌전한 아이들 같습니다. 인근의 무료 급식소 앞에는 점심 식사를 기다리는 100여명의 노인들이 공원 돌담길을 따라 줄을 늘어섰습니다.

한낮의 공원은 마치 커다란 노인정 같습니다. 할아버지들은 '따로 또 같이' 어디든 자리를 잡고 앉아 있습니다. 공원 변두리에 놓인 10여개의 돌의자는 이미 앉을 곳이 없습니다. 3·1운동 기념비, 손병희 선생 동상 아래 층계는 그럭저럭 전망 좋은 자리로 통하고 공원 중앙에 있는 팔각정은 최고의 장소로 꼽힙니다. 이야기를 나누거나, 신문을 들여다보거나, 지팡이에 턱을 기댄 채 꾸벅꾸벅 졸기도 합니다. 누구는 무료함을 달래려는지 연신 비둘기 모이를 바닥에 흩뿌립니다. 신문지 한 장 깔고 앉아 나누는 이야기들은 거창할 것 없이 소소합니다. 얼마 전에 친구들과 단풍구경을 다녀온 자랑, 큰아들이 새로 사업을 시작한다는 이야기, 얼마 전 새로 문을 연 음식점에 갔던 후기 등 주제도 다양합니다.

그러나 사람 모이는 곳이면 으레 그럴듯이 이곳에도 나쁜 사람들은 있는가 봅니다. 전모(68) 할아버지는 "저기 서류 봉투 들고

다니는 사람들 보이지? 땅 소개해주는 브로커야. 영업점 부동산 중개업 하는 사람들. 투자해서 용돈벌이나 하려는 건데 대부분 사기꾼들이야"라고 말합니다. 해가 뉘엿뉘엿 넘어가자 공원 뒤편에 있는 종로구 재활용센터에는 손수레에 폐품을 득 싣고 온 노인들이 차례로 도착합니다.

저녁 6시. 공원이 문을 닫을 시간입니다. 대부분 미리 자리를 뜨지만 그때까지 남은 노인들은 공원 뒷길로 자리를 옮깁니다. 낙원 상가 사잇길에 자리 잡은 슈퍼마켓에서 안주 없이 술과 종이컵 두 개만 사서는 나눠 마십니다. 날이 어두워지면 공원 동문 쪽 공터에 포장마차도 10여개가 들어섭니다. 생선구이, 돼지고기 등을 안주로 파는 이곳에 삼삼오오 모인 할아버지들이 회포를 풉니다.

이것이 1890년대 우리나라 최초의 근대식 공원으로 개장된 파고다공원의 하루 모습입니다. 그러나 인근 상인들은 "10년 전에 비해 찾는 이가 눈에 띄게 줄었다"고 입을 모읍니다. 이미 70세 이하는 거의 찾을 수 없으니 한 세대가 지나면 노인들의 휴식처로 명맥을 유지할지 장담하기 힘들다는 것입니다. 1998년 문화재 보존을 위해 공원이 성역화되면서 음식물 반입과 흡연이 금지되는 등 규정이 강화됐습니다. 그즈음부터 동서남북으로 나있는 사대문 중에 정문(삼일문)과 서문만 개방하고, 후문과 동문은 폐쇄됐습니다. 이 때문인지 이곳보다 인근 종묘광장공원에 어르신들이 더 몰리는 듯합니다.

파고다공원과 종묘공원까지 이 일대는 어쩌면 복지나 성장이의 기로에서 펼친 갖가지 경제정책이 적나라하게 결과로 나타난 현실의 공간인 동시에 고령화시대로 진입한 우리 사회가 부딪친 변화된 가족과 가족 해체가 잉태한 사회문제, 복지 전달 체계의 부조리와 노인 관련 범죄까지 복잡다단한 구조적 문제 전반이 응축된 공간일지 모르겠습니다. 그래서 우리는 파고다공원과 그 일대를 돌아보고 그곳에 나오는 어르신들의 얘기를 담아 '그 섬, 파고다' 이야기를 해볼까 합니다.

기획취재팀=김보경·주상은·김민영 기자 bkw470

파고다공원 주변 위치도

① 팔각정 : 한가운데서 공원 전체를 조망할 수 있어 할아버지들에게 가장 인기 있는 쉼터다.
② 커피자판기 : 공원 후문 밖에 있는 이곳은 할아버지들의 약속장소로 애용된다.
③ 이발소 : 하나같이 '이발 3500원, 염색 5000원'이라는 가격표를 붙이고 14곳이 성업 중이다.
④ 음식점 : 공원 뒤쪽엔 2000원짜리 해장국과 1000원짜리 잔술을 파는 식당이 즐비하다.
⑤ 무료급식소 : 매일 12시 어르신들에게 공짜 점심을 제공하는데 한 시간 전부터 할아버지들의 긴 줄이 늘어선다.
⑥ 실버영화관 : 2000원에 고전영화를 감상할 수 있는 이곳에서 어르신들은 문화생활을 즐긴다.
⑦ 포장마차 : 공원 동문 밖 공터에서는 오후 2-3시께 문을 여는 포장마차 100여개가 밤늦도록 할아버...

파고다 공원

파고다 공원은 우리나라 도심 공원의 효시다. 국운이 바람 앞의 촛불 같던 시절 대한제국의 고종은 이곳에 원각정을 세우는 등 이름을 통해 황제의 존재감을 드러내고 싶었다. 정확한 건립 시기를 두고 여러 말이 있지만 1890년대 영국인 J.M. 브라운의 건의로 지어졌다는 것이 정설이다. ... 의 휴식처로 사랑받기에 충분했다. 하지만 ... 1910년 한일강제병합 이후에는 요정이 들어서는 등 통감부 관료와 일본인들이 즐기는 연회장으로 사용됐다. ... 한 학생들의 독립선언서 낭독 이후 3·1운동의 ... 인 저항공간이 된 파고다공원을 폐쇄하거나 ... 공원·탑동공원 등으로 불렸다. 공원 자체가 사적 제354호로 지정돼 있고 원각사지10층석탑(국보 2호)과 대원각사비(보물 3호) 등 문화재와 3·1운동 기념탑, 손병희 선생 동상, 한용운 기념비 등 독립운동 기념물들이 남아있다.

4일 오후 서울 종로 파고다공원 후문 주변에서 한 할아버지가 노래번호가 적힌 수첩을 보며 MP3를 조작하고 있다.

자식 전화 안 기다려 … 애가 내 애인이야

2만원짜리 MP3에 딸린 작은 책자
트로트·민요 등 2200곡 번호 빼곡
외장형 스피커 들고 모여 듣기도

'아들네미 전화번호는 몰라도 12번은 절대 안 까먹제'

공원 안 팔각정은 어르신들의 '핫 플레이스'입니다. 이곳에서 만난 김(78) 할아버지가 MP3에 12번을 또박또박 입력하자 애절한 목소리의 '눈물 젖은 두만강'이 흘러나옵니다. 바르게살기운동 로고가 새겨진 모자를 눌러쓰고 김청색 점퍼를 걸친 할아버지가 노래를 흥얼거리나 봅니다. "이 노래 모르제? 김정호라는 친구가 불렀는디 이 친구도 간 지 꽤 됐을 걸." 그러고 보니 '하얀 나비'·'이름모를 소녀'를 불렀던 그 김정호(1952~1985)가 이 노래도 리메이크했군요. 얼마나 자주 버튼을 눌렀으면 버튼 주변에 손때로 새겨졌습니다. "집에서는 테레비(TV) 보기도 눈치 보이고 여기 있으면 안 심심해서 좋아. 자식 새끼들 목소리보다 더 자주 듣는당께."

파고다공원을 돌아다니다 보면 뒷짐 지고 걷는 할아버지의 손, 허리춤, 셔츠 앞주머니에 쏙 들어가 있는 MP3를 쉽게 발견할 수 있습니다. 일명 '효도 MP3'라 불리는 이 MP3는 노인들 사이에서 머스트해브(must have) 아이템인 셈이죠.

공원 서문에서 무료급식소가 있는 북문 사이에는 '효도 MP3'를 파는 좌판이 펼쳐져 있습니다. 그 '매장'을 운영하는 아저씨는 '탑골공원에 오는 어르신 넷 중 한 명은 MP3를 가지고 다닌다'고 말합니다. 이 MP3는 스마트폰 크기의 몸체에 엄지손가락만한 화면이 있고, 1부터 0까지 버튼이 큼지막하게

2만원짜리 MP3에 딸린 작은 책자를 펼치면 경음악, 팝송, 가요, 민요 등 2200곡의 노래가 번호와 함께 빼곡히 적혀 있습니다.

이곳에서 팔리는 MP3 대부분은 중국산인데 가격은 2만~4만원입니다. 또 이 MP3는 외장 스피커라는 '합단 기능'까지 갖추고 있어 또래 어르신들이 모여서 함께 음악감상을 하는 데 요긴합니다. 이곳을 찾는 어르신들을 위해 맞춤 제작된 '파고다 전용 MP3'인 겁니다. MP3 기능에 동영상 기능까지 갖춘 제품은 8만원으로 좀 더 비쌉니다. 김용임, 금잔디 등 성인가요 가수들의 동영상이 주로 들어가 있다는군요. 그런데 주인아저씨 말로는 할아버지들이 쭈뼛거리며 다가와서는 '여기 야동은 있느냐'며 묻는답니다. 본인은 양심상 야동은 취급하지 않지만 서울 동묘의 근처 벼룩시장에 가면 야동을 넣어 파는 MP3가 많으데 이를 찾는 '야동 순례' 할아버지가 많다며 귀뜸합니다.

젊은이들이 '수지 앓이'를 한다면 이곳 할아버지들은 '김용임'에 푹 빠져 있습니다. 파고다공원에서 만난 할아버지들은 "김용임 좋지. 목소리가 어찌나 가슴을 후벼파는지"라고 말합니다. 서울 성북동에 사는 이씨(72) 할아버지의 애창곡도 김용임의

'부초같은 인생'입니다. 자신의 처지가 신산스럽게 느껴질 때마다 '어차피 내가 택한 길이 아니냐 웃으면서 살아가보자'라고 이 노래의 한 대목을 중얼거립니다. 이 할아버지는 경남 마산에서 30년 동안 공무원 생활을 했습니다. 탄탄대로 같던 인생에 금이 가기 시작한 것은 20년 전 호기롭게 시작한 사업이 망하면서부터였습니다. 빚쟁이에게 시달리다 못해 밤 기차에 몸을 싣고 성북동으로 도둑 이사를 와야 했다는군요. 사업 실패로 아내와도 갈라서고 지금은 두 아들과도 척을 지고 살고 있다고 합니다. 큰 아들은 내로라하는 한 병원의 소화기내과 과장으로 있어 자식자랑을 할 법도 한데 한창 뒷바라지할 나이에 아버지 몫을 제대로 못한 게 미안해 왕래가 없어도 그러려니 한다네요.

"이놈의 시키는 전화할 때마다 외국에 나가 있대. 내한테 전화 먼저 한 적 있는 줄 아나? 자식이고 며느리고 다 소용없는기라." 소용없다고 말하면서도 이야기 중간 중간 휴대전화가 울리면 화면에 뜬 번호를 가만 들여다보는 할아버지의 눈에서 일말의 기대가 읽힙니다. 한 번은 먼저 전화오지 않을까 하는, "그래도 먼저 전화오면 반가울 것 같지요?"라고 넌지시 묻자 "반갑기는…. 하긴 내도 부도내가(부도를 내고) 도망쳤뿟으니(도망쳤으니) 할 말은 없제"라고 말끝을 흐립니다.

지난 6월 뇌졸중으로 쓰러진 김(75) 할아버지도 인천서 파고다까지 마실 나올 때 뇌졸중 약 2봉지, 감기약 1봉지와 함께 파란색 MP3를 꼭 챙겨 나옵니다. 김 할아버지에게 MP3는 '추억 재생용'입니다. 50여년 전 서울 덕수상고에 다닐 땐 음악반장을

맡을 만큼 노래에 일가견이 있었습니다. 부산 수산대학교(현 부경대 전신)에 다닐 땐 부산문화방송이 주최한 노래자랑에 나가 일등도 먹었습니다. 당시 2~5개 팀이 경합을 벌였는데 가곡 '동심초'로 경쟁자들을 꺾었다는군요. 그때 노래자랑서 받은 상금을 함께 '탕진'한 친구 녀석 네 명은 깜깜무소식입니다. 이미 저승 사람이 됐을지도 모르지만 무소식이 희소식이겠거니 넘어갑니다. '바람에 꽃이 지니 세월 덧없어 만날 길은 뜬 구름 가약이 없네.' 동심초의 노래가사처럼 김 할아버지는 "먹고사는 데 바빠서 고향도 친구도 잊고 살았어"라고 쓸쓸히 말합니다. 지난 현충일에 쓰러져 두 달 가까이 병고를 치르고도 김 할아버지는 퇴원 20일 만에 다시 이곳에 나왔습니다. 중소기업에 다니면서 세 자녀와 큰 갈등 없이 지내온 김 할아버지도 외롭긴 마찬가지입니다. "집사람은 진작 갔지. 큰아들은 오십이 넘고 큰딸은 마흔인데 지 자식들 건사하려면 오죽 바쁘겠어. 서른 다섯인 막내아들 하고 같이 사는데 뭔 얘기를 하겠어. 뭐 하루에 서너 마디 하나…." 말을 흐린 할아버지가 이내 MP3 버튼을 누릅니다.

이렇게 '파고다 MP3'는 단순히 노래만 나오는 기계가 아닙니다. 삼삼오오 모인 할아버지들에게 추억을 재생하며 흥을 돋우는가 하면 어린 기억을 달래주는 자양강장제가 되기도 하고, 자식 손주를 대신해 말동무로 변신하기도 합니다. MP3란 놈이 이곳 '늙은 오빠들'을 둘었다 놨다 하는 것이 요물인 게 분명합니다.

기획취재팀=김민영·주상돈·김보경 기자 araus@
사진=백소아 기자 sharp0460@

금잔디·배호·오승근 탑골공원 아이돌스타

삼촌들에게 '수지'가 있다면 할아버지들에게는 '김용임'와 '잔디'가 있습니다. 묵동에 사는 최모 할아버지(78)는 "김용임, 금잔디, 배호, 오승근이가 유명하지. 김용임은 얼마 전에 독일도 다녀왔다더라"며 김용임의 근황까지 훤히 꿰고 있습니다.

김용임이 애절한 목소리로 할아버지들 가슴을 후벼판다면 금잔디는 신세대 트로트가수로 꼽힙니다. 금잔디의 '오라버니'를 듣고 있으면 할아버지들은 이팔청춘인양 연애하고 싶어진다고 말합니다. '오라버니 어깨에 기대어 볼래요. 커다란 가슴에 얼굴을 묻고, 지금 이대로 죽어도 여한 없어요'라는 대목에 이르면 당장이라도 할머니 손 붙잡고 마실 가고 싶어진다고 고백합니다.

금잔디의 목소리가 할아버지들의 마음을 간지럽힌다면 만 29세의 나이에 세상을 뜬 배호의 노래는 따라 부를수록 무언가 뜨거운 것이 훅하고 가슴에 올컥하게 만든답니다. 노년을 경험하지 못하고 노래만 덩그러니 남겨놓은 채 피난 배호가 '누가 울어 … 이 한밤 잊었던 추억인가…'라고 속삭이면 할아버지들은 앞서간 아내, 갈라선 자식, 앞서간 친구들이 생각난답니다. 1968년 '비내리강'으로 가요계에 발을 들여놔 1970~80년대 오빠부대를 몰고 다녔던 오승근도 어르신들 사이에서 아직도 식지 않은 인기를 누리고 있습니다.

맛있어, 내 인생

빅시리즈 ❸ 세상에서 가장 싸지만 푸짐한 '낙원동 먹자골목'

순두부찌개 2000원. 콩나물해장국 2000원. 돼지국밥 3000원.

대한민국에 이런 가격이 가능할까 싶지만 이런 가게가 즐비한 곳이 바로 이곳 낙원동입니다. 일명 '먹자골목'으로 통하는 종로 파고다공원 뒤편이죠. 가게마다 1980년대 후반쯤에 멈춘 듯한 정경은 낯설면서도 낯이 익습니다. 이곳에 오면 저렴한 가격에 한 번 놀라고, 그 안을 가득 채우고 있는 할아버지들에 또 한 번 놀랍니다. 이곳에서 3년째 국밥과 해장국을 2000원에 파는 한 식당주인은 "어르신들 상대로 장사하는데 비싸게 받을 순 없지 않느냐"며 "그나마 가격 부담이 없어서 단골손님은 꽤 있다"고 전했습니다. "월세랑 인건비 빼면 남는 게 있나. 그분들 주머니 사정 뻔히 아는데. 찾아주는 어르신들에게 봉사한다는 생각으로 장사하는 거지." 식당 주인의 말에 사람 냄새가 가득 배어 있습니다.

근처 다른 식당들도 한 끼 식사가 3000원이 넘는 곳을 찾기 힘듭니다. 점심시간 식당 안에는 플라스틱 테이블마다 나이를 지긋이 먹은 할아버지들이 모여 밥 한 그릇에 반주를 곁들이면서 두런두런 이야기를 나눕니다.

한 무리의 동년배들과 밥을 먹던 박정수(73) 할아버지는 "암으로 고생하던 마누라가 4년 전에 세상을 뜨고 나니 막막하더라고. 한동안은 집에서 멍하니 있는 게 전부였지. '이러면 안 되겠다' 싶어 취미로 바둑을 해보려고 종로에 오기 시작했지. 여기서 싸게 이발도 하고 사람들이랑 같이 밥 먹으러 자주 들려"라고 입을 뗍니다. 학교 동창이나 동향 사람들끼리 모이는 장소로도 낙원동이 제격이라는 설명입니다. 그러고 보니 인근 식당 간판이 '강원도집', '전주집', '충청도집' 등으로 다들 지역명을 쓰면서 할아버지들의 향수를 달래고 있네요.

옆에서 홀로 국밥을 먹던 장모(78) 할아버지는 주인이 유리잔 가득 담아준 '잔술'을 두툼한 손으로 쥐고 한 모금씩 아껴 마셨습니다. 할아버지는 "혼자 한 병 시킬 순 없잖아. 양도 이게 딱 맞지"라는군요. 이렇게 소주나 막걸리를 우리가 흔하게 보는 맥주컵 하나에 가득 담아 단돈 1000원에 파는 잔술도 낙원동에서 볼 수 있는 '명물'입니다.

명실공히 낙원동 대표 장수 식당인 '유진식당'은 할아버지들의 단골메뉴인 설렁탕, 돼지국밥을 수십째 3000원에 묶어 두고 있습니다. 3대째 이어온 이 집은 1960년대 후반 인사동에서 국밥장사를 하던 할머니부터 아버지에 이어 지금은 사 남매 중 삼 남매가 이 가게를 운영하고 있는데요.

지난 8월 아버지 문용춘(87)씨가 세상을 떴을 때도 삼 남매는 장례를 치르기 무섭게 다음 날 식당 문을 열었습니다. 막내 종현(43)씨는 "오랜만에 들은 단골손님들이 아버지 소식을 듣고 내 일처럼 슬퍼하며 눈물 뚝뚝 흘리던 모습을 아직도 잊을 수가 없다"고 합니다. 지금도 식당 벽면 가장 잘 보이는 자리에 아버지 사진을 걸어 놓고 손님들이 아버지를 추억할 수 있게 했습니다.

종현씨는 "단골손님이던 아저씨가 아들을 데리고 오곤 했었는데, 이젠 세월이 흘러 손자까지 같이 오더라"고 전합니다. 그는 "어르신들이 '아들아', '막내야'라고 부르며 친아들처럼 살갑게 대해주셔서 고마울 따름"이라며 "자주 오시던 어르신의 발길이 오랫동안 끊기면 '아, 돌아가셨구나'하고 짐작하곤 슬퍼질 때도 있다"고 말했습니다. 이런 '막내아들'의 마음을 아시는지, 돼지국밥에 반주로 막걸리 한 잔을 걸친 얼굴이 불그레해진 한 할아버지가 종현씨를 말 없이 꼭 안아주고 식당을 나섰습니다.

'유진식당' 위쪽으로 난 좁은 길을 몇 발자국 걸으면 15년 전통의 '고향집'이 나옵니다. 순두부찌개, 콩나물해장국, 선지해장국 한 그릇 가격이 이곳에선 '무려' 2000원입니다. 할아버지들 틈을 비집고 앉아 순두부찌개를 맛봤습니다. 맑은 국물에 순두부가 두 덩이, 그 위에 계란을 톡 깨뜨려 풀고 김 몇 조각을 띄어 올린 게 전부인데 담백하니 먹을 만합니다. 밑반찬으로 나오는 배추김치와 함께 뚝딱 한 끼를 해치웠습니다.

그때쯤 혼자 식당 안에 들어선 한 할아버지가 고개를 숙이고 국밥을 떠먹던 백발의 한 할아버지 맞은 편에 앉았습니다. 백발의 할아버지는 그냥 한 번 쪽 올려다보더니 개의치 않고 식사를 이어갔습니다. 가끔은 이러다 서로 밥동무가 되기도 한답니다. 혼자 밥을 먹는 노인들이 많은 낙원동 식당에서 볼 수 있는 흔한 풍경입니다.

손님과 주인은 오랜 친구처럼 스스럼이 없습니다. 저녁 시간을 넘겨 식당에 들른 할아버지에게 주인은 "오늘은 늦게 나오셨네"라며 미소를 주고받습니다. 좀 전에 밥을 먹고 얼큰히 취해 돌아온 할아버지가 문 앞에서 "여어~"하며 인사를 건네자 그는 "조금만 드셔. 많이 드시면 안 돼"하며 어깨를 다독여 드립니다.

근처에 불을 밝힌 선술집 포장마차에서 주인과 손님들이 일행처럼 이야기를 주거니 받거니 왁자지껄합니다. 이곳의 주인인 김치원, 생산구씨가 철판에서 지글지글 익어가는 소리가 나면 어르신들의 수다는 정점에 다다릅니다. 이런 분위기 때문인지 저녁이 되자 일대는 정감과 활기가 넘쳐 흐릅니다. 유난히 이곳에 동네이름에 따온 '낙원'이라는 이름의 식당 간판이 많은데 넉넉하지는 않아도 어르신들을 정답게 품어주고 보듬어 주는 것이 어쩐 '낙원'의 모습과 닮아 보입니다.

기획취재팀=김보경·김민영·주상돈 기자 bkj477@

입동을 사흘 앞둔 4일 서울 종로구의 파고다 공원 주변 음식점 '부자촌'에서 한 할아버지가 3000원 짜리 콩나물국밥을 드신다. 기자의 표정을 보고는 "거참, 그런 안쓰런 눈으로 보지 말라니까"하고 꾸짖어 주신다. 그러더니 하시는 말씀 "정말 맛있어, 기자도 한번 먹어볼래?"　　백소아 기자 sharp2048@

'파고다 출근자'들이 꼽는 낙원동 맛집

"할아버지, 점심 드시러 자주 가는 집 어디예요?" 말이 떨어지자마자 파고다 나들이 10여년 경력의 '베테랑' 할아버지들의 입이 분주해졌습니다. 지금까지 이 일대에서 먹은 점심만 수백그릇이 넘을 테니 그럴 만합니다. 싸고 맛있는 집을 찾아 나서는 건 어르신들이 누리는 일상의 즐거움이자 한편으론 숙제이기도 합니다. 말로 설명해주는 건 부족했는지 소매를 끌고 손수 이곳저곳 데려다 주십니다. 그렇게 1시간 정도를 누비고 나니 어르신들의 '맛집'이라고 할 만한 10여곳이 추려지네요. 그 중 몇 군데를 소개합니다. 할아버지들만큼이나 나이를 먹어 오랜 기간 손때가 묻은 장소인 것 같습니다.

수련집·부산집

낙원동 파고다 오피스텔 맞은편. 두 사람이 겨우 들어갈 정도의 좁은 골목을 걷다 보면 '수련집'과 '부산집'을 차례로 만날 수 있다. 식당의 간격은 50m도 채 되지 않을 정도로 가깝다. '수련집'과 '부산집'의 대표 메뉴는 각각 가정집 백반과 동태백반. 가격은 3000원으로 똑같다. 가게 이름만큼이나 소박하면서 정겨운 분위기를 지닌 두 식당의 음식은 '집밥'과 가장 가깝다는 점이 매력이다. '수련집'은 푸짐한 밥에 국, 여덟 가지 반찬이 소담하게 차려 나오고, '부산집'은 큼지막한 동태살과 얼큰한 국물이 밥맛을 돋운다. 미로 같은 길에 숨어 있는 두 식당은 이제 젊은이들도 입소문을 듣고 찾아올 정도로 유명해졌다.

부자촌

그동안 밀가루 가격은 천정부지로 올랐지만 파고다공원 동문 근처에 있는 '부자촌'은 2000원대의 콩국수·냉면·짜장면 등 면요리의 가격을 10년간 단 한 번도 인상하지 않았다. '부자촌'을 운영하는 전영길(66) 할아버지는 "요즘 시내에서 한 끼 가격은 어르신들에게 부담스럽게 느껴질 정도지만 여기선 그 돈이면 친구들한테 한 턱 거하게 낼 수도 있다"며 자랑을 했다. 요즘 전 할아버지는 손님들이 행여 추위를 타진 않을까 싶어 방한 작업에 여념이 없다. '부자촌'은 30여개가 넘는 다양한 식사와 안주가 특징. 최근에는 찜닭이나 전골 등 안주에 술 2병을 곁들인 1만원짜리 세트메뉴를 출시해 손님 모으기에 한창이다.

팔도 지명 다 모인 순대국밥집

낙원상가 옆 순대국밥 골목에는 '강원도집', '광주집', '전주집', '충청도집', '호남집' 등 전국 팔도의 지명이 다 있다. 처음 이곳에 국밥집 문을 열었던 주인들의 고향으로, 벌써 40여년전 이야기다. 지금은 새 주인들이 가게를 인수해 장사를 하고 있다. 년째 '전주집'만 고집한다는 이영욱(66) 할아버지는 이날도 점심으로 국밥 한 그릇과 소주 한 병을 비웠다. 골목 초입에서 '허리우드식당'을 운영하는 배영애(67) 할머니는 이 자리에서 30여년간 매점을 운영하다가 1960년대 후반 극장이 생기고 나서 업종을 변경했다. 낙원동에서 청춘을 보냈다는 할머니의 얼굴은 그때보다 주름이 꽤 많이 늘어 있었다.

30일 서울 돈화문로 9가길 해가 어스름해질 저녁 6시쯤 빨래를 걸어놓은 2층 쪽방 창문에서 빛이 희미하게 켜져있다.　백소아 기자

"혼자 사니까 저 궁상이란 말, 제일 듣기 싫었지"

빅시리즈 ❹ 45년 쪽방살이 차할아버지와 함께 살아본 하루

650명 중 쪽방民 220여명이 65세 이상
한평 남짓한 방 … 온갖 약봉지 수북
새벽 5시 집나서 오후 4시 돌아오는게 일과
삼청공원 가서 아줌마와 농담하는게 낙

박모(70·서울 돈의동) 할아버지는 노란색 티에 노란 형광색 점퍼까지 차려입고 한껏 멋을 부린 차림이었다. 오른손으로는 등산용 지팡이를 짚었다. 지팡이는 3년 전 고관절 수술을 한 후부터 들기 시작했다. '쪽방에 혼자 살아서 꾀죄죄하다'는 말이 듣기 싫어 이남도 몇 벌 없는 옷 중에서 가장 밝고 깔끔한 옷을 챙겨 입었단다. 할아버지는 혹시라도 옷에서 냄새가 날까 빠듯한 살림에도 빨래를 할 땐 향이 짙은 섬유유연제를 빼놓지 않는다. 매주 목욕탕에 가는 것도 거르지 않고 적어도 세 달에 한 번은 1만원을 주고 염색과 이발을 한다.

지난달 28일 만난 박 할아버지는 쪽방촌의 자타공인 터줏대감. 20대 중반부터 45년째 약 3.3㎡ 남짓한 크기의 쪽방을 벗어나 본 적이 없다. 박 할아버지가 살고 있는 '종로 쪽방촌'에는 현재 650여명이 살고 있다. 이 중 220여명이 박 할아버지와 처지가 비슷한 65세 이상의 노인이다.

파고다공원과 종묘광장공원 사이에 있는 서울 종로구 돈의동 103번지 일대. 이곳이 바로 '종로 쪽방촌'이다. 6·25 때는 난민주거지로, 전쟁 이후에는 1000명이 넘는 젊은 여성이 '일'하던 대규모 집창촌이었다. 백원희 전 대통령 시절 이 집창촌이 철거·폐쇄되면서 일시적인 거주 공간인 쪽방촌이 형성되었다. 1968년 10월5일 새벽 5시, 200여명의 철거민이 동원된 철거 작업은 집창촌 정화사업의 마지막 조치였고 이른바 '나비 작전'으로 명명됐다. 윤락녀를 쫓는 남성들을 나비에 빗댄 것이다.

박 할아버지를 따라 쪽방촌을 '탐방'해 보기로 했다. 두 사람이 지나가면 어깨가 부딪힐 만큼 좁은 골목길은 미로처럼 얽혀 있었다. 박 할아버지가 사는 쪽방 건물 앞에 도착했다. 2층 왼쪽 방이 박 할아버지가 25년째 살고 있는 쪽방이다. 가파르게 난 6개를 기어가다시피 해서 2층에 올랐다. 박 할아버지는 "청소를 안 해서"라고 나직이 말하며 방에 있는 가스버너와 그릇, 숟가락 등을 밖으로 밀쳤다. 아침에 먹은 라면 그릇이다. 먼저 방에 들어가 박 할아버지는 차곡이 쌓여 있던 이불 3개를 옆으로 밀어 자리를 마련했다. 두 사람이 앉으니 방이 가득했다.

서울 충무로에서 태어난 박 할아버지는 6·25 전쟁 때 7살 나이에 고아가 됐다. 피난민을 따라 대구로 내려갔다가 전국의 고아원을 전전했다. 다시 서울로 돌아온 건 15살 무렵. 충청도의 한 고아원에서 도망 나오다시피 위쳐나와 스무 살이 되기까지 파고다공원 뒤편에 있던 낙원시장에서 낭막주이 생활을 했다. 20대에 들어서는 공사장을 돌며 막일꾼으로 살았다. 25살이 되던 해 이 쪽방촌에 들어와 할아버지는 이 동네에서 지금까지 머물고 있다.

나무로 만든 선반에는 텔레비전과 유리 서랍장을 놓다. 나머지 빈 공간에는 테이프와 화장품, 휴지, 치약, 모기향, 비눗값 등이 자리를 잡았다. 바닥에는 냉장고를 놓고 그 위에 보온밥통과 양은냄비 2개, 냄면 그릇, 숟가락과 젓가락, 행주 등을 올려놓았다. 간이 주방인 셈이다. 냉장고 안에는 고추장과 계란 3개, 김치가 들어있었다. 김치는 일주일에 한 번 근처 반찬가게에서 3000원어치씩 사다 먹는다. 옷은 벽에 못을 박아 만든 옷걸이와 빨랫줄을 이용해 걸었다. 한쪽 벽면에는 A4용지 크기 만한 거울을 붙였다. 그 앞에는 천식약과 관절약, 혈압약, 빈혈약 등 각종 약들이 놓여 있었다.

이렇게 쪽방 안을 잠시 둘러보고 있을 때 갑자기 밖에서 날카

지. 우리집 사람들이 생전 난리치는 거 봤어? 그러게 내가 저 사람 애초에 받지 말자고 했지." 두 여인이 육두문자를 섞어가며 드잡이를 하고 있었다. 쪽방 관리인들끼리 싸움이 붙은 것이다. ○○대의 관리하는 쪽방에 사는 남성이 주폭이라 술만 마시면 말썽을 부리는 통에 사건이 발생한 것이다. 주변에 섰던 사람의 두 사람을 떼어놓았지만 상대들을 하면서 서로들 해쳐 달려든다. 한낮의 소란에 쪽방에 있던 사람들이 빼꼼히 고개를 내밀며 내다본다. "거 좀 조용히 좀 합시다. 허구한 날 쌈박질이야." 다다 다닥 붙어있는 쪽방에 살면 이렇게 듣기 싫은 욕도, 보기 싫은 소동도 어쩔 수 없이 공유해야 하는 것일까. 전선을 빨랫줄 삼아 널어놓은 누런 속옷은 축 늘어져 아무렇지 않게 볕을 받고 있었다. 박 할아버지도 대수롭지 않다는 듯 이야기를 다시 풀어낸다.

박 할아버지는 3년 전 가을 악성 빈혈로 쓰러지는 바람에 고 관절이 부러져 지체장애 5급 판정을 받았다. 이때부터 지팡이를 짚고 있지만 매일 아침 산책을 거르지 않는다. 너무 무리하는 것 아니냐고 묻자 "자꾸 움직여 줘야지"라며 이때가 하루 중 가장 즐겁다고 했다.

할아버지는 매일 오전 4시30분에 일어나 5시쯤 집을 나서 삼청공원을 찾는다. 박 할아버지 걸음으로 공원까지는 꼬박 1시간이 걸린다. 운동 이외에도 할아버지가 삼청공원을 찾는 이유는 또 있다. 박 할아버지는 "가면 동네 여자들 클럽이 있다고. 같이 커피도 마시고 농담 따먹기도 하고"라고 말하며 연신 웃음을 짓는다. 할아버지의 양손 손톱에 들인 봉숭아 물도 주인 아줌마의 작품이다. 아침은 헌법재판소 근처에 있는 해장국집에서 해결한다고. 가끔은 삼청 공원을 내려온 주인 아줌마가 사주기도 한다. "그 아줌마 처녀 때부터 알고 지냈으니까 알고 지낸 지 꽤 됐지. 이제는 다 친구야."

8시쯤 쪽방으로 돌아온 박 할아버지는 텔레비전 뉴스를 보면서 다시 나갈 채비를 한다. 주로 동묘 앞 풍물시장을 찾는다. 시장을 한 바퀴 돌고 나면 청계천으로 내려온다. 동묘 앞에서부터 청계천을 거슬러 종로까지 걸어온다. 지팡이에 의지한 느릿느릿한 걸음 탓에 오후 4시나 돼야 쪽방으로 돌아온다. "낮에는 방에 못 있어. 심심하고 적적하잖아. 죄 없는 텔레비전만 봐야 하는데 그게 제일 싫다고."

박 할아버지는 또래 할아버지들이 모이는 파고다공원이나 종묘광장공원은 거의 가지 않는다. 이유를 묻자 "가봐야 전부 노인들뿐인데 거길 왜가. 내가 나이가 들었어도 젊은 사람들이랑 어울리고 싶다고. 사람들은 다 그렇지 않냐"라고 반문한다. 또래 할아버지들과 마주쳐도 인사를 하지 않는 것도 같은 이유다. 반면 50~60대에게는 "뭐가 그리 바빠?", "별일 없이 그려며 먼저 말을 건다.

박 할아버지는 기초생활수급비 45만원과 장애인수당 3만원을 합해 48만원으로 한 달을 난다. 하루 8000원꼴인 한 달 쪽방비 24만원을 내고 나면 딱 반이 남는다. 그래도 할아버지는 제 앞날한 편이어서 매달 2만원을 저금하고 있다고 한다. 벌써 20년째라고 하니 할아버지 형편을 생각하면 적지 않게 모였을 듯 싶다. 전세자금을 마련해 공기를 좋은 외곽으로 이사하는 것이 박 할아버지의 꿈이다. "이 동네 평생 살 수는 없잖아. 10년 안에는 쪽방을 벗어나야지."

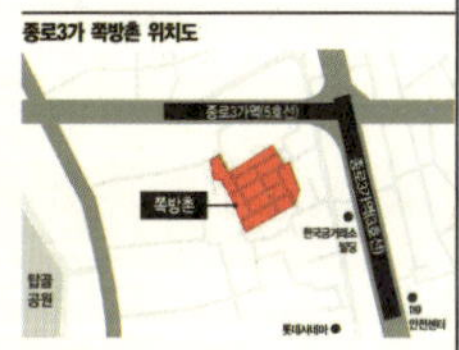

'나비작전'에 떠난 종삼 윤락녀 자리 하루 8000원 쪽방들이 채웠다

1968년 9월27일 속칭 '종삼'으로 불리던 종로3가 일대의 골목 어귀마다 100촉짜리 백열등이 달렸다. 이른바 '나비작전'으로 불리는 '종로3가 홍등가 정화사업'의 시작을 알리는 불빛이었다.

손님과 종삼 골목 입구에 들어서면 진을 치고 있던 시·구청 공무원과 사복경찰들이 득달같이 달려와 질문 공세를 퍼부었다. "이름이 뭐요?", "직업이 뭐요?", "전화번호가 뭐요?" 등 쏟아지는 물음에 종삼을 찾은 남성들은 줄행랑을 쳤다. 이같은 소문이 삽시간에 퍼져나가자 종삼을 찾는 남성들의 발길이 뚝 끊겼다.

나비작전의 전략은 바로 '꽃(윤락녀)'에 대한 조치는 효과가 없으니 나비(남성)를 쫓쳐야 한다는 것이었다. 이를 위해 서울시는 종삼 입구에 대낮처럼 등을 켜는 한편 '종삼을 출입하는 자를 적발해 그 명단을 공개한다'고 으름장을 놓았다. 이와 함께 '윤락여성은 귀향 조치·직장 알선·부녀 보호소 수용 등의 조치를 취한다' 등의 강도 높은 정화사업에 나섰다.

당초 한 달여 예상했던 나비작전은 10월5일 새벽 5시 시작된 철거작업을 끝으로 일주일여 만에 막을 내렸다. 마지막 나비작전에는 경찰기동대 234명과 종로구청 철거반 236명, 차량 14대가 동원됐다. 돈의동과 훈정동, 묘동, 봉익동, 인의동 등 일대에 끝까지 남아있던 윤락녀 72명은 서울 대방동에 위치한 서울시립부녀보호소에 수용됐다.

이남을 끝으로 최대 250여호, 1400여명에 달하던 이 일대의 윤락녀 자취를 감췄다. 종삼에서 밀려난 윤락녀들은 미아리 혹은 '천호동' 등으로 흩어들어 새로운 홍등가를 만들었다. 윤락녀들이 떠난 빈자리는 이후 하루 8000원짜리 쪽방을 찾아온 사람들로 채워졌다. 40여년 전 이렇게 형성된 '돈의동 쪽방촌'은

2013년 11월 8일자

#등장인물

윤 노인 올해 만 78세. 10여년 전 부인과 사별하고 서울 금호동 빌라에서 혼자 산다.

낚시가게 주인 70대 초반. 남. 아침마다 윤 노인이 방문하는 '로타리 낚시회' 가게 주인.

유 노인 종묘광장공원에서 만나는 윤 노인의 장기 맞수.

윤 노인 동생 윤 노인의 세 살 아래 친동생

#프롤로그

파고다공원을 섬이라고 표현했지만, 그 섬 속에는 사람이 있습니다. 한두 사람이 아닌 많은 사람들이 북적거리고 흘낏거리고 또 시끌시끌 싸움판도 벌립니다. 서로들끼리는 무척 낯이 익습니다. 인생의 시간에서 내몰린 황혼의 방랑자들. 혹은 도시 속의 치열한 경쟁에서 두 손 들고 나와버린 이탈자들이, 양지바른 곳의 비둘기처럼 모여 등을 부비고 장한 목지기를 나누며 하루를 채웁니다. 윤 노인은 그 무리 중의 평범한 한 분입니다. 한때 돈도 만졌고 알 유심도 약학였던 그는 어느 날 세상에 대해 입을 닫고 14년간 파고다 앞으로 출퇴근했습니다. 어떤 인생에는 소설 한 권 아닌 것이 어디 있으며 영화 한 편 아닌 것이 어디 있었겠습니까? 두백 같은 윤 노인의 일상 속에서, 그의 뒷자락 일상 속에서 잊어났다가 사그라지는 작고 여린 감들과 그림자처럼 뒤에 숨어있는 지난 삶의 흔적들을 얼핏얼핏 만납니다. 14년의 여정에 겹친 하루의 여정을 함께하며, 파고다인생의 내부 속으로 들어가 보았습니다.

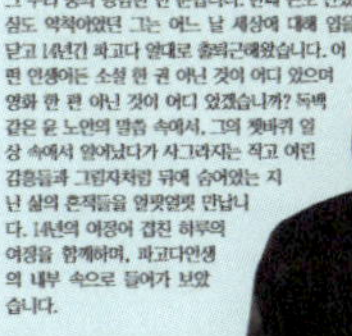

> "
> 따라다녀봤자
> 아무 내용없어
> 쓸 말 하나도 없을 거야
> 천하에 평범한
> 사람이니까.
> 외로울 게 뭐가 있겠어?
> 파고다에 가면
> 그래도 다들 친구처럼
> 반겨주는데…
> 오늘은
> 기자 양반이
> 동행해주니 좋네
> 괜히 날 불쌍한 사람 만들지는 마.

윤 할아버지는 한결같이 같은 버스를 타고, 같은 자리에 앉는다. 운전기사도 이미 그를 잘 알고 있는 눈치다. 같은 시간과 같은 자리를 고집하는 것은, 삶이 흐트러지는 것이 두려워서일까.

세상에서 가장 재미없고 지루한, 그러나
도시 투명인간으로 파·장인생 14년
〈파고다 장기판〉

막내딸이 사준 점퍼 입고, 낚시가게에서 커피 마시기… 7212 버스, 앞에서 두 번째 자리에 타고 오전 10시 종묘공원 출근해 숨겨놓은 장기판 확인…

⏱ 08:50

 # SCENE① 낚시가게

출근길 바쁜 걸음이 뜸해진 오전 8시5０분. 신금호역(서울 금호동) 버스정류장 옆에 자리 잡은 '로타리 낚시회'. 윤(78) 할아버지가 여감살이 빼끔히 문을 열고 들어선다. 오늘은 열 세 베이지색 점퍼에 회색 줄질모까지 한껏 차려 입었다. 2주 전 막내딸이 사준 것이란다. 비슷한 연배의 가게 주인은 "예 또 와"라고 심드렁하게 내뱉으면서도 손은 어느새 커피를 탄다. 윤 할아버지는 주인의 핀잔에

앉아 라일락 담배 하나를 꺼내 문다. 가게 주인은 종이컵에 탄 믹스커피를 내밀며 "또 핀다. 또 피워"라고 쏘아붙이고는 담배 뺏는 시늉을 한다. 윤 할아버지는 그의 손을 피해 고개를 뒤로 젖히고는 "이놈이 형님한테 까분다"며 아무렇지 않게 담뱃불을 붙인다. 윤 할아버지가 종묘광장공원에 다니기 시작한 이후 14년째 반복되는 아침 풍경이다. 담배를 한 모금이나 빨았을까. 할아버지의 허리춤에서 휴대전화가 요란하게 울린다. 서울 망원동에 사는 세 살 아래 친동생의 전화다. "나도 까먹고 있었는데 이놈이 용케 알고 전화를 했네. 점심 사주러 온다네." 허허 웃는 윤 할아버지. 이틀 뒤가 윤 할아버지의 78번째 생일이다.

⏱ 09:20

 # SCENE② 버스

앉은 자리에서 담배 두 개비를 태운 할아버지는 30여분 만에 가게를 나섰다. 늘 같은 시간이니 정류장에 앉은 지 오래지 않아 버스가 도착한다. 7212번 녹색 지선버스. 버스는 할아버지가 타기 편한 위치에 정확히 멈춰섰다. 늘 앉던 앞에서 두 번째 자리는 지정석이 된 지 오래다. 파노라마처럼 지나가는 거리의 풍경을 물끄러미 바라보는 할아버지. 모두 열 세 정류장. 25분이 걸려 종묘공원에 도착한 것은 오전 10시. 이렇게 윤 할아버지는 14년째 같은 시간 같은 노선의 버스를 타고 공원으로 '출근'을 한다. 아내가 폐섬유증으로 꼬박 7년을 앓다 세상을 떠난 게 2000년. 그때부터 할아버지의 '출근'은 휴일도 없이 계속됐다.

⏱ 10:00

 # SCENE③ 종묘공원

공원에는 일찍 '출근'한 또래 노인 30여명이 장기와 바둑을 두거나 옆에서 훈수를 두면서 구경하고 있다. 잠시 그 틈에 껴 장기를 구경하던 윤 할아버지는 공원을 나와 종로성당 뒤편 노점으로 향한다. 골목을 지나면서 장기판을 숨겨 놓은 그만의 비밀 장소를 살짝 열어 확인하는 것도 잊지 않는다. 이날은 평소 먹던 1000원짜리 아재 크로켓 대신 500원짜리 커피 한 잔을 마셨다. 두 시간 후면

동생과 점심을 해야 하니 미리 배를 채울 필요는 없는 것이다. 평소 윤 할아버지는 밥에 물을 말아 아침을 해결한다. 이날도 이틀 전 직접 지은 밥에 물을 말아 열무김치를 얹어 먹었다. 또 보통 때 점심은 인근 슈퍼에서 1050원을 주고 컵라면을 사먹거나 노점에서 1000원짜리 빵을 사먹는다.

노점 간이 의자에 앉아 30여분 동안 커피를 마시고 다시 공원을 한 바퀴 돈다. 저편에서 장기 맞수인 유 노인이 아는 체 한다. 장기판이 벌어졌다.

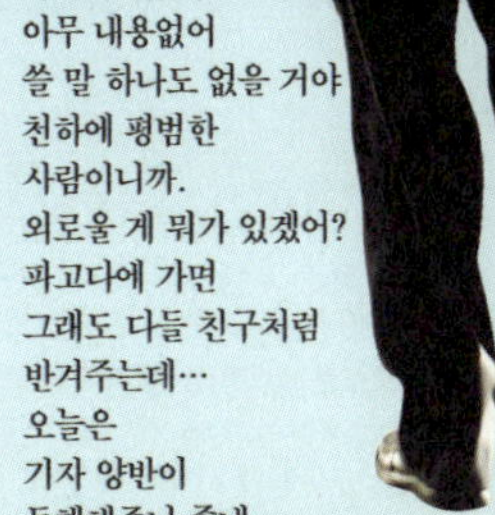

버스에 탄 그는 고개도 잘 돌리지 않고 묵묵히 내릴 정류장만 기다렸다.

당신이 언젠가 주인공일 수 있는 영화 한편

울분도 삭아버린 무표정의 또하루

점심 팬 오래 만에 찾아온 동생과 밥 먹기…장기 짝 없으면 옆에 서서 구경하는 재미…다시 버스타고 내려 홀로 사는 3층 집으로

'한(韓)나라'를 잡은 윤 할아버지는 30여분의 공방 끝에 '포(包)'로 유 노인을 이겼다. 며칠 전 석패를 보기좋게 복수했다. 내친김에 한 판을 더 두던 윤 할아버지가 갑자기 일어선다. 동생의 전화를 받고서다. 뛰다시피 걸어 공원을 빠져 나온다. 버스정류장에 서있는 동생이 보이자 그제야 걸음걸이를 늦춘다.

12:00
 # SCENE④ 뷔페형 기사식당

6개월 만에 만난 동생과 눈인사를 한 뒤 윤 할아버지가 앞장서 걷기 시작한다. 10여분을 걸어 도착한 한 귀금속 상가 앞. "맛있는 것 사드린다니까 여기는 왜 왔대?" 동생의 핀잔에도 윤 할아버지는 "여기가 맛있어"라며 에스컬레이터를 타고 지하 2층으로 내려간다. 5000원짜리 뷔페형 기사식당. 두 사람은 접시에 흑미밥과 콩나물 무침, 호박볶음, 브로콜리, 오이소박이김치, 부추전 등을 담고 국그릇에 순두부를 담았다. 밥알이 밥을 먹던 동생이 "맛있네요"라고 운을 띄우자 신난 윤 노인은 "여기가 싸고 맛있어"라며 웃음짓는다.

식사를 마친 동생이 따뜻한 아메리카노 두 잔을 사온다. "식사는 잘하죠?", "요새 몸은 어때요?", "애들은요?" 쏟아지는 동생의 안부에 윤 할아버지는 "괜찮아, 괜찮아"라고 짧게 답한다. 그렇게 한동안 침묵 속의 대화가 오고간다.

13:30
#SCENE⑤ 다시, 그 공원

예는 오전보다 많은 100여명의 사람들로 북적인다. 오전에 장기를 같이 두던 유 노인이 보이지 않는다. 장기를 두는 대신 사람들 틈을 비집고 들어가 서서 30여분 동안 말없이 장기를 구경한다. 장기를 구경하다 힘에 부치면 앉았다 섰다를 반복하는 사이 시간은 어느새 오후 4시가 가까워졌다. 말없이 일어나 공원을 빠져 나온 윤 할아버지는 횡단보도를 건너 버스정류장으로 향했다. 아침에 탔던 같은 번호의 버스를 타고 아침보다 5분이 더 걸려 신금호정류장으로 돌아왔다.

17:00
 # SCENE⑥ 집 앞 골목

윤 할아버지는 서울중앙병원(구 복음병원) 뒤편의 빌라 3층에 혼자 산다. 젊었을 때 남대문시장에서 시계점을 하고 소금 무역상을 하기도 했다. 할아버지는 슬하에 아들 하나, 딸 둘을 두었다. 그나마 막내딸은 가끔 얼굴을 보지만 다른 자식들은 연락이 닿은 지 오래다. "그놈 얘기는 꺼내지도 마." 아들 얘기를 묻자 손사래를 친다. 구구절절한 사연을 차마 더 묻는 것도 실례다 싶다. 버스정류장에서 집까지 할아버지의 걸음으로 15분. 병원이 보이는 골목에 들어서자 말없이 걷던 할아버지가 뒤따르던 기자에게 몸을 돌리며 인사를 건넨다. "내일 또 봐."

기획취재팀·주상돈·김혜원·김미애 기자

尹할아버지
(1935~)

"자식 애긴 묻지 말랬잖아!"

"결혼? 56년이던가, 57년이던가…"

윤 할아버지는 결혼을 언제 했는지 선뜻 기억해내지 못합니다. 고등학교 졸업 이야기가 나오고 나서야 "아, 고등학교 졸업한 해였으니까 1958년이네"라며 가까스로 결혼한 해를 기억해냅니다. 하지만 자식들 나이는 기가 막히게 대답합니다. "큰 아들은 쉰 다섯이고 딸 하나는 쉰 하나, 막내딸은 마흔 여덟이야." 국민학교에 입학한 해도, 남대문시장에서 억척스럽게 시계 장사를 시작한 때도 가물가물해졌지만 매년 한 살씩 더해지는 자식들 나이는 척척 꿰고 있습니다. 하지만 여기까지입니다. 큰 아들에 대해 묻자 "예를 얘기는 하려면 끌치 아파"라며 입을 굳게 닫아버립니다. 다시 슬쩍 큰 아들 얘기를 꺼내자 "묻지 말라니까"라며 버럭 화를 냅니다. '더 이상 자식들 얘기는 꺼내지 않겠다'는 다짐을 하고서야 자리를 박차고 일어서던 윤 할아버지를 붙잡을 수 있었습니다.

윤 할아버지는 충남 청양에서 1935년에 태어났습니다. 그 시절 다 그랬듯 부모님은 농사를 지었습니다. 3남3녀 중 셋째로 태어났지만 형님과 누님이 세상을 일찍 떠나 큰 아들로 자랐습니다. 넉넉지 않은 형편에도 서울로 유학을 올 수 있었던 것도 받아들이었기에 가능했습니다. 6·25전쟁이 끝난 지 2년 뒤인 1955년 상경했습니다. 이때부터 3년간 서울 종로구 원서동에 위치한 6촌 아저씨 집에서 살아 중앙고등학교에 다녔습니다. 스무 살이 넘은 나이에 입학한 늦깎이 고등학생이었던 것이죠.

고등학교를 졸업한 뒤 곧바로 결혼했답니다. 이때 현재 살고 있는 서울 금호동에 터를 잡았는데 결혼을 하고는 바로 3주 후에 군대에 갔다는군요. 전역 후에는 남대문 시장에서 중고시계를 팔기 시작했습니다. 처음엔 시계 도매상에게 받은 중고시계를 조금씩 팔다가 자연스럽게 알게 된 밀매 경로를 통해 일제 시계를 밀수해서 팔았답니다. 할아버지는 다 지난 이야기라며 털어 놓았는데, 이후엔 밀수한 금괴도 팔면서 제법 많은 돈을 벌었다고 합니다. "이때는 무서운 것도 없었어. 잡히면 쇠고랑 차겠지만 자식이 셋이나 있었으니까."

이 돈을 밑천으로 시작한 것이 소금장사. 호주에서 수입한 소금을 난지도에 산처럼 쌓아놓고 전국 각지로 배달을 했다고 합니다. 하지만 좀 풀리나 싶던 일이 어느 순간 꼬이기 시작했답니다. 당시 일반 상거래에서 많이 사용되던 '문방구 어음'을 대량으로 받은 것이 화근이었습니다. 1988년 윤 할아버지는 2억여원의 부도를 맞았습니다. 3년이나 돈을 받으려 쫓아다녔지만 한 푼도 못 건졌다네요. 자식들이 눈에 밟혀 닐 놓고 있을 수만도 없는 일. 털고 일어나 동대문 책방골목에서 10여년을 장사했습니다. 자식들이 결혼한 것도 이때입니다. 자식들을 모두 출가시키고 얼마 지나지 않은 2000년. 7년간 투병생활을 하던 아내가 먼저 세상을 떠났습니다. 이 무렵부터 적적함과 허전함을 달래려 시작한 할아버지의 '공원 출근길'은 벌써 14년째입니다.

> **삶…**
>
> 남대문 중고시계장사
> 호주서 수입한 소금장사로
> 돈 좀 만졌는데…
> 1988년 2억 부도 맞았지,
> 동대문서 책방하며 자식들 출가시키니
> 7년 투병하던 마누라가 떠났지,
> 그리고 여길 출근하기 시작한 거야

캡션: 서울 종로길 어느 작은 노점 옆 간이의자에 앉아 있는 할머니에게 한 할아버지가 다가가 연신 몇 마디를 주고받다가 자양강장제를 건네받고 있다. 백소아 기자 shan2049@

〈박카스 아줌마〉

종로 '박氏' 400명 활동
크로스백엔 콘돔·비아그라

"할머니들이 뭐라는지 알아? 2만원만 달래. 종묘공원엔 1만원만 달라는 사람도 많아. 좀 젊다 싶으면 3만원은 줘야 돼." 경기도 양평에 산다는 박(75) 할아버지는 '시세'를 들려줬다. '경험 있으세요'라고 넌지시 묻자 "나도 내 친구들도 절대 안 해. 그러다가 몹쓸 병이라도 걸리면 무슨 개망신이야"라고 손사래를 쳤다. 박카스 아줌마에 대해 훤히 꿰고 있으면서도 박 할아버지는 극구 결백을 주장했다.

종로3가 지하철 1·3호선 환승역. 가을비를 피해 들어온 노인들로 가득한 역사 안. 꽃무늬 니트에 까만바지를 받쳐입은 한 여성이 어슬렁대다 현금자동입출금기(ATM)에 기대선 한 할아버지에게 접근한다. 할아버지 앞에 멈춰선 여성이 갑자기 지갑에서 1만원짜리를 모조리 꺼내더니 지폐를 세기 시작한다. 무슨 일일까. "돈 냄새를 맡았나 보네. 저렇게 유혹하는 거여. 나 이만큼 잘 나가니 돈을 쓰라는 거지." 이 광경을 지켜보던 한 할아버지가 상황을 해설해 준다.

빅시리즈 ⑥ 박카스 아줌마의 치명적인 유혹 〈上〉

인근 모텔과 장기계약해 영업
'발기부전' 변사老人 올들어서만 2명째
한번 관계맺은 뒤 바람난 경우도

파고다·종묘공원 일대에 할아버지들을 유혹하는 '박카스 아줌마' 얘기는 과거형이 아니라 아직도 현재진행형이다. 그것은 오히려 숫자로 입증되고 있었다. 혜화경찰서에 따르면 종묘공원 일대에서 성매매 호객행위를 하다 적발된 건수가 2010년 11건, 2011년 59건이었다가 2012년 108건, 2013년(1-9월) 97건 등으로 매년 늘어나고 있다. 파고다공원에서도 올 9월까지 56건이 적발돼 지난해 수준(48건)을 이미 넘어서는 등 증가세는 마찬가지였다.(그래프 참조) 경찰 추산에 따르면 종묘공원, 파고다공원, 종로3가 지하철역 지하 등 종로 일대에서 성매매를 하는 '박카스 아줌마' 수는 어림잡아 400여명이다. 대부분 40-70대로 최근엔 중국동포 여성들도 많이 있다고 한다. 이들은 2-3명씩 짝지어 다니기 때문에 금세 눈에 띄지만 단속은 쉽지 않다. 경찰이 뜨면 호객행위를 멈추고 딴청을 부리기 때문이다. 우리는 좀 더 살펴보기로 했다.

박 할아버지의 설명처럼 박카스 아줌마의 몸값은 연령대에 따라 다른 게 불문율로 통했다. 젊은 축에 속하는 40-50대 아줌마는 3만원, 60-70대 할머니는 2만원의 꽃값을 받는다. 또 구역에 따라 '물'이 다르다는 설명도 있었다. 파고다공원서 만난 한 할아버지는 "종묘공원은 A급, 지하철역 지하는 B급, 종로3가역 2번 출구 일대는 C급으로 나뉜다"고 했다. 꽃값에 포함되는 여관비는 보통 1만원인데 5번 이상 드나들면 5000원만 내면 방을 빌릴 수 있다고 한다. 박카스 아줌마들은 O모텔, OO방 등 종로3가역 인근에 있는 숙박업소와 장기계약을 맺고 좀 더 저렴하게 방을 대여하는데 이곳에서 나름 '단골' 대접을 받는 것이다.

박카스 아줌마가 다가오면 뿌리치지 못하면서도 할아버지 대다수는 이들을 깎아내리는 말을 서슴없이 한다. 며느리, 아내 몰래 이들과 몸을 섞으면서 '박카스 아줌마' 이야기가 나오면 '나는 안 했다'고 잡아뗀다.

박카스 아줌마에게 접촉을 시도했다. 이 일대에선 박카스 아줌마로 짐작되는 이들이 심심찮게 눈에 띄었다. 이들의 '연상 착의'는 대부분 비슷하다. 주름을 가리기 위해 짙게 화장을 하고 하나같이 밝은 빛깔의 옷차림을 한다. 열이면 아홉은 크로스백을 어깨에 가로질러 메고 다니는데 이것도 이들의 공통된 패션이다. 이들이 배낭도, 토트백도 아닌 크로스백을 애용(?)하는 것은 왜일까. 한 박카스 아줌마는 "박카스를 여러 병 넣었다가 쉽게 꺼내기엔 크로스백만큼 편한 게 없다"고 귀띔했다. 가방 안이 궁금했다. 가방 안에는 콘돔, 비아그라, 젤 등 갖가지 '영업 도구'가 가득했다. 이들의 '영업 방식'은 간단하다. 음료를 파는 척 할아버지에게 접근해 은밀한 유혹을 하는 것이다. 음료 가격은 1000원. 소주를 내밀기도 하는데 소주는 잔 단위로 판다.

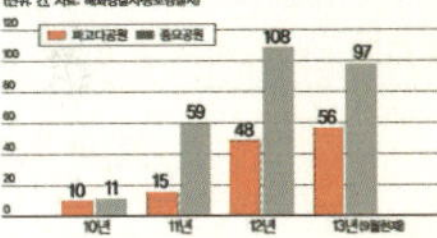

종로 일대 박카스 아줌마 호객행위 적발건수
(단위: 건, 자료: 혜화경찰서·종로경찰서)

연도	파고다공원	종묘공원
10년	10	11
11년	15	59
12년	48	108
올해(1-9월)	56	97

종묘공원에서 만난 한 박카스 아줌마는 "일을 빨리 끝내야 나도 덜 피곤해. 공칠 때도 있지만 하루 3명 받을 때도 있어. 어떤 유착기도 온다니까"하고 너스레를 떨었다. 하지만 박카스 아줌마가 건넨 비아그라를 잘못 복용했다가 비명횡사하는 할아버지도 있다. 종로2가 파출소의 한 관계자는 "올해 비아그라를 잘못 먹고 변사한 할아버지가 두 명이나 된다"고 귀띔했다.

2009년부터는 '조선족'으로 힐난받는 중국동포들이 박카스 아줌마 대열에 합류하면서 기존 아줌마들이 '영업'하기 힘들어졌다는 얘기도 돌렸다. 실제 혜화경찰서 관계자는 "올 9월까지 성매매 호객 행위를 하다 걸린 사람 중 중국 동포의 비율이 60%에 달한다"고 말했다. 박카스 아줌마는 자신의 구역에 '누 페이스'가 뜨면 파출소에 이들을 고자질하기도 한다. 다른 아줌마가 본인의 구역을 침범하면 머리채를 잡고 치고받는 경우도 왕왕 발생한다. 한모(70·인천) 할머니는 "진희(가명)라고 있는데 여기서 제일 못된 걸로 소문났다. 그 여편네는 자기 구역 넘봤다고 할머니도 두드려 팬다"고 했다.

박카스 아줌마와 일회성 만남을 넘어 로맨스를 꿈꾸는 할아버지도 있다. 지난달 종로2가 파출소에 한 통의 전화가 걸려왔다. 서울 봉천동에 사는 김모(70) 할아버지가 자신의 집에서 헤어드라이어를 슬쩍 했다며 이모(74) 할머니를 찾아달라고 신고한 것이다. 알고 보니 이들은 지난 2달간 동거하던 사이였다. 중국동포인 이 할머니는 지난 8월 종묘공원에서 김 할아버지에게 접근해 인근 여관서 몸을 섞었다. 할머니에게 연모의 정을 느낀 할아버지는 "5만원을 줄 테니 하루종일 나랑 있어달라"고 제안했다. 만남은 잦아졌고 할아버지는 할머니에게 자신의 원룸에서 "함께 살자"고 졸랐다. 하지만 할머니가 다시 일을 하겠다고 우기면서 둘 사이는 틀어졌다. 일을 그만두라는 할아버지의 성화에 못 이겨 할머니는 홀연히 헤어드라이어를 들고 집을 나와버린 것이다. 가진 것 없는 집에서 본인에게 쓸모있었다 싶은 물건만 쏙 빼서 가져간 것이다.

취재중 좀더 충격적인 얘기도 돌랐다. 박카스 아줌마 중에 30대 여성도 몇몇 있는데 그중엔 정신지체 장애를 가진 여성도 있다는 것. 그녀의 남편이 이 사실을 알고 있는데 정신지체 아내의 성매매를 묵인하고 있다는 것이다. (내일자 〈하〉편에 계속)

기획취재팀=김민영·김보경·주상돈 기자 argus@

박카스와 동아제약에 보내는 사과문

'박카스'라는 고유명사가 '박카스 아줌마'라는 보통명사로 오용되고 있습니다. 아무 잘못 없는 동아제약 입장에서는 황당하기도 하고 억울하기도 하겠다는 생각이 들었습니다. 그래서 우리는 지면을 통해 박카스를 만드는 동아제약에 우선 양해의 말씀을 전하고자 합니다.

파고다·종묘공원 등 종로 일대에서 할아버지를 상대로 성매매를 하는 여성들을 일컬어 '파고다 아줌마'나 '공원 아줌마'도 아닌 하필 '박카스 아줌마'라고 부르다니요. 이들이 취급하는 '품목'엔 박카스뿐 아니라 소주도 있고 다른 이름의 비타민 드링크제와 커피도 있는데 말이죠.

캄보디아에서는 코카콜라보다 더 비싸게 팔릴 정도로 나라 안팎으로 대중적인 인기를 구가하고 있는 '박카스'에게 덧씌워진 부정적인 이미지에 골이 나기도 할 것 같습니다. '지천명(知天命)'이 넘어서도 매년 '국토대장정'을 하는 젊은이들을 열렬히 응원하는 박카스 입장에서도 치욕스러울 수도 있겠지요. 1961년부터 온 국민의 피로를 달래주는 '피로회복제'로 명성을 쌓아왔는데 느지막이 성매매 아줌마를 빗대는 은어로 쓰인다니요. 그런데 어쩌겠습니까. 이 여성들이 하고 많은 피로회복제 중에 하필 '박카스'를 팔기로 결정한 것을. 그만큼 박카스가 국민 음료라는 방증이기도 하겠지요.

박카스 아줌마들에게 물었습니다. 왜 하필 박카스를 팝니까. 일단 한 병에 400원에 사서 1000원에 팔면 600원의 이문이 난다는 지극히 '경제적인' 답변을 내놨습니다. 평생을 한 가정의 아들로, 남편으로, 아버지로 살아오느라 잔뜩 피로해진 할아버지들에게 '내가 그 피로감, 회복시켜 주겠다'는 은밀한 제안을 박카스를 내미는 행위로 대신한다고도 했습니다.

그녀들을 지칭하는 다른 말을 찾지 못한 취재진의 게으름도 있겠지만, 이유야 어찌됐건 '박카스 아줌마'로 통용되는 현실에 불가피하게 이 용어를 사용하기로 했습니다. 박카스와 동아제약에 양해를 부탁드립니다.

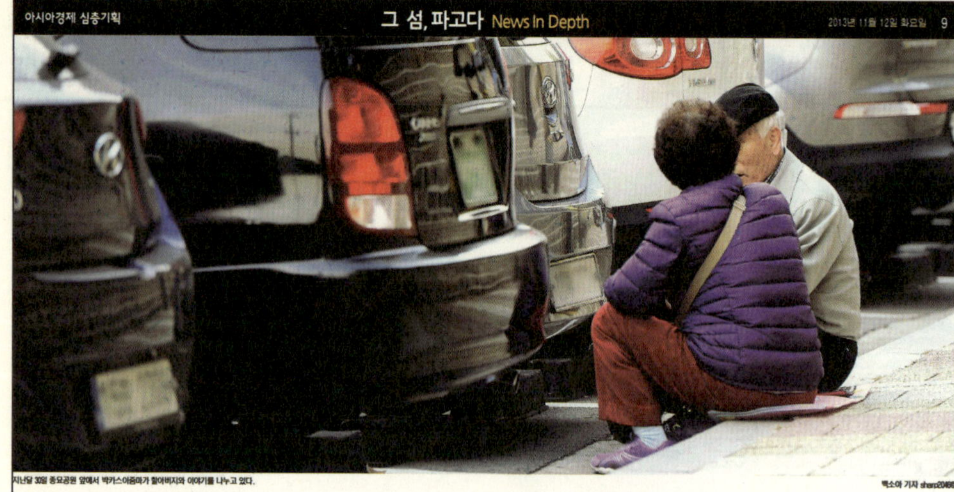

지난달 30일 종묘공원 앞에서 박카스아줌마가 할아버지와 이야기를 나누고 있다. 백소아 기자 sharp2048@

노인매춘 꽃뱀에 '30대 정신지체女 2명' 충격

빅시리즈 7 박카스 아줌마의 치명적인 유혹 〈下〉

가난한 남편은 알면서도 성매매 방치
31세 젊은여인, 76세 할머니도 영업
"불편한 몸 때문에 다른 일은 하지도 못해"

▶11일자 박카스아줌마 〈상〉편에서 계속

그랬다. 그것은 사실이었다. 정신지체 박카스 아줌마가 있다는 이야기도, 그런 여의 성매매를 남편이 묵인하고 있다는 얘기도 모두 헛소문이 아니었다.

최근 종로가 파출소에 76년생 여성이 잡혀 들어왔다. '성매매 호객 행위' 때문이었다. 이 여성(37세)은 종로가 역 2번 출구 일대를 서성이며 할아버지를 꾀어내는 '박카스 아줌마'였다. 머리를 질끈 묶은 앳된 인상의 그녀는 또래와 달라 보이지 않았다. 그런데 몇 마디 나눠보니 말투가 어눌했다. 조사를 하던 경찰들은 깜짝 놀랐다. 여성이 정신지체장애 3급이라는 걸 알아낸 것이다. 정신지체 3급의 경우 지능지수(IQ)가 50~70수준밖에 되지 않는다.

더욱 기막힌 것은 이 여성의 남편이 아내의 성매매 사실을 알고 있으면서도 방치하고 있다는 점이었다. 이 여성은 돈의동 쪽방촌(본지 7일자 9면 빅시리즈④ 참조)에서 남편과 어렵게 살아가고 있었는데 경찰이 남편에게 부인의 성매매 사실을 알리자 "나도 알고 있다"면서 태연하게 반응했다는 것이다.

이 여성 외에도 30대 박카스 아줌마는 더 있었다. 종로2가 파출소는 이 일대에서 성매매 호객행위를 하다가 적발된 '박카스 아줌마' 23명의 인적사항을 카드로 만들어 관리하는데 이 카드에 이름이 올라 있는 사람 중에 이 여성(37) 외에도 또다른 정신지체 81년생(32세) 여성이 한 명 더 있었다. 또 82년생(31세) 여성은 가장 나이 어린 '박카스 아줌마'로 이름이 올라 있었다.

경찰의 단속에 걸리는 박카스 아줌마 중엔 1937년생(76세)도 있었다. 경찰이 적발할 당시 이 일은 어엿한 할머니는 68세의 '젊은' 할아버지에게 작업중이었다고 한다. 파출소 관계자는 "이 할머니는 원래 경제 정산 출신인데 여러 다 이리로 흘러 들어온 것인지는 알 수 없다"고 했다. 이 할머니 못지 않게 고령인 44년생 할머니도 호객행위를 하다가 잡혔다고 하니 파고다공원서 만난 할아버지가 왜 '박카스 아줌마'가 아니라 '박카스 할머니'라고했는지 그 이유를 알 것도 같다.

박카스 아줌마는 꼬리표 때문에 주변의 냉대와 멸시를 받지만 이들은 먹고사는 문제가 더 중요하다고 말한다. "여기서 술 팔고 박카스 파는 아줌마들은 대부분 남편없이 혼자 애키우는 사람이야. 그러니 방법 있어? 새끼들 먹이고 입히려면 이 일이라도 해야지. 여기 오는 아줌마 중에는 자기 혈액부터 비용을 대리고 이 일을 하는 사람도 있어." 종묘공원 앞에서 만난 한 박카스 아줌마의 얘기다. 또래로 보이는 한 무리의 아줌마들이 알록달록한 등산복을 입고 공묘공원으로 들어가는 모습이 부럽지 않냐고 묻자 "남편 살아 만난 팔자들은 어련네들 부러워서 뭐해…"라면서도 얼굴이 굳어진다. 하지만 자식 이야기를 꺼내자 "큰아들이 공부를 잘한다"며 표정이 금세 환해진다. 큰딸이 고3이고 아들은 대학교 3학년이란다. 아줌마는 "나와 자식들이 속을 안 썩여 다행이지만 자식이 엄마를 외면하는 눔도 있다"며 고개를 절레절레 흔들었다. 한 60대 박카스 아줌마는 술을 몰래 판 벌금 통지서가 집으로 날아가는 바람에 성매매 사실을 아들에게 들켜버렸다. 그런데 그 아들이 어머니의 성매매를 말리기는커녕 벌금통지서만 어머니에게 전해주고 돌아서서 가버리더란다.

종로3가역 지하에서 만난 한선화(70·가명·인천) 할머니는 지난 3월부터 이곳으로 출근(?)하고 있다. 슬하에 딸 둘, 아들 하나를 두고 있다. 마흔한 살엔 큰딸은 여관업을 전전하며 어렵게 살고 서른아홉인 둘째 아들은 중국인 아내와 갈라선 이후 중국에서 건설회사에 다니며 겨우 입에 풀칠하며 살고 있었다. 서른두 살인 막내딸 역시 강원도 철원서 근근이 생계를 이어가고 있다. 사정이 이렇다보니 자식 덕 볼 생각은 진즉 버렸다. "자식들 일면 창피스럽잖아 아니 와서 별면 방세도 내고 전기세도 내고 하지 않나. 나는 지금도 부끄러워. 살 생각을 하니끼에 이러는 거야." 한씨 할머니는 보증금 1000만원, 월세 12만원을 내고 반지하방에 혼자 살고 있다.

세 아이를 둔 가정주부였던 할머니는 20년 전연 서울 우면산의 D사찰에서 비구니를 모시는 보살이었다. 91년부터 8년 동안 절밥을 먹었는데 스님이 입적하면서 갈 곳 없는 신세가 됐단다. 엎친 데 덮친 격으로 12년 전 교통사고로 한 쪽 팔을 거의 못 쓰게 됐다. 먹고 살 방도가 없었다. 그렇게 박카스 아줌마가 됐다. 왜 하필 성매매로 밥벌이를 하냐고 묻자 한 할머니가 갑자기 바지를 걷고 무릎에 점점이 박힌 뜸 자국을 보여준다. "너무 아파서 혼자 뜸뜬 자국이야. 팔 다리 멀쩡하면 주방에서 설거지라도 하겠어. 돈 없어서 거지 꼴로 굶어죽는 것보단 낫잖아."

한씨 할머니는 이곳에서 '여사님'이라 불린다. 일종의 별명인 셈이다. 이 일대의 박카스 아줌마들은 이름 대신 별명으로 서로를 부르거나 '안산댁', '마산댁', '천안댁' 하는 식으로 택호(宅號)를 쓰기도 한다. 한번은 동생들하고 청량리에 놀러갔는 데 한 할아버지가 뒤에서 큰 소리로 'ㅇㅇ여사님 어디 가'라고 부르더란다. 끈질기게 불러 되는 통에 얼굴이 화끈거렸다고. "그때부터 누가 물어보면 성도 안 가르쳐줘. 하긴 이름이고 뭐고 그저 나를 잊고 이 일을 하는 게 나아."

한씨 할머니에게 립스틱과 상의 색깔을 꽃분홍색으로 맞춘 아줌마가 다가와 알은체를 한다. 안산댁(59) 아줌마다. 안산댁 아줌마는 앞니를 비롯해 치아가 9개나 빠졌다. 입을 열 때마다 듬성듬성 썩은 이빨이 보인다. 귀가 잘 안 들리는 탓에 말투도 어눌하다. 안산댁 아줌마는 임대아파트의 임대료 20만원을 벌기 위해 박카스를, 몸을 판다. 딸이 둘 있다. 남편은 결혼한 지 7년 만에 간암으로 죽었다. "외로워 죽겠어. 부잣집 남자도 못 만나고. 이빨도 아픈데 돈이 어디 나서 치료를 하나"며 하소연도 늘어놓는다. 왜 이 일을 하냐고 질문하기가 무섭게 가방을 열어 보여준다. 약봉지가 줄줄이 사탕처럼 딸려 나온다. 알약이 하나, 둘, 셋, …. 총 7개다. 위장약, 허리약이란다. "몸이 다 고장났어. 애들도 정부에서 받아먹어서 키운거야. 이렇게 살다가 가는 거지 뭐." 체념한 말투다.

안산댁 아줌마의 푸념을 옆에서 듣고 있는데 한씨 할머니가 기자를 툭툭 친다. "저기 영감하고 빨간옷 입은 여자 좀 봐봐." 시선을 돌리자 한 할아버지와 50대 아줌마가 지하철역 지하 기둥에 나란히 앉아있다. 주변 시선에 아랑곳 않고 할아버지에게 여성이 쪽 입을 맞추자 돈 만원을 얼른 쥐어준다. "저 영감이 한 달에 연금이 180만원이 나오는데 입 한번 맞추면 만원, 가슴 한 번 만지면 만원 하는 식으로 하루 7만원 나가. 저 여자는 가만히 앉아서 7만원 벌어가지고 가는거야." 은근히 부럽다는 눈치다.

"흉이라고 생각하지 말고 들어줘." 한 할머니는 민망한 이야기가 나올 때마다 추임새를 넣듯 이렇게 말했다. '여기서 비아그라도 팔고 그렇게 해서 1만원도 벌고 2만원도 벌고 그래. 이거 흉이라고 생각하지마' 이런식이다. 할머니는 "여기 앉아 있다보면 사는 게 별거 없다. 인생 이게 살다 가는가 보다 싶다"는 생각에 눈물이 난다고 했다. "내 혼자서 노래를 하나 지었다." 할머니가 입을 뗀다. "내가 만약 죽는다면 누가 내 시체를 묻어주랴. 봄이 오면 꾀꼬리새가 내 무덤에 와서 울어주랴."

다시 피카디리 극장 앞. "딸내미 때문에라도 벌어야 하는데 그럼 나와야지." 한 박카스 아줌마가 휴대전화에 대고 말을 하며 파고다공원 쪽으로 발길을 옮긴다. 누군가의 아내, 누군가의 엄마, 누군가의 할머니일 그녀의 뒷모습에는 직업적인 화류 여성의 모습이 깊이 배어있어 보는 이를 씁쓸하게 했다.

기획취재팀=김민영·김보경·주상돈 기자 argus@

11년째 '박카스 아줌마' 연구한 이호선 서울벤처대학원대학교 교수 인터뷰

여성가난과 노인성욕의 음성적 결합…정부는 왜 외면하는가

전업주부도 생계 때문에 유혹 생겨…성병과 노화 헷갈려 전염 키우는 경우도

"여성의 빈곤과 남성의 욕망이 만나 빚어진 일그러진 현상이다."

이호선 서울벤처대학원대학교 교수(사회복지상담학과)는 파고다 일대의 박카스 아줌마 현상을 노인복지의 사각지대에서 만들어진 음성적인 성문화로 정의했다. 학력이 낮고 건강하지 못한 탓에 일자리를 구하지 못한 여성들이 호구지책으로 삼은 것이 '성매매'이며 나이와 상관없는 남성들의 빼딱한 성욕이 어우러지면서 빚어진 현상이 바로 이들의 출현이라는 것이다.

이 교수는 "노년기에 접어든 여성들이 자발적으로 성매매 전선에 뛰어드는 것은 전 세계적으로 유례가 없는 일"이라고 진단했다. 2002년부터 박카스 아줌마를 연구한 이 교수는 "평생 전업주부로 살다가 뒤늦게 성매매 현장에 나온 분들도 적지 않다. 이런 일을 할 수밖에 없는 상황은 오로지 가난한 탓"이라고 말했다. 이 교수는 또 "만약 지금처럼 박카스 아줌마 현상을 그저 종로3가만의 지엽적인 문제로 치부한다면 성병 등 보건의료학적 문제는 더욱 심각해질 것"이라며 "노인의 경우 노화가 함께 진행되기 때문에 성병인지 노화인지 구분을 못하기 때문에 성병을 옮은 남성이 가정으로 돌아가 전염시킬 우려도 높다"고 지적했다.

이호선 교수

이 교수는 "남성 노인을 그저 '노인'으로만 보는 시각도 문제"라며 "남성의 발기부전 확률은 70대까지도 35%밖에 되지 않으며, 80대가 되어서야 75%가 발기부전을 겪는다"고 지적했다. 80대 할아버지도 젊은 남성과 똑같이 성욕을 느끼고 성생활이 가능하다는 얘기다. 아울러 이 교수는 "어떤 남성의 욕망을 건강하게 배출할 창구가 필요하며 부부교육, 레크레이션, 교육 활동의 장을 정부 차원에서 마련해야 한다"고 했다.

▶이호선 교수는

이호선 교수는 박카스 아줌마의 실상을 파헤치기 위해 2008년 80여명의 박카스 아줌마들을 인터뷰했다. "너 굶어본 적 있나, 폐지 주워본 적 있나." 인터뷰 차 만난 여성들은 왜 성매매를 하느냐는 질문에 냉소했다고 한다. 실상은 경험해 보지도 않고 책상에서만 연구한다는 생각에 어차 싫었단다. 그 길로 며칠 동안 60대 여성을 따라 함께 폐지를 주워 손에 쥔 돈이 달랑 5200원. 그렇게 해서 얼굴을 튼 박카스 아줌마 10여명을 심층 인터뷰해서 두 차례에 걸쳐 논문을 발표했다. 올해 안에 3차 논문이 나올 예정이다.

1990년대 중반 인천의 집창촌에서 젊은 성매매 여성들을 인터뷰했던 이 교수는 이들과 박카스 아줌마의 차이점을 이렇게 말한다. "젊은 여성에게는 그런대로 희망이 있다. 박카스 아줌마들은 내일은 뭘 하겠다는 희망이 없다. 그것이 가장 큰 차이점이다."

박카스 아줌마를 성매매 여성으로만 치부할 것이 아니라 이들을 보호하고 끄집어내야 할 존재로 인식해야 하는 이유다.

4일 서울 종로구 파고다공원 앞에 사람들이 지나가고 있다. 그림자 속 사람들은 그들의 나이도 성별도 가늠할 수 없다. 모두 같은 사람이다.

그림자人生도, 손 쥐어보면 다 36.5℃더라고요

빅시리즈 ⑧ 임용환 파출소장과의 순찰길에 만난 사람풍경

파고다공원 주변 사람들은 이곳을 찾는 할아버지들을 어떻게 바라보고 있을까요? 파고다공원 일대를 매일 세 차례씩 순찰하는 인근 파출소장과 동행해 봤습니다. 낙원동 다문화거리, 공원 주변, 돈의동 쪽방촌, 인사동으로 이어진 순찰코스를 함께 걸으며 파고다공원과 이 일대의 '사람 풍경' 속으로 들어가봤습니다. 또 공원 근처에서 주차관리를 하는 아저씨의 시선에 비친 할아버지들의 이야기를 전할까 합니다.

"옷 벗으면 다 똑같은 사람이야. 벗겨 놓으면 똑같은 인간이라고."

한바탕 소란을 피우던 노숙자가 주변 정리를 마치고 돌아서는 임용환 소장(52)의 뒤통수에 대고 울먹이며 소리친다. 그 말이 임 소장에겐 비수처럼 꽂히다. "하긴 은퇴해서 제복 벗고 파고다공원에 앉아 있으면 여기 오는 할아버지나 나나 똑같겠죠."

늘상 있는 사건이지만 그날 상황은 이랬다. 지난달 27일 오후 서울 종로 파고다공원 동문 앞. 노숙자 셋이 작정하고 술판을 벌이고 있었다. 주변엔 막걸리와 소주병이 어지럽게 널브러져 있었다. 그 자리에 순찰을 돌던 임 소장이 나타난 것이다.

노숙자들이 따른 눈바디처럼 빡빡 갈라진 손의 로 얼굴을 가리며 반항하지만 임 소장의 스마트폰 카메라가 더 빨랐다. "노상에서 술 먹으면 경범죄에 해당합니다." 임 소장의 경고를 듣는 둥 마는 둥 다시 손을 뻗어 소주병을 집으려는 무렵, 임 소장은 "음주소란을 등은 경범죄 33조5항에 걸려 5만원의 벌금을 물어야 합니다"라고 재차 경고한다. '범죄'라는 단어에 무겁하게 굳던 이들의 '벌금'이라는 말에 일순간 멈칫한다. "일어나세요. 얼른." 임 소장이 재촉하자 그제야 "갈게, 가. 올가리고 하면서 자리를 뜬다. 까만 비닐봉지에 먹다 남은 과자, 소주병, 구겨진 종이컵을 쓸어 담는다. 이렇게 주변 정리를 마친 임 소장이 돌아서자 한 노숙자가 뒤통수에 대고 그렇게 내뱉은 것이다.

지난 2월14일 서울 종로2가 파출소로 부임한 임 소장. 경력 24년차 경찰이다. 서울 서대문구 충정로 지구대에서 근무할 당시에도 주취자, 노숙자 등

을 단속했다. 이곳으로 옮겨와서도 임 소장은 스마트폰을 손에 들고 수시로 파고다공원 일대를 순찰한다.

스마트폰을 꼭 챙기는 이유는 순찰을 돌면서 수집한 주취자 등 100여명에 이르는 요주의 인물의 사진, 이름, 주민등록번호 등 신상기록을 보관·관리하고 있기 때문이다. 이 기록을 바탕으로 재범자를 솎아내고 초범은 관리 대상에 올린다. 단속을 나갔다가 "○○○씨"라고 이름을 부르면 상대방이 화들짝 놀랄 때가 많다. "이름을 부르면 내 정보가 경찰에 노출돼 있다는 생각에 스스로 행동을 조심하게 만드는 효과가 있다"는 게 임 소장의 설명이다.

이남처럼 싫은 소리를 듣더라도 임 소장은 무관용의 원칙을 고수한다. '깨진 유리창 법칙'을 믿기 때문이다. 깨진 유리창 이론은 깨진 유리창을 방치하면 건물 관리가 소홀하다는 인상을 주는 탓에 그 일대가 범죄의 온상이 된다는 것이다. 미국 뉴욕시는 1994년 이 이론을 도입해 경범죄, 윤락 등을 집중 단속함으로써 2년 만에 우범지대였던 할렘지역의 범죄율을 40%나 뚝 떨어뜨렸다. 이렇게 깐깐하게 순찰을 돌기 시작하면서 실제 하루 대여섯 건에 이르던 이 일대의 폭행사건이 한두 건으로 줄었다고 한다. 임 소장은 "요즘엔 금요일에나 서너 건의 폭행사건 신고가 들어올까 말까 한다"고 했다.

임 소장과 함께 서문을 함께 걷고 있는데 저쪽에서 마른 체형에 검은색 패딩 점퍼를 입은 남성이 알은체를 한다. 여모(58)씨다. 마주 서자마자 임 소장 손을 덥석 잡고 악수를 청한다. 그는 불과두 달 전만 해도 술에 절어 살던 노숙자였다. 폭언을 휘두르던 종로경찰서 유치장 신세를 지기도 했다. "아들사기가 주유소를 하다가 부도나는 바람에 돈이 건다가 넘어져 다칠 위험이 크다"고 지적했다. 만취한 노숙자가 넘어져 다치는 바람에 병원에 보낸 적도 있었단다.

50~60년대 산업화의 주역들
오가는 술잔만큼 사연도 많아

스마트폰으로 요주의 인물 관리
이름부르며 단속, 신고 크게 줄어

과 보도블록 군데군데가 움푹 파여있었다. 보도블록 연석은 형태를 알아보기 힘들게 훼손됐거나 곳곳이 깨져있었다. 자칫 발을 헛디디면 넘어지기 십상이었다. 임 소장은 "거동이 불편한 할아버지들이 걷다가 넘어져 다칠 위험이 크다"고 지적했다. 만취한 노숙자가 넘어져 다치는 바람에 병원에 보낸 적도 있었단다.

낙원상가 바로 앞에서 주차관리를 하는 박모씨도 누구보다 노인을 가깝게 지켜보는 사람이다. 그는 월~금요일, 오전 10시~오후 1시 시급 6000원을 받고 하루 3시간씩 파고다공원 주차장을 관리한다. 박씨가 볼 때 파고다공원은 '디자인 서울'의 구호와는 한참 동떨어진 공간이다. 무료급식을 먹기

위해 오전 11시부터 땅바닥에 철퍼 주저앉거나 신문지를 깔고 앉아 기다리고 있는 노인들을 보면 안쓰러운 마음이 앞선다고 한다. 박씨는 "디자인 서울이다 뭐다 전시행정에 돈 쓰지 말고 노인이 앉아있을 수 있는 등받이 의자나 가져다 놨으면 좋겠다"고 말했다. 하지만 국가지정문화재(사적 354호)인 파고다공원은 내·외국인 관광객이 많이 찾는 곳이라서 무턱대고 의자를 갖다 놓을 수도 없는 상황이다. 보행자 통로를 막아버리기 때문이란다.

박씨는 젊은 시절 건설회사에서 일하며 외화벌이에 나섰던 산업역군이었다. 자녀들을 다 키우고 용돈이나 벌 심산으로 일을 시작했다고 한다. 박씨는 "여기 오는 사람들 다 6·25전쟁 겪고 새마을운동이다 산업화다 뭐다 젊은 시절에 땀 흘려 일한 사람들이야. 누가 뭐래도 지금 우리가 이만큼 사는 데는 저기 앉아있는 분들의 공이 커. 나라에서 나 몰라라 하면 안 되지"라고 했다. 그는 또 "저기 앉아서 신문 보는 노인들은 (공장에서) 조립이라도 할 수 있는 사람들"이라며 "이런 분들 무조건 밥 얻어먹게 만들지 말고 '나도 일해서 밥 사 먹는다'는 마음을 가질 수 있도록 국가 시책이 필요하다"고 말했다.

낙원전집에서 일하는 공 할머니(69)는 말한다. "파고다공원 오는 노인들 지금이야 어디 가서 대우 못 받지만 소싯적엔 잘나갔던 사람도 많아. 그런데 지금 와서 그게 다 무슨 소용이야? 다 같은 처지지." 그래서일까. 여기 오는 할아버지들은 '젊었을 때 뭐 하셨나'고 물어보면 기다렸다는 듯이 자신의 무용담을 줄줄이 늘어놓는다. 파고다공원을 돌아다니는 동안 "거, 언론사 기자요? 나도 젊었을 때 KBS랑 연합통신서 20년 근무했어요. ○○방송국 ○○○가 내 후밴데…"라고 말하는 할아버지가 있는가 하면 임 파출소장에게 "나도 경찰생활 15년 했어. 70년대에 사건에 휘말려서 어쩔 수 없이 옷 벗었지. 총경까지 하슈"라고 말을 건네는 할아버지도 있었다.

그리고 보니 이곳 파고다공원에서 마주친 할아버지들의 눈에는 회한은 있을지언정 욕심은 없어 보였다. 제복과 명함을 반납하고 공원을 찾는 할아버지들은 그저 '노인'만은 아닐 텐데 '옷 벗으면 다 똑같다'는 말이 귓가를 맴돌았다.

기획취재팀-김민영·주상돈·김보경 기자 arsus@
사진-백소아 기자 shan2046@

치매노인 데려다주기 대소변 치우기는 예사

'파고다 파수꾼'을 자처하는 서울 종로2가 파출소. 이곳은 어느 파출소보다 112 신고 건수가 많기로 유명하다. 항상 세 손가락 안에 든다. 파고다공원에 인접해 있는 이 파출소의 경찰들은 도심 한복판의 취객까지 처리하느라 눈코 뜰 새 없는 하루를 보낸다.

종로2가 파출소에 따르면 관할지역인 낙원동 일대에서 음주 시비, 행패, 소란 등과 관련한 민원이 7월 490건, 8월 377건, 9월 386건 등으로 올 하반기에 한 달 평균 417건 발생했다. 주취자 등에 대해 보호조치를 행한 횟수도 7월 351건, 8월 373건, 9월 276건 등 한 달에 333건에 달했다. 하루에 적어도 25건의 '일처리'를 한 셈이다. 이 외에도 돈의동 쪽방촌의 음주소란·난동행위를 제압하고 '박카스 아줌마'의 성매매 호객행위를 단속하는 것도 이들의 몫이다.

어르신들의 아지트인 파고다공원을 관할하고 있기 때문에 노인과 관련된 민원이 유난히 많이 들어오는 것도 이 파출소의 특징이다. 치매를 앓고 있는 노인을 집에 데려다주거나 위급한 환자가 발생하면 국립의료원으로 후송하는 일 등이 이들의 주된 업무다. 이렇다 보니 손에 대소변을 묻히는 일도 흔하다고.

나이 지긋한 어르신들을 많이 상대하는 곳이어서 파출소 근무자들도 다른 곳보다 연령대가 높을 줄 알았는데 돌아온 답변은 정반대다. 이곳 근무자의 평균 연령은 45세로 다른 파출소보다 낮다. 하루 평균 40여건의 신고가 들어오고 주취자들을 상대해야 하기 때문에 나름대로 '젊은' 편이라는 설명이다. 현재 종로2가 파출소에는 총 9명의 경찰관이 불철주야 근무를 서고 있다.

지난달 30일 서울 종로구 파고다공원 북문 근처에서 어르신들이 시끌벅적하시다. 장기를 두는 손은 네 개지만 장기판을 향한 눈은 몇 개인지 셀 수가 없다.

백소아 기자 sharp2060@

200명 동시對局, 탑골전투엔 세월이 승자다

빅시리즈 ⑨ 매일 벌어지는 장기·바둑판, 사건도 많고 스타도 많고

서울 종로 일대에서는 매일 수백 건의 크고 작은 전투가 벌어집니다. 종로 한복판 3만9689㎡(약 1만2000평)의 종묘광장공원이 일순간 전쟁터로 변하는 것인데 전장은 바로 가로 42㎝×세로 45㎝(한국기원 정식 규격)의 장기판과 바둑판입니다. 백발이 성성한 65세 이상의 노장들이 참전에 혈투를 벌이는 것이죠. 공원 안에 놓인 장기·바둑판이 줄잡아 백 개, 노장들이 손에 쥔 무기는 장기알과 바둑알이 전부입니다. 곳곳에서 탄성과 탄식이 터져 나오는 '국지전'에서 이들이 전리품으로 얻는 것은 다름 아닌 '시간'입니다. 할아버지들은 각자의 시간을 걸고 싸웁니다. 그런데 이 전투는 보통의 다른 싸움과는 달라 보입니다. 상대방의 시간을 뺏는 것이 아니라 내 시간을 내어주는 것이 목표이자 이 전쟁의 전술인 것이죠. 이기든 지든 하루를 보낼 수 있으니 결국 모두 이기는 싸움인 겁니다. 기억이 쇠한 노장들이 하루 대여섯 판도 거뜬한 이유가 바로 이것이죠.

지난달 29일 오후 3시, 서울 종로구 훈정동에 위치한 종묘광장공원. 250명이 넘는 할아버지들로 가득 찼습니다. 바둑과 장기를 두는 할아버지들이 모여 있는 공원 안에서 강북주차관리소 주변은 특히 북적북적합니다. '탁, 탁,' 뿌연 담배 연기 사이로 들려오는 소리를 따라 가봤습니다. 주차관리소가 심어진 화단 주변으로 바둑판 70여개, 장기판 20여개가 깔려 있었습니다. 한 판에 두 명이 대결하는 것이니 200명 가까운 노장들이 대결을 펼치고 있는 셈입니다.

주목 나무 아래에 자리를 잡은 이병권(73) 할아버지는 오전 11시부터 점심도 거른 채 4시간째 바둑을 두고 있었습니다. 승부가 나길 기다려 말을 걸자 "이거 두다 보면 밥 생각도 안 나"라며 다시 바둑판을 응시했습니다. 이 할아버지의 집은 경기도 역곡. 집을 나서 공원까지 1시간을 훌쩍 넘기는 거리지만 주차관리의 일을 쉬는 날에는 꼭 종묘공원에 오신답니다. "집에 있으면 시계만 자꾸 보는데 여기 오면 시간 가는 줄 몰라. 하루가 훈살같다니까."

이따금 "장이요" "멍이요" 소리만 들리던 공원이 갑자기 소란스러워졌습니다. "포(包)가 넘어가야 한다니까" "마(馬)가 들어와서 박아야지" "아니지, 아니야, 궁(宮)을 물라고 궁궁." 수세에 몰린 장고 할아버지가 선뜻 방어를 하지 못하자 구경하던 사람들이 훈수를 둔 것입니다. 심지어 한 훈수꾼은 직접 말을 옮기기까지 합니다. 이러다 진짜 싸움판이 벌어질 성싶습니다. 그러나 소란은 장 할아버지가 "가만있어요, 가만. 이래서 동네 장기는 안돼"라며 '버럭'하자 이내 잠잠해졌습니다. 훈수꾼보다는 장기꾼이 '왕'인가 봅니다. "졌어요, 졌어." 장 할아버지가 결국 패배를 인정하자 훈수꾼들이 "에이, 그러니까 내가 상(象)을 먹으라고 하니까" "내가 아까 마(馬)를 나가라고 했잖아요"라며 한마디씩 보탭니다. 이상한 건 패전인 장 할아버지의 표정이 밝다는 것입니다. "내가 자네와 한 번 더 두지. 아직 시간도 많은데."

한편에서는 '빅매치'가 진행 중이었습니다. 구경하는 사람만 100명, 할아버지들이 빙 둘러서서 구경을 하는 맛에 밖에서 장기를 두는 사람들이 보이지 않을 정도입니다. 그틈을 비집고 들어와 보니 초(楚)나라가 일촉즉발의 패망 위기입니다. 한(漢)나라가 멀리서는 포(包)로, 코앞에서는 졸(卒)로 초나라의 궁을 겨누어 압박하고 있습니다. 초나라를 잡은 할아버지의 큰 귀가 벌겋게 달아올라 있습니다. 이때 한 할아버지가 나직이 상황을 전합니다. "저이가 세 번 졌어. 1만원이 했으면 3만원 일은겨."

도대체 이 장기판과 바둑판은 어디서 나온 것일까요. 궁하면 통하는 법. 이곳 종묘공원에는 소외하는 할아버지들을 상대로 장기·바둑판을 대여해주는 상인이 3명 있습니다. 공원 가운데서는 바둑판을, 공원 오른쪽 주목 아래에서는 바둑과 장기를 빌려줍니다. 상인이 미리 준비해 놓은 자리에 앉거나 자리가 없으면 "여기 바둑", 혹은 "여기 장기"라고 외치기만 하면 바로 판이 벌어집니다. 한 사람당 1000원

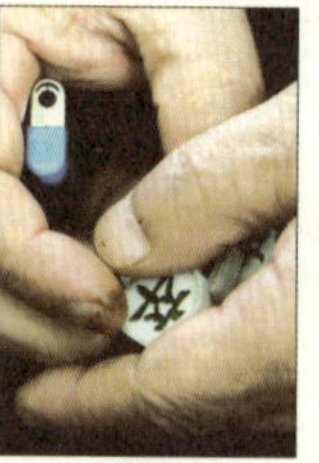

**4시간째 식음 전폐한 70대 戰士
심심풀이도 지고나면 성을 버럭
'무기' 대여료 2000원, 파고다 최고 볼거리**

씩 총 2000원. 장기이건 바둑이건 종목도 따지지 않고 1시간이든 하루 종일이든 시간에도 구애받지 않습니다. 그냥 무조건 한 사람당 1000원씩 받는 아주 간결한 셈법입니다. 여기에 '은박보온재'로 만든 깔개와 요구르트 2개가 함께 제공되는데 서비스치고는 제법이 아닐 수 없습니다. 이곳에서만 5년째 바둑판을 빌려주고 있다는 한 관리인은 "맙이 나갈 때는 바둑판이 100개, 장기판이 40개도 나간다"며 "한 번 빌리면 점심 먹고 와서도 계속 하시니 하루 종일 두는 것은 예사"라고 전했습니다. 관리인들은 혼자 온 손님과 장기를 두기도 합니다. 이 경험을 바탕으로 상대가 없는 할아버지들에게는 실력이 비슷한 할아버지를 소개시켜 주기도 한답니다. "다들 시간 보내자고 장기를 두지만 지면 얼마나 성을 내는지. 아주 난리를 부리는 할아버지도 있어. 비슷하다고 소개시켜줬다가 사기 쳤다고 혼난 적도 많아." 파고다공원에서 장기판을 빌려주다가 종묘공원으로 장소를 옮겼다는 한 장기 관리인이 일화를 소개합니다.

바둑판과 장기판의 대여 시간은 상인이 출근하는 시간부터 퇴근하는 시간까지입니다. 해가 늦게 뜨고 빨리 지는 요즘에는 보통 오전 8시~오후 5시에 판을 빌릴 수 있습니다. 마감시간을 딱 정해서 매정하게 자르지 않아도 시간이 되면 할아버지들이 알아서 판을 정리하고 일어선다네요. 이날도 5시가 넘자 할아버지들이 알아서 자리를 뜨기 시작했습니다. "요즘은 내가 오전 8시쯤 나오는데 그 시간이면 벌써부터 나를 기다리는 할아버지들이 열 명은 넘어." 사실 일반적으로 공원 내 상행위는 못하는 게 원칙이지만 융통성 있는 법 집행이 그나마 어르신들에게 여유를 제공하는 듯합니다.

알뜰한 할아버지들은 집에서 매번 장기판을 챙겨 오기도 합니다. 공원 안에 나무 밑이나 인근 골목길 캐비닛에 숨겨두는 할아버지도 있답니다. 장기판을 빌리지 않는 할아버지들의 필수품은 신문. 바닥에 깔고 앉는 용도로 쓰는데 구하기 쉽고 휴대도 간편하니 제격입니다. 한 할아버지는 바닥에 깔고 남은 신문지를 돌돌 말아 다시 뒷주머니에 꽂은 채 장기를 두고 있었습니다. 할아버지들이 손수 만든 'DIY 장기판'은 합판을 잘라 자를 대고 매직으로 선을 그려놓은 것입니다. 울퉁불퉁한 바닥에 놓인 장기판의 균형은 바둑알을 괴어 잡는 기지를 발휘했네요. 잃어버린 졸(卒) 2개는 검은색 바둑알로 대신하는 센스도 있습니다. 매일 바둑판을 집에서 들고 다닌다는 한 할아버지에게 "접히지도 않는 바둑판을 매일 들고 다니기 불편하지 않냐"고 묻자 "하루에 1000원씩 한 달이면 3만원"이라며 "그 돈이면 술을 사 먹겠다"고 혀를 내두릅니다.

기획취재팀=주상돈·김민영·김보경 기자 don⑧

침묵형·중계형·기어이 끼어드는 참견형

장기만큼 볼만한 구경꾼 스타일3

불구경 다음으로 재밌다는 게 싸움구경이던가요. 종묘광장공원에 모인 할아버지들 사이에 이것을 못지않게 흥미로운 구경거리가 있습니다. 바로 '장기 구경'입니다. 장기도 전투이니 크게 보면 싸움구경의 범주에 들어가겠군요.

공원에 펼쳐져 있는 장기판은 20~30개. 바둑판 수의 절반에도 못 미치지만 구경꾼은 두 배 이상 많습니다. 장기의 묘미는 뭐니 뭐니 해도 바로 옆에서 훈수 두는 맛이 납니다. 두 명 넘게 구경꾼이 있는 곳에는 십중팔구 장기판이 놓여 있습니다. 보통 30분이면 한 판이 끝나 처음부터 끝까지 구경하기 제격이고요. '탁, 탁' 판과 말이 만들어내는 경쾌한 효과음과 '장이요' 소리가 구경할 맛을 더합니다.

남의 경기를 지켜보는 구경꾼이지만 자세히 살펴보니 이들에겐 나름의 스타일이 있었습니다. 자물쇠를 채운 듯 입을 꼭 닫고 장기판에만 시선을 고정하고 있는 할아버지는 '침묵형 구경꾼'. 장기를 두는 할아버지들 주변에서 자주 볼 수 있는 유형입니다. 이런 침묵형 구경꾼 중에는 아예 휴대용 낚시의자를 펴서 자리를 떡하니 잡고 구경하는 할아버지도 있습니다.

사람이 많아지면 말도 많아지는 법. 구경꾼이 세 명 이상 몰린 장기판에는 장기를 두는 사람보다 더 분주한 할아버지들이 있습니다. 바로 '중계형 구경꾼'인데요. 이들은 눈으로 보는 데 만족하지 못하고 장기 말의 일거수일투족을 중계하기 바쁩니다. "상(象)이 넘어갔네" "차(車)로 포(包)를 안 먹고 마(馬)를 잡았네" "차(車) 피한다고 졸(卒)이 양쪽에 있는데 들어갔잖아" 등 중계를 듣고 있으면 축구경기 캐스터가 따로 없습니다. 내친김에 판세를 분석하는 할아버지들도 있습니다. "둘이 엇비슷해 보여도 포(包)도 있고 상(象)도 있는 홍(紅)이 좋네. 청(靑)이 아까 포를 안 먹은 것이 크다 커."

중계형 구경꾼보다 더 적극적인 할아버지들은 '참견형 구경꾼'입니다. 이들은 중계는 물론이고 온갖 훈수를 쏟아냅니다. "에이, 뭐 하는 거야. 그냥 그거 먹어버려. 아니지, 아니야. 청은 거기 있으면 안 돼. 얼른 도망가야지." 잠자코 듣기만 하던 할아버지가 결국 입을 떼기 일쑤입니다. "아이고, 시끄러. 동네 할아버지는 여기 다 모였나봐"라며 손을 내젓지만 싫지 않은 눈치입니다. "이거 뭐 어떻게 하라고, 먹으라는 거야, 말라는 거야?"

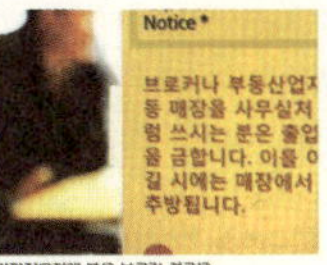

허리우드 실버영화관.　담벼락에 걸린 구제 옷들.　커피전문점에 붙은 브로커 경고문.　서문 주변 점집.　가요주점 '스타하우스'

(1944년作)

추억의 '가스등'… 이 티켓 끊으면 버그만을 만난다

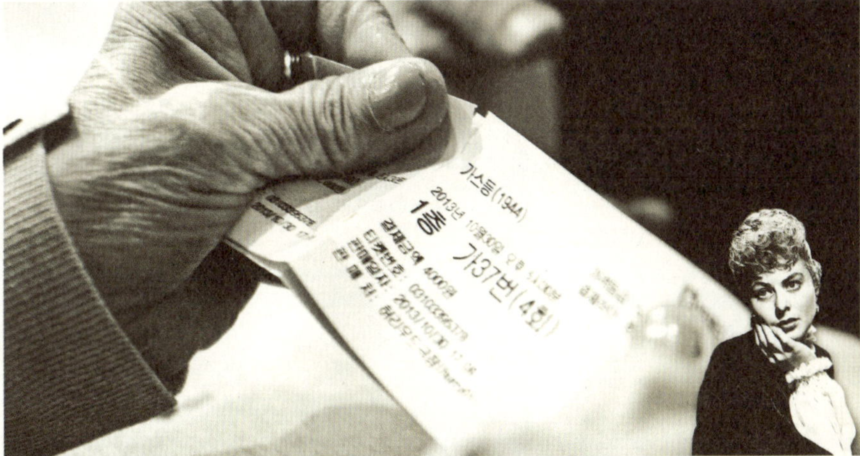

지난달 30일 서울 낙원동 실버영화관에서 자원봉사 할머니가 관객들의 표를 끊고 있다. 대형 멀티플렉스 영화관과 달리 지각을 해서 영화의 앞부분을 못 봤더라도 다음 회차에서 이어볼 수 있다. 오른쪽 하단 사진은 영화 '가스등'의 주연 잉그리드 버그만.　백소아 기자 sharp2046@

허리우드 실버영화관

한 편에 2000원, 주말엔 1000명 넘게 몰려

"어휴, 이러다 늦겠네. 같이 좀 갑시다."

서울 종로구의 낙원악기상가, 나이 지긋한 할아버지, 할머니 서너 명이 이 건물 엘리베이터를 향해 총총 걸음을 내딛습니다. 으레 여유롭고 느린 걸음인 줄 알았던 낙원동에서 서둘러 발걸음을 재촉하는 모습이 의아합니다. 할아버지, 할머니를 따라 함께 승강기에 몸을 실었습니다. 급히 만난이 된 엘리베이터는 4층에서 승객들을 우르르 쏟아냅니다. 도착한 곳은 다름아닌 '허리우드 클래식 실버영화관'입니다. 이곳에선 55세 이상은 누구나 영화 한 편을 2000원에 볼 수 있는 특권을 누릴 수 있다는군요.

이곳 실버영화관에서 어르신들은 팍팍한 일상과 권태에서 잠시나마 벗어나 여유를 누립니다. 365일 운영되는 이 영화관은 하루 네 번 국내외 유명 고전영화를 상영합니다. 상영관이 하나인 데다 3~4시간 같은 영화만 틀어주지만 어르신들에게 인기가 꽤 높습니다. 매표소에서 티켓을 사고 로비에 앉아 입장을 기다리는 모습은 여느 대형 영화관과 다를 바 없습니다. 이날은 1970년작 소피아 로렌 주연의 '해바라기'가 상영되고 있었습니다. 어르신 관객들이 20-30대 청춘했던 시절에 봤던 추억의 영화를 되새김하는 것이죠.

할아버지들로 북적이는 파고다공원 주변과는 달리 이곳은 할머니들의 발길이 잦습니다. 관객의 30% 이상이 할머니들이랍니다. 로비에는 꽃무늬 옷으로 한껏 멋을 뽐낸 할머니 부대를 비롯해 극장 데이트를 즐기는 노년 커플들도 눈에 띄네요. 분홍색 머플러로 멋을 낸 이모(75) 할머니도 이날 3살 연상의 남편과 함께 영화관 나들이에 나섰습니다. "영화를 보다가 감상에 젖어 눈물까지 흘렸다"는 할머니의 일굴에선 언뜻 소녀의 모습이 보이는 듯 합니다. 할머니는 여동생이나 여고 동창들과도 자주 이곳을 찾는다고 합니다. 이 할머니 같은 단골 관객만 1000여명에 육박한다는 게 극장 관계자의 설명입니다.

영화관 안은 노인들의 눈높이와 취향에 맞게 꾸며져 있습니다. 로비에는 기능성 신발과 튼튼 세정제, 염색약 등을 파는 노인용품 전용매장도 들어서 있고, '벤자민무효', '서핑 USA'와 같은 램프이 흘러나와 향수를 자극합니다. 300석이 갖춰진 상영관은 앞뒤 좌석 간격은 널찍하고, 한글 자막의 크기도 읽기 쉽도록 큼지막하게 박혀 나옵니다.

상영관 앞에서 표를 받는 직원과 자원봉사자들도 모두 65세 이상의 어르신들로 포진돼 있습니다. 영화관이 문을 연 2009년부터 근무한 김충준(71) 할아버지는 "평일 하루 600-800명, 주말에는 1000명 이상이 영화를 보러 온다"며 "영화관 회원 8000여명에게 매주 상영작 정보를 문자메시지로 전송하는 등 꾸준히 홍보하고 있다"고 전했습니다.

빅시리즈 ⑩ "이보다 더 좋을순 없다" 그분들이 꼽는 파고다 명물 5選

어르신들의 쉼터인 파고다공원을 중심으로 낙원동 일대에는 시간을 거스르는 장소와 물건, 사람들이 즐비합니다. 바쁜 일상에서 이런 '시간 여행'을 할 수 있다는 것도 색다르지만 손때 묻은 잡화, 추억을 파는 가게, 그리고 그 속에서 만나는 사람들의 표정은 따뜻하기 그지없습니다. 이 일대에서 손에 꼽을 만한 명소와 명물을 몇 가지 추려 소개합니다.

기획취재팀=김보경·주상돈·김민영 기자 bkky477@

구제 옷

"잘 샀지? 세 것 같아야." 파고다공원 후문에는 오늘도 어김없이 갈바닥과 건물 외벽을 진열대 삼아 옷을 파는 할머니가 앉아 있습니다. 재킷이나 바지가 이곳 구제 옷가게에서 취급하는 주요 상품입니다. 주인도 손님도 할머니인 이 '옷가게'의 가격은 2000원에서 4000원.

부천에서 온 김모(75) 할아버지는 갑자기 쌀쌀해진 날씨에 두툼한 갈색 체크무늬 재킷을 4000원에 구입하곤 "집에 가서 세탁 한 번 하면 깨끗하게 입지"하며 흐뭇해합니다. 물건이 어느 나라에서 누군가 입다 버린 헌 옷일 테지만 재킷은 신기하게도 맞춤옷마냥 할머니 몸에 착 맞습니다. 원래 입던 얇은 재킷은 검은 비닐봉지에 담아 기분 좋게 길을 나섭니다. 옷을 판 할머니도 기특한 때 한가지. 그는 꼬깃꼬깃한 천원짜리 지폐 여러 장을 연신 손으로 넘겨가며 돈을 셉니다. "장사 잘 되세요?"라고 넌지시 묻자 할머니는 "난 아무것도 몰라, 안 들려"하고 외면하면서도 지나가는 할머니들에게 쉴 새 없이 판촉을 합니다. 장사 수완이 보통이 아닙니다.

브로커

파고다공원 주변이기 때문에 목격할 수 있는 풍경은 또 있습니다. 바로 '브로커(공인중개업자)의 방문을 금한다'는 내용의 경고문인데요. 주로 종로3가역 근처 커피숍, 식당의 출입문이나 벽면에 붙어있습니다.

한 제과점 관계자는 "60대 전후의 양복 입은 할아버지들이 주문을 하지 않은 채 부동산 계약이나 상담을 하느라 2-3시간 죽치곤 한다"고 전했습니다. 피해 사례가 많다 보니 고육지책으로 경고문을 직접 경고문을 써 붙인 것이랍니다.

주말이 지난 10일 저녁에도 할아버지 두 명이 한 커피숍에 앉아 목청을 크게 높이고 있었습니다. 테이블 위에는 글자가 빼곡히 적힌 종이들이 어지럽게 놓여 있었고, 땅이니 건물이니 하는 이야기를 나누고 있었습니다. 영업점 없이 부동산 중개업을 하는 브로커들과 할아버지 여럿이 모여 있는 모습은 길거리에서도 흔히 볼 수 있는데요. 노인들을 대상으로 부동산 투자를 유도하는 업자들이 몇 명 있는데, 그 중에는 '사기꾼'도 많다는 전언입니다.

취재 도중 실제로 한 할아버지는 "박정희 정권 시절에 보육원을 지으려고 정부가 싸게 매입한 땅이 있는데 지금 투자하면 나중에 큰 돈을 벌 수 있다"는 신빙성 없는 이야기를 늘어놓기도 했습니다.

포장마차형 점집

파고다공원 서문 주변에는 포장마차형 점집 10여개가 담벼락을 따라 늘어서 있습니다. 2010년께 정부가 노점상 특화거리 사업을 벌이면서 종로 대로변에 있던 점집들이 이 자리로 옮긴 것입니다. 이 길은 인적이 드문데다 바로 옆 도로에는 항상 외국인 관광버스가 여러 대 주차돼 있어 저녁이 되면 유난히 고립된 느낌입니다.

점집을 운영하는 50대 여성은 "큰 길가에 있을 때보다 매출이 많이 줄었다. 또 요즘 젊은 사람들은 사주팔자도 인터넷에 들어가서 보잖아"라고 푸념합니다. 골목 안쪽으로 들어가면 '파괴술형' 점집도 세 곳 있습니다. 파괴술을 지붕 삼아 흰 천막을 두른 게 전부인지라 바람이 불 때마다 세차게 흔들립니다.

정모(76) 할아버지는 직장생활을 하다가 10년 전부터 이 일을 시작했다고 합니다. 할아버지는 손님들의 사주팔자를 막힘없이 술술 이야기하는지 자주 기침을 하고 그때마다 물을 병째 들이킵니다. "용돈 벌이는 돼. 자식들이 하루 만원씩 쥐어주는데 그 돈도 한달이면 30만원이라 부담이잖아. 자식들에게 짐이 되기 싫기도 하고 해서 심심풀이로 나와."

가요주점 '스타하우스'

39년째 무료공연 사장님, 벽은 감사장으로 가득

실버영화관이 잠깐의 '여유'를 즐기는 곳이라면 무대에 올라 부르는 노래 한 소절로 '여흥'을 즐기는 곳도 있습니다. 파고다공원에서 종로3가역 5번 출구로 가는 길에 위치한 가요주점 '스타하우스'가 바로 그곳인데요. 차와 커피, 주류를 파는 이곳은 문을 연지 올해로 17년째라고 합니다. 건물 2층에 있는 가게 안으로 들어서면 벽면을 빈틈없이 뒤덮고 있는 수천개의 감사장과 감사패로 눈이 휘둥그레집니다. 유심히 들여다보니 수상자 이름이 하나같이 똑같네요. 주인공은 다름아닌 이곳을 운영하는 김종수(62) 사장입니다.

김 사장님은 39년째 전국 곳곳에서 무료 자선공연을 펼치고 있는 낙원동의 대표 '별난 인물'로 통합니다. 김 사장은 "20대 때부터 극장쇼 생활을 하다가 코미디언으로 데뷔했지. 쓰리보이, 백남봉 뒤를 잇는 원맨쇼 전문 코미디언이 되려다가 우연히 기회가 생겨 군부대 위문공연을 했는데 재미가 들려 그 후로 지금까지 쭉 자선공연을 하고 있어"라고 사연을 전했습니다. 지금까지 군부대, 교도소, 양로원 등에서 연 무료 자선공연만 해도 3000회가 넘는다는군요. 가게 벽면을 가득 채운 1400장의 감사장은 그의 삶을 보여주는 증표이라고 할 수 있겠네요. 김 사장은 "1990년대 초반엔 SBS에 좀 있었어. 큰 배역을 맡지 못해서 사람들은 잘 몰라. 무명 코미디언이지, 뭐"라며 허허 웃어 제낍니다.

저녁 8시 무렵이 되자 어르신들이 하나둘씩 가게로 들어왔습니다. 대부분 무대 위에 올라 마이크를 잡고 노래 실력을 뽐내려는 사람들입니다. 1만원을 내면 색소폰, 전자오르간을 연주하는 2인조 밴드의 반주에 맞춰 세 곡을 부를 수 있고, 감상은 '무제한 공짜'입니다. 조영남의 '그대 그리고 나'를 열창하던 이영수(65) 할아버지의 무대가 끝나자 객석에선 우레와 같은 박수가 터져 나왔습니다. 할아버지는 "우리 같은 60-70대들은 젊었을 적 고생을 많이 하던 사람들인데 이렇게 즐겁게 노래를 할 수 있는 자리가 있어 좋지"라고 말했습니다.

김 사장은 "문화 예술 필요하지만 소외된 곳이 너무 많아. 이 주점도 그래서 만든 거고. 난 예산이 부족하니까 아무래도 한계가 많지. 예술인 단체들이 자선활동을 많이 해줘야 돼"라고 했습니다. 김 사장은 수익금의 10%를 위문 공연에 필요한 경비로 충당해서 쓰고 있답니다. 매년 겨울이면 강원도 철원의 군부대와 국가유공자들이 지내는 지방의 보훈병원를 찾는다고 하는데 올해도 위문공연 준비에 한창입니다. 그는 "근데 집사람은 이런 거 무지 싫어해. 만날 나를 '무능한 사람'이나 '별난 사람'이라고 부른다고. 하긴 돈만 있으면 공연한다고 다 쓰는데 좋아할 사람이 누가 있겠어"라며 멋쩍은 듯 웃었습니다.

눈칫밥보다 100배 맛있다

빅시리즈 ⑪ 15년 밥보시 해온, 원각사 무료급식소

파고다공원 후문에 위치한 낡은 건물. 이 건물 2층에 자리한 '원각사 무료 급식소'. 이곳에선 15년 동안 휴일도 거르지 않고 매일 같이 어르신들에게 점심식사를 공짜로 대접하고 있다. 나이가 많건 직진 상관없이 누구에게나 열려 있는 공간이지만, 찾아오는 이들은 대부분 70-80대 노인들이다.

지난달 25일 오전 11시. 배식이 시작되려면 시간이나 남았지만 벌써 열댓 명의 노인들이 건물 주변에서 점심식사를 기다리고 있다. 이제는 익숙한 듯 누가 시키지 않아도 질서정연하게 파고다 공원 담장을 따라 줄을 서 있다.

그런데 그 줄에 '홍일점' 할머니 한 분이 섞여 있다. 파고다공원 일대에 노인들 대부분은 할아버지들인데 할머니라니. 거사에 외투를 걸친 어금례(72) 할머니. 할머니가 태어나서 자란 곳은 울산이라고 했다. 환갑을 갓 넘긴 10년 전 남편을 잃은 후 거처도 정하지 않고 무작정 서울로 올라왔단다. "그냥 여기저기 청소해주고 나서 돈 받고. 그런데 지금은 일이 없어. 교회에서 절에서 밥도 주고 가끔 돈도 쥐어 주고. 그런 데가 있어서 고맙지. 안 그래도 우리 같은 할마시(할머니)는 굶어 죽지." 할머니는 매일 하루에 7000~8000원 하는 찜질방에서 묵는다. 여벌의 겉옷이 없는 '단벌신사'라 목욕탕에서 가끔씩 옷을 빨아 입는다고 했다.

장기간 큰 아들은 여전히 울산에 살고 있다. 그런데 할머니가 10년째 객지에서 고생을 하는 이유는 불화. "아들네에 가끔 가긴 가. 가면 용돈도 20만원씩 받고. 근데 며느리는 자식이 아니라 남이니까 아무래도 있기가 눈치가 보이더라고…. 아(손자)가 둘 있어. 며느리가 가들 키우느라고 정신도 없고." 아침저녁으로 추운 날씨에는 얇은 외투 하나로 견뎌야 하는 할머니는 넘담하게 "시장서 내의는 하나 사 입을라고" 했다. 서울에 온 뒤 눈이 시큰하고 눈물이 자주 나는 병에 걸렸는데 연고를 써도 소용없단다. 비용이 많이 나올까 병원은 엄두도 못 내고 있다.

무료 급식소를 찾는 사람들은 대부분 할머니와 비슷한 처지다. 원각사 주지스님인 보리스님(67)은 "100명 중 70명은 형편이 어려운 노인들이고 나머지는 같이 밥을 먹을 친구를 찾아서 온 사람들"이라며 "공원에 다 자기와 비슷한 처지의 사람들이니까 심적으로 의지가 되고 대화 상대도 되기 때문에 온다"고 말했다. 보리스님은 처음 (1994)엔 파고다공원 안에서 어르신들에게 빵과 우유를 나눠주는 일을 시작했다가 1998년 2월부터 지금의 자리에서 무료 급식을 제공하고 있다. 평일에는 100~150명, 휴일에는 250~300명의 노인들이 점심식사를 하기 위해 이곳을 찾는다. 단순히 계산해도 일주일에 1000명~1350명의 끼니를 해결해 준 셈인데 연간으로 따지면 그 숫자가 어림잡아 5만~7만명에 이른다. 이걸 15년을 쉬지 않았으니 그간 넉넉잡아 백만명 분의 식사를 제공한 것이다. 이 인원을 한 줄로 촘촘히 세우면 서울에서 제주까지 닿을 수 있는 거리다. 또 하루에 보통 20kg짜리 쌀 15가마가 쓰인다고 하니 15년간 사용한 쌀의 양만도 8200여가마에 이른다.

원각사 무료 급식소는 정부의 지원 없이 종교·시민단체의 기부금과 자발적인 봉사활동으로 운영된다. 이곳을 처음

"남한테 피해 안주려 최대한 빨리 먹고 간다"
번호표 보니 평일 112명 휴일 334명
그동안 사용한 쌀 8200가마分

찾아간 건 지난달 25일. 이날은 '법화당' 소속 여성 불자 7명이 식사 준비와 배식, 설거지를 맡았다. 매달 넷째 주 금요일마다 봉사를 한 지 벌써 10년이 넘었다. 기자도 그 틈에 껴 밥을 걷었다. 정오가 되자 번호표를 지급받은 할아버지들이 하나둘씩 법당으로 들어왔다. 법당 입구에 놓인 상자 안에는 검정색 비닐봉지가 여러 개 있었는데, 이 봉지들의 용도는 어르신들의 '신발주머니'다. 불상을 모신 53㎡(16평) 크기의 법당에 세로로 긴 밥상 4개를 바닥에 놓으면 한 자리에서 총 32명이 식사를 할 수 있다. 그 후부터는 자리가 비면 한 명씩 채워 앉아야 한다.

이날 메뉴는 콩나물 비빔밥과 아욱국이 전부였지만 불평하는 사람은 아무도 없다. 할아버지들의 불편한 다리 탓에 이따금 배식이 지체됐지만 뒤에서 재근하는 목소리도 없다. 밥과 국을 퍼주는 자원봉사자들은 이곳 어르신들과는 가족처럼 살갑다. 가끔씩 할아버지들이 "밥 좀 더 담아줘"하면 "남기면 안 돼요"라고 으름장을 놓지만 티격태격 오가는 그 말에 정이 담겨 있다.

식사 도중에는 밥그릇에 숟가락이 부딪히는 소리만 날 뿐이었다. 그렇게 배식을 시작한 지 5분이 지났을까. 저쪽에서 벌써 식사를 마치고 일어나는 할아버지가 있다. 순간 "남한테 피해 안 주려고 최대한 빨리 먹고 나간다"던 한 자원봉사자의 말이 떠올랐다. 다 먹은 밥그릇과 국그릇을 겹쳐 내게 건네줬다. 그릇을 받고 "안녕히 가세요"라고 말하자 할아버지는 나지막이 "잘 먹었습니다"하며 허리를 급혀 인사를 했다.

그렇게 다 먹고 난 그릇의 설거지는 배식과 동시에 숨가쁘게 진행됐다. 설거지한 그릇은 급하게 물기만 말려 곧바로 다시 배식에 쓰였다. 자원봉사자 7명은 각자 맡은 역할에 따라 분주하게 몸을 움직였다. 커다란 밥솥 2개에 담긴 흰 쌀밥이 바닥을 보이자 배식을 받으려는 사람들의 발길도 뜸했다. 그렇게 한 시간여에 걸쳐 배식이 끝났다.

국을 담당했던 박종숙(가명·68)씨는 "예전에는 노숙인들도 많이 왔었는데 지금은 거의 없어. 요즘엔 옷차림 말끔한 할아버지들도 많이 있어. 집에서 혼자 밥 먹는 것보단 사람들이랑 모여 먹는 게 훨씬 낫다더라"고 말했다. 번호표를 나눠주던 처사(남자 불자)는 언제나처럼 하루에 몇 명이 다녀갔는지 달력에 표시를 했다. 이날은 '112'를 적었다. 그는 "날이 추워져서 그런지 최근에는 오는 사람이 좀 줄었다"고 말했다. 하지만 다른 급식소가 운영하지 않는 공휴일에는 이곳을 더 많이 찾는다고 한다. 지난 개천절에는 334명, 한글날에는 287명이 다녀갔다.

하지만 부엌일이면 둘째 가라면 서럽다는 자원봉사자들도 이젠 할머니가 됐다. 엄순옥(가명·67) 할머니는 "우리도 한 명 빼고는 다 60살 넘었어. 봉사하고 나면 여기저기 안 쑤신 데가 없어"라며 바닥에 앉았다. 뒤늦게 점심을 먹으며 "집에 가선 손자 보느라 골병이 들지만 나한테 폭 안기면 그렇게 예쁠 수가 없다"며 사는 이야기를 꺼내놓기도 한다. 또 다른 할머니는 수년간 지병을 앓던 딸을 먼저 보낸 얘기를 하다 기어이 눈물을 훔쳤다. 무료 급식소를 찾는 노인들도, 이곳에서 10년간 인연을 쌓았던 자원봉사자들도 그렇게 또 조금씩 나이를 먹어가고 있었다. 그러나 어느 누구도 '낡은' 건물에 '늙은' 이 급식소가 언제까지 연명할 수 있을지에 대해선 마음에만 품을 뿐, 입에 담지 않았다.

기획취재팀·김보경·주상돈·김민영 기자 bkk4779@

15일 서울 종로구 파고다 공원 북문에 위치한 원각사에서 어르신들이 비빔밥을 먹고 있다. 원각사 무료급식소 점심메뉴는 매일 비빔밥이다. 그래도 식사를 마친 어르신들은 맛있다는 인사를 잊지 않았다.
백소아 기자 sharp2046@

"주린 그분들 행복없이는, 원각사 존재 이유도 없죠"

1998년 설립, 공양 쌀 쌓아온 주지 보리스님 인터뷰

"당신은 우리의 희망입니다."

원각사 무료급식소 입구 간판에는 크진 않지만 정갈한 글씨체로 이같이 적혀 있다. 문구의 의미가 궁금해진 원각사 주지스님인 보리스님(67)에게 묻자 그는 "어르신들이 건강하고 행복하게 생을 마감할 수 있도록 존중하는 마음과 함께 그들이 없으면 원각사도 존재할 이유가 없다는 뜻을 담고 있다"고 답했다.

노인들을 위한 무료급식을 근 20년간 '업'으로 삼아온 그. 스님은 1994년부터 파고다공원 안에서 노인들에게 빵과 우유를 나눠주며 무료 배식을 시작했다. 이후 불자들의 한두 명씩 밥을 삶아 주기도 했다. IMF 경제위기로 수많은 퇴직자들이 거리로 쏟아졌던 1997년엔 조계종 사회복지재단의 위탁을 받아 소고기국과 찰밥을 하루 최대 1200여명에게 대접하기도 했단다. 이듬해 공원 성역화 사업으로 음식물 반입이 전면 금지되자 근처 건물 2층을 월세로 임차해 지금의 원각사 무료급식소를 세웠다.

무료급식은 정부의 지원을 받진 않지만, 오랜 기간 인연을 함께 한 30여개 불교·시민단체와 기업들이 자원봉사를 하는 덕분에 인건비는 전혀 들지 않는다. 스님은 "간혹 건강상의 문제로 봉사를 계속하지 못하는 분들도 생기지만 기존 봉사자들의 권유로 새 식구가 들어오기도 한다"고 전했다. 최근에는 한 신도가 나주 쌀 100가마를 선뜻 내놔 주위를 놀라게 했다고.

정원 32명인 작은 법당 안에서 1시간가량의 짧은 시간 동안 100명 이상이 점심을 먹을 수 있는 것도 어르신들이 서로를 '배려'하는 마음 덕분이다. 스님은 "사람이 많다 싶으면 어르신들 스스로 어느 때보다 얼른 식사를 마치고 자리를 비켜준다"고 말했다. 원각사는 몸과 마음이 피로한 어르신들의 휴식처이기도 하다. 추운 겨울철에는 밖에 있다가 따뜻한 법당 안으로 들어와 몸이 노곤해진 분들이 벽에 기대 잠시 눈을 붙였다가 일어나기도 한다.

최근에는 경제 사정도 나아지고 무료급식소도 여러 곳 생기면서 원각사에서 점심을 먹는 이가 전보다 줄었다. 하지만 스님은 "또 다시 경제가 어려워져 제2, 제3의 IMF가 오지 말라는 법이 없으니 건강이 받쳐준다면 죽을 때까지 이 일을 하고 싶다"면서 "한 끼 배고픔을 달래주는 것보다 더 좋은 일이 어디 있겠나"고 되물었다.

요즘 보리스님은 서울에서 경기도 포천까지 수시로 왕래한다. 포천에서 무료급식에 쓸 배추와 무를 재배하는 일에 푹 빠져 있기 때문이다. 곧 가을걷이를 할 계획인데 다가오는 겨울 어르신들에게 이 재료로 만든 친환경 김치를 내놓을 생각에 스님은 벌써부터 들떠 있다.

석간　　제6595호 (40면) 대표전화 02-2200-2114　　2013년 11월 19일 화요일 (음 10월 17일)

아시아경제

© Since 1988.8.10

www.asiae.co.kr

장중 1054.3원까지 내려가

원·달러 환율이 장초반 하락세를 보이면서 또다시 연저점에 다가서고 있다. 19일 오전 9시49분 현재 서울외환시장에서 원·달러 환율은 1056.0원을 기록했다. 지난 10월24일 기록한 장중 연저점은 1054.3원이었다.

전날 서울외환시장에서는 18거래일 만에 원·달러 환율이 다시 1050원대로 떨어졌다. 이날 원·달러 환율 종가는 전 거래일보다 5.5원 내린 1057.9원이다. 외환 당국의 고강도 개입이 있었던 10월24일을 제외하면 원·달러 환율이 1050원대에 진입한 건 18거래일 만이다.

원·달러 환율은 개장 직후 전일보다 1.4원 내린 1056.5원에 출발해 10시 전후 1056원 선을 오르내리는 중이다.

최근 달러화 약세의 가장 강력한 동력은 지난주 청문회 자리에서 나온 재닛 옐런 미 연방준비제도이사회(FRB) 차기 의장 지명자의 발언이다. 옐런 지명자는 "지금은 중앙은행의 역할 중 양적완화를 통한 경기부양이 급선무"라면서 당분간 돈살포 규모를 줄이지 않겠다고 공언했다. 이에 따라 20일(현지시간) 미국 연방공개시장위원회(FOMC) 의사록 공개를 앞두고 당국의 경계감도 고조되고 있다.

전승지 삼성선물 연구원은 "원·엔 환율 하락과 함께 원·달러 환율도 연저점에 다가서면서 당국의 개입 경계감이 높아지고 있다"며 "정부가 1050원을 강력한 방어선으로 지지하는 상황이어서 속도 조절이 있을 것"이라고 전망했다.

박연미 기자 change@

---

in 섹션

요동치는 헬기, 뭍가자 으악! / 30면 24

아시아경제

스마트폰에서도 보세요

QR코드를 찍으면 아시아경제 웹페이지에서 지면 보기 등 서비스를 받을 수 있습니다

朴, 국회로 공 넘겼는데

싸움판만
더 커졌다

與 국정위 개혁 특위 수용하자, 野 "특검까지" 목청

박근혜 대통령의 시정연설로 정국 정상화의 물꼬가 트였지만 실제 정상화되기까지는 여전히 넘어야 할 산이 많다. 박 대통령은 전일 시정연설에서 "야당이 제기한 문제를 여야가 합의하면 수용하겠다"는 입장을 밝혔다.

하지만 야야는 여전히 동상이몽이다. 새누리당은 야당의 국가정보원 개혁을 위한 국회 차원의 개혁특별위원회 구성 요구를 전격 수용했으나 민주당은 대선과 관련한 모든 의혹을 특검으로 다루자는 소위 '양특' 주장을 고수하고 있다.

국회가 19일부터 닷새간의 대정부질문에 들어가면서 여야 간 정쟁은 더욱 가열되고 있다. 최경환 새누리당 원내대표는 "야당의 요구가 정국을 정쟁의 소용돌이로 몰아가고 국민을 편가르기하고 있다"며 민주당의 특검 주장을 받아들일 의사가 없음을 분명히 했다. 그러나 김한길 민주당 대표는 의원총회에서 "특검과 특위는 선택이 아닌 필수"라며 "민주주의는 흥정의 대상일 수 없다"고 주장했다.

여야의 정쟁 속에 올해 예산안도 법정기일인 12월2일을 맞추지 못할 것이 확실시된다. 연내 예산안 처리마저 불투명하다.

여야는 한편으론 국정원 개혁 특위 구성을 위한 협상에 들어갔다. 여야 원내대표는 법안·예산안 처리는 국회 본연의 대치정국의 돌파구를 찾기 위해 머리를 맞댄다. 여야 간 협상은 이번 주가 고비가 될 전망이다. 감사원장 임명동의안과 관련해 법안critique가 사적 유용 의혹을 받고 있는 문형표 보건복지부 장관 후보자의 사퇴 여부도 여야 협상에 영향을 미칠 것으로 보인다. 민주당은 문 후보자가 사퇴하면 감사원장과 검찰총장 임명에 동의하겠다는 입장이다.

신율 명지대 교수는 "결산과 예산안 처리가 가장 시급하다"면서 "이를 위해서는 새누리당이 특검을 수용함으로써 오히려 주도권을 쥐고 법안·예산안을 처리할 수 있을 것"이라고 말했다.

조영주 기자 yicho@

▶관련기사 6면

구자원 LIG 회장이 자신과 가족이 보유하고 있는 LIG손해보험의 주식 전량을 매각한다.

LIG건설의 기업어음(CP) 투자자에 대한 피해보상금을 마련하기 위해서다.

구자원 회장

LIG의 모기업이자 핵심 계열사인 LIG손보가 사실상 매각 수순을 밟게 되는 것이다.

LIG는 19일 "LIG건설 CP 투자자들에 대한 피해보상금을 마련하기 위해 다양한 방법을 검토했다"며 "확실하고 신속한 자금조달을 위해 LIG손보의 지분 매각을 결정했다"고 밝혔다.

지분 매각이 이뤄지면 구 회장 일가는 지난 50여년간 경영해 온 LIG손보 경영에서 완전히 물러나게 된다.

구 회장은 지분 매각 발표 직전 임직원에게 보낸 메시지를 통해 "LIG손보는 저와 임직원의 피땀이 어려있는 만큼, 영원히 함께해야 한다는 간절한 마음이 있었다"며 "그러나 투자자 피해보상의 사회적 책임을 다하고 회사의 지속 성장을 위해서는 지분 매각이 최선의 방안이라는 결론에 이르게 됐다"고 밝혔다.

LIG는 올해 초부터 사재출연을 통해 피해보상금 730억원을 마련한 상태다. 또 지난 14일부터 CP 투자자 700여명 전원에 대해 피해보상금 1300억원을 지급하고 있다.

검찰 공소장에 기재된 전체 피해액 약 2100억원에 대한 보상은 올 연말께 마무리될 예정이라고 LIG는 설명했다.

LIG 관계자는 "문제의 원인이나 잘잘못을 떠나 CP 투자자를 비롯한 국민 여러분과 정부, 관계기관에 큰 심려를 끼쳐 드려 매우 송구스럽다"며 "대주주로서의 사회적 책임을 다하기 위해 핵심계열사 매각이라는 어려운 결정을 내린 만큼, 투자자의 아픔이 조금이라도 줄어들었으면 하는 바람"이라고 말했다.

고형광 기자 kohk0101@

나는 파고다 막걸리다

나는 막걸리다. 세상에서 가장 외롭고 거칠고 서늘한 손들이 매일 나를 찾아온다. 내 덕분에 이 동네 편의점은 전국 최고의 대박이라 자랑하는데, 그때 출은 눈물의 매출이고 고독의 출렁이다. 그분들은 나를 마신다지만, 어쩌면 내가 그분들을 마시는 건지도 모른다. 그들의 외로움과 거친 일상을 내가 마신다. 11월의 사나운 추위를 불콰한 기운으로 밀어내준다. 나는 그들의 입술에서 이 추운 사회의 텁텁하게 선 냄새를 맡는다. 종이 잔을 홀짝 털어넣느라 고개 든 그 눈에 보이는 하얀 낮달 같은 서러움을 함께 바라본다. 가끔은 내가 취해서 하얀 눈물을 뚝뚝 흘릴 때 술병을 쥔 이의 목청에선 옛 노래가 흘러나온다. '한 잔 술에 떠오른 얼굴, 두 잔 술에 지워버렸다.' 노랫가락에 흔들리는 술잔. 그 수면 위엔 주름진 얼굴조차 비치지 않지만, 어떤 낡은 꺼이꺼이 우는 소리 들린다. 당신이 파고다를 잊은 순간에도, 나는 그분들의 삶을 함께 마시며 잠시 아프게 출렁인다.

여상국 편집부장, 시인

News In Depth **그 섬, 파고다 ②** ▶기사 9면

뉴스의 속살

6년만에 돌아온 원조 다단계 주가조작꾼, 또다시 덜미잡혔다

1400억원 규모의 다단계 주가조작 범죄 '루보' 사건으로 세상을 떠들썩하게 했던 주가조작꾼이 출소 후에도 같은 수법을 되풀이하다 사법당국에 덜미를 잡혔다. 서울중앙지검 조세범죄합동수사부(단장 문찬석 부장검사)는 "매달 10% 이상 수익을 보장한다"며 다단계 방식으로 투자금을 끌어모아 시세조종에 나선 혐의(자본시장과금융투자업에관한 법률위반)로 김모(60)씨를 구속기소했다고 19일 밝혔다. 함수단 관계자는 "김씨는 1세대 주가조작꾼"이라며 "출소 후 같은 수법을 반복하다 또다시 적발돼 재판에 넘긴 것"이라고 설명했다.

김씨는 2007년 다단계 수법으로 1400억원의 자금을 동원해 루보 주가를 40배 가까이 끌어올리면서 120억원의 부당이득을 챙겼다가 징역 3년6개월, 벌금 10억원의 처벌을 받은 '화려한(?)' 전력의 소유자다. 루보 사건은 당시 구속 기소된 관련자가 11명에 달했고 주가조작에 활용된 차명계좌가 730여개에 이를 정도로 규모가 컸다. 이듬해인 2008년에는 이 주가조작에 관련됐던 2개 증권사 영업지점이 영업정지를 당하고 3개 증권사가 기관주의 조치를 받았을 정도로 후폭풍도 적지 않았다.

2011년 4월 출소한 김씨는 투자자문업자로 명패를 내걸고 또다시 다단계 투자자를 끌어모았다. 김씨는 "지금과 계좌를 넘기면 매달 정산해서 10% 이상 수익을 올리게 해주겠다"며 주변 사람들을 꾀었다. 때마침 기업사냥꾼이 걸려들었다. 지금은 상장폐지된 코스피 상장사 케이비물산의 최대주주 등 공범 3명은 이 사채를 끌어다 회사 경영권과 지분을 사들인 뒤 사채 갚을 생각에 골머리를 앓았다.

김씨는 이들과 손을 잡고 다단계 투자자를 끌어모아 차명계좌 107개를 확보한 뒤 케이비물산 주가를 조작하기로 마음먹었다. 2011년 7월 1225원에 불과했던 케이비물산 주가는 두 달여 만에 3배 가까이 뛰었고 이들은 부당이득액 32억원을 챙겼다.

하지만 김씨는 여기서 멈추지 않았다. 자기 몫으로 온전히 챙긴 건 5억원에 불과했기 때문이다. 같은 해 10~11월 김씨는 코스닥 상장사 F사 주식에 손을 댔지만 이번엔 주식 팔 타이밍을 놓쳐 오히려 1억1500만원을 날렸다.

김씨를 비롯해 다단계 고객들의 원성이 극에 달할 즈음 김씨의 행각도 금융당국의 꼬리를 잡혔다. 금융감독원이 업소한 제보를 토대로 검찰 수사에 나선 검찰은 지난 14일 김씨를 구속기소했다.

정재우·정준영 기자 jw@

1400억원 규모 '루보'사건 주범, 출소 2년만에 같은 수법으로 적발

준비됐나요, 女力

여성리더스 포럼 내달 4일

대한민국 여성 리더십의 예너지를 응축한 '제2회 아시아 여성 리더스 포럼'이 다음 달 4일 화려한 막을 올립니다. 삼성그룹 최고 여성 전문경영인인 이영희 삼성전자 부사장의 기조연설로 시작되는 이번 포럼은 W리더십, 세상의 중심에 서다: First in Line'을 주제로 여성 파워의 행복한 전염성을 공유할 것입니다. 양윤선 메디포스트 대표, 이상형 퍼션디자이너(㈜이상봉 대표), 장미란 청년특별위원회 위원, 장윤주 모델 등의 볼꽃 튀는 강연도 관전 포인트입니다. 조윤선 여성가족부 장관과 박원순 서울시장, 김태호 MBC 무한도전 PD의 특별 강연은 또 다른 즐거움을 선사할 것입니다. 정계, 학계, 업계, NGO 등 다양한 분야의 여성 리더 22인 멘토들도 아시아 여성 리더스 포럼과 함께합니다. 이들은 이날 포럼에 참석한 후배 여성들과 한자리에 앉아 성공 DNA를 모두 전수해 드립니다. 미래 사회를 이끌 여성 리더를 키우기 위한 축제의 장인 아시아 여성 리더스 포럼에 여러분을 초대합니다.

△일시 : 2013년 12월4일(수) 09:00~15:00 △연사 : 조윤선 여성가족부 장관, 박용만 대한상공회의소 회장, 강은희 국회의원, 박원순 서울시장, 이은정 여성벤처협회 회장, 박서영 월드미스유니버시티세계조직위원회 위원장, 이영희 삼성전자 부사장, 양윤선 메디포스트 대표, 이상봉 ㈜이상봉 대표, 권선주 IBK기업은행 부행장, 윤선주 EF코리아 지사장, 임수경 KT 전무, 최달 심임회계법인 상무, 김태호 MBC 무한토전 PD, 장미란 체육특별위원회 위원(前 역도국가대표), 장윤주 모델 △장소 : 서울 소공동 롯데호텔 크리스탈블룸 △주최 : 아시아경제신문사 △후원 : 기획재정부·산업통상자원부·여성가족부·고용노동부·전국경제인연합회·대한상공회의소 △참가비 : 일반 7만원, 학생 3만원(오찬 및 기념품 제공) △문의 : 아시아 여성 리더스 포럼 사무국(E-mail : sansoya@gmail.com, T : 070-7732-6285)

▶행사 프로그램 4면
관련기사 16면

캬아! 이거 한병이면 다 잊어 … '1100원 塔酒공화국'

(탑골막걸리)

탑골 편의점 3곳 막걸리 매출, 딴곳의 5배
주차된 車뒤에 신문지 깔고 술자리

주머니에 녹색 소주병을 꽂고 지나가는 할아버지. 유료주차장 근처에 삼삼오오 모여 앉아 안주도 없이 술을 들이키는 노인들. 파고다공원 인근의 흔한 풍경이다. 술로 세월을 낚는 분들이려니 싶다가 문득 실상이 궁금해 근처 편의점을 들렀다. "가장 잘 팔리는 거요? 술이죠." 질문하기 무섭게 대답이 돌아왔다. 따져 생각하고 말고 할게 없단다. 무조건 술이란다.

파고다공원 일대에 가장 많은 점포가 있는 편의점은 세븐일레븐. 이 편의점은 공원에서 종로3가역까지 3군데의 요지를 차지하고 있다. 그외 CU가 두 곳, GS25와 미니스톱이 각각 1개씩이다. 우리는 세븐일레븐 본사에 협조를 요청했다.

역시나 이곳 편의점들은 전국에 있는 다른 점포에 비해서 주류 매출이 월등히 높았다. 특히, 막걸리 매출이 타 점포에 비해 5배가량 더 많았다. 올 1~9월 파고다공원 인근 세븐일레븐 점포 세 곳의 매출을 분석해보니, 이곳에서 팔린 막걸리 매출이 전국 평균보다 490.5% 많았다. 매주도 479.5% 더 팔렸고 소주도 3배 가까이(272.3%) 더 나갔다. 전체 매출에서 주류가 차지하는 비중도 전국 점포의 평균이 6%인데 비해 파고다공원 인근 점포들은 10.7%로 4.7%포인트 높았다. 이와 함께 술의 보완재(?)라고 할 수 있는 일회용 종이컵, 나무젓가락 매출도 각각 38.8%, 27.9% 더 높았다. 할아버지들의 '술 사랑'이 여지없이 숫자로 나타난 것인데 어르신들이 즐겨 먹지 않는 삼각김밥이나 햄버거의 경우, 전국 매장의 평균 매출보다 각각 3.4%, 22.1% 더 빠지는 것으로 나와 극명한 대비를 보였다.

이 일대 한 편의점에서 3년째 일하고 있는 김모(32) 점장은 술을 사는 할아버지 손님의 얼굴을 대부분 기억한다. 그도 그럴 것이 하루에 적어도 세 번은 매일같이 드나들기 때문이다. "아침부터 한 병, 두 병씩 사가시는데 하루에 보통 4병 이상은 드시는 것 같아요."

할아버지들이 편의점을 찾은 이유는 두말할 것도 없이 저렴한 가격 때문. 인근 식당에선 소주·막걸리가 한 병에 2000원, 잔술로 파는 막걸리도 1000원이다. 이것도 아주 비싼 편은 아니지만 식당에서 반주로 곁들일 것이라면 모를까 '애주가 할아버지'에겐 인근 편의점에서 사 마시는 게 훨씬 경제적인 것이다.

파고다공원 주변에 있는 다른 편의점의 상황도 마찬가지다. 공원 인근 '수표로 22길'에 위치한 한 편의점의 점주는 "할아버지들이 언제 술을 사러 오냐"는 물음에 "아휴 오전이든 오후든 대중 없죠"라고 잘라 말한다. 아침부터 이어진 술 손님은 해가 지면 절정을 이룬다고 한다. "안주 없이 소주만 달랑 사가는 경우가 많아요. 가끔 할머니랑 손잡고 오는 할아버지들은 과자도 사시고요." 술을 사면서 마땅히 마실 곳이 없는 할아버지들은 편의점에서 술을 마시기도 한단다. 이 탓에 한 편의점 안에는 '여기서 술 드시면 안돼요'라고 아예 붙여 놓기도 했다. "편의점 안에서 못 드시게 하니까 길가에 앉아 드시거나 근처 식당이나 포장마차에서 몰래몰래 드시는 것 같더라고요."

편의점보다 조금 더 싸게 술을 사려는 할아버지들은 파고다공원 동문 쪽에 있는 할인마트를 찾는다. 이곳은 인근 편의점(소주·막걸리 평균 1300원)보다 100~200원 싸다. 이 가게에서만 소주와 막걸리가 하루에 평균 80병씩 나간다고 한다. 주말에는 100병 이상씩 팔리기도 한다. 그래서 주인은 소주와 막걸리로 채운 '술 냉장고'를 아예 입구에 배치했다.

할인마트 한 곳에서만 팔리는 막걸리는 파고다공원 인근 식당 전체에서 팔리는 막걸리의 절반에 육박한다. 낙원동과 돈의동, 묘동, 봉익동 등에 위치한 200여개의 식당에 막걸리를 납품하고 있는 ○○막걸리 종로대리

지난 15일 김 할아버지가 낙원동 상가 주차장에 소박한 술상을 차렸다. 이날의 안주는 인근 교회서 나눠준 빵과 순댓국밥집에서 얻은 오도독뼈가 전부였다. 백소아 기자 sharp2046@

점에 따르면 이들 식당에서 하루 평균 소비되는 막걸리는 2000통. 하루 종일 골목골목을 누비며 막걸리를 배달하는 유봉복(62) 사장은 거의 매일 길에서 술을 드시는 할아버지들을 본다고 한다. "사람들 눈 피해서 길가 곳곳에 자리를 잡고 있다. 식당에 막걸리 납품하는 입장에서 할아버지들이 식당에서 드시며 좋겠지만 별 수 없다. 할아버지들 주머니 사정 뻔히 아는데."

지난달 29일 오후 1시쯤. 마트로 들어선 김모(77·서울 용두동) 할아버지. 능숙하게 냉장고에서 소주 1병을 꺼내 1000원짜리 한 장과 200원을 건넨다. 값을 꿰고 있으니 잔돈까지 맞춘 것이다. 마트를 나서며 김 할아버지는 검은색 점퍼 오른쪽 주머니로 소주를 넣는다. 오늘만 벌써 두 번째란다. 할아버지를 따라 5분여를 걸어 파고다공원 근처 한 과일가게 앞에 도착했다. 김 할아버지는 "가자고"라고 말하며 기다리고 있던 친구에게 손짓을 하는 낙원상가 지하상가 입구에 자리를 잡는다. 녹녹해진 종이컵에 소주를 한가득 따르고는 "자 한잔"이라며 친구에게 먼저 권한다. 그 사이 김 할아버지는 순댓국밥집에서 살이 조금 붙어 있는 오도독뼈 두 개를 손에 집어왔다.

길가에서 술을 마시는 이유를 묻자 김 할아버지는 "슈퍼에 사면 1200원인데 식당가면 두 배야 두 배"라고 말하곤 종이컵에 가득 담긴 소주를 들이킨다. "형편에 따라 먹는 거지. 돈 있으면 근사하게 음식점 가서 먹고, 돈 없으면 여기서 먹고." 10분이 채 지나지 않았는데 소주병이 비었다.

오도독뼈를 손으로 집어가는 김 할아버지를 싫을 만도 한데 식당 주인은 오히려 "뜨거운데 좀 싫으가 저기요"라며 김 할아버지를 걱정한다. 지난 수년간 거의 매일 얼굴을 익혀 미운정 고운정이 들었다고 한다. "저 할아버지 몇 병이나 마시냐고 한 번에 딱 한병씩 사다가 마시는데 4병을 마실 때도 있고 6병을 마실 때도 있고. 종이컵 하나를 계속 쓰니 종이컵이 남아나나. 다 효율효율해지지"

좀 벗어난 종묘공원의 풍경도 다를 바 없다. 종묘 서쪽 돌담길과 공영주차장 사이 후미진 곳, 삼삼오오 바닥에 앉아 술을 마시는 할아버지들을 자주 볼 수 있는 장소다. 주차된 차가 사람들의 시선을 막아 눈에 잘 띄지 않기 때문이다. 오후 2시께 이곳에서 할아버지 3명이 막걸리를 마시고 있었다. 신문지를 깐 바닥위에 놓인 막걸리 3통 중 2통은 이미 바닥을 드러낸 채 비어 있었다. 이날은 최모(75) 할아버지가 술과 과자를 샀다. 막걸리 3통에 3000원, 과자 1000원, 종이컵은 인심 좋은 가게 주인이 공짜로 줬단다. "지나다니는 사람도 없으니 눈치 볼 것도 없고 가을볕 맞으면서 한잔하면 얼마나 좋은데."

기획취재팀=주상돈·김보경·김민영 기자 don@

배호·이미자·패티김 LP판 빼곡히 꽂힌 부스에선 70년대가 살아있었다

서울시·하나은행 후원으로 정식 개관 … 저렴한 가격·맞춤형 멘트에 어르신들 발길 줄이어

"팻 면로의 '워크 어웨이'. 가을에 듣기 참 좋은 노래죠. 신청하신 분 누구시죠?"

음악카페 DJ의 부드럽고 중후한 목소리가 울려 퍼졌다. 회색 베레모를 쓴 할아버지가 슬며시 손을 들자 DJ는 "멋쟁이시네. 모자를 쓰신 분들이 원래 멋져요. 내가 모자 썼다고는 말 못하지만요"라며 재치있는 멘트로 웃음을 자아낸다.

서울 낙원동에는 이렇게 1970년대 음악다방을 그대로 옮겨 놓은 듯한 '추억더하기' 카페가 있다. 그 시대 청춘의 상징이었던 배우 오드리 헵번의 얼굴이 커다랗게 가게 외벽을 장식하고 있다. 명찰에 '청춘식'이라고 적힌 옛날식 교복을 입은 할아버지의 안내에 따라 카페에 들어서자 음악DJ가 틀어주는 감미로운 올드팝이 돌렸다.

'추억더하기'는 원래 낙원상가 4층의 실버영화관에서 소규모로 운영되다가, 서울시와 하나은행의 후원을 받아 지난 5월 정식으로 문을 열었다. 양은 도시락 등 식사는 3000원, 커피 등 차 종류는 2000원으로 저렴한 가격. 무엇보다 듣고 싶은 음악을 마음껏 DJ에게 신청할 수 있는 '음악 감상실'이라는 점이 인기를 끄는 요인이다.

이곳의 음악DJ 장민욱(58)씨가 앉아있는 작은 룸 안에는 2700여장의 LP판이 벽장을 가득 매우고 있다. 곱슬머리를 길게 기른 그는 1976년 영등포에서 음악DJ 생활을 시작해 노량진, 가리봉동 등을 거쳐 4년전 낙원동에 터를 잡았다고 자신을 소개했다.

쉴 새 없이 LP판이 돌아가는 턴테이블 옆에는 신청곡이 적힌 메모지가 여러 장 포개져 있었다. 장씨는 "신청곡의 70%는 어르신들이 20, 30대 때 들었던 추억의 팝송이고 그 외에는 배호, 이미자, 패티김 등 국내 유명가수가 부른 가요"라며 "정통 트로트 음악을 찾는 분은 거의 없다. 젊은 시절을 회상하며 그 시절 노래를 다시 들었을 때 더 절절하고 감동도 크기 때문"이라고 말했다.

그는 어르신들이 관심 가질만한 기사를 일일이 스크랩해 멘트에 활용하고 있었다. 이날은 조용필, 구봉서, 패티김 등 연예인들의 은관문화훈장 수상 보도와 노인 무임승차 축소 논란에 대한 기사를 소개해 손님들과 공유했다. 그가 장수 DJ로 사랑받는 비결인 듯했다. 이러한 노력 덕분인지 어르신들 중에는 직접 지은 시나 사연을 보내 낭독을 부탁하는 '적극 참여형'도 많다고 전했다.

테이블 15개의 작은 가게 안에는 10여명의 손님들이 자리를 채우고 있었다. 친구와 대화 삼매경에 빠져 있거나, 신청곡을 적는 데 열중하는 할아버지, 학창시절 '미팅' 느낌을 내는 듯한 노년의 무리까지 그 모습도 다양했다. '추억더하기'의 김대영(37) 실장은 "날이 쌀쌀해지니 마땅히 갈 곳이 없는 어르신들이 많이 찾는다"며 "장사한다고 보면 안 된다. 어르신들에게 쉴 공간을 만들어주기 위한 취지"라고 말했다.

손님뿐만 아니라 홀 서빙을 맡은 4명의 직원들도 모두 65세 이상 노인들이었다. 교복 명찰에 적힌 대로 자신을 '청춘식'이라고 불러달라는 할아버지(73)는 "우리처럼 퇴직한 사람들은 집에서 시간 때우는 게 전부잖아. 이렇게 같은 또래끼리 얘기 나누고 일까지 할 수 있어서 좋지"라고 말했다. "일하기 힘에 부치진 않으세요"라는 질문에 돌아온 할아버지의 답. "힘닿는 데까지 하는 거지, 뭐. 즐거워야 하지 아니면 못해."

기획취재팀=주상돈·김보경·김민영 기자 don@

서울 종로구 파고다공원 북문 근처에 커피자판기 주변으로 어르신들이 몰려 계신다. 100원짜리 동전 2개에 마음까지 따뜻해지는 커피를 마실 수 있다.　백소아 기자 sharp2046@

한잔 200원 … '탑골 노천카페'에도 바리스타가 있다

"어디라고? 자판기 앞에 있어. 어여 와."

옅은 갈색 바바리코트에 노란색 꽃무늬 넥타이를 맨 할아버지가 커피 자판기로 걸음을 옮기며 전화를 끊습니다. 코트 상의에서 1000원짜리 지폐 한 장을 꺼낸 박동석(75·서울 상도동) 할아버지는 '보통 진한 커피' 한 잔을 뽑고는 잔돈 800원을 챙깁니다. "그냥 자판기 앞이라고 하면 다 알아. 우리들만의 신호지." 5분이나 지났을까. 장모 할아버지가 도착합니다. 박 할아버지의 친구입니다. 박 할아버지는 인사 대신 "뭐 마실 텨?"라며 장 할아버지를 자판기 앞으로 잡아끕니다.

파고다공원 뒤편 상가 입구에 자리를 잡은 자판기 앞. 이곳은 바로 공원을 찾는 할아버지들의 '사랑방'을 하는 곳입니다. 자판기 주인이 제공했다는 이동식 플라스틱 간이 의자를 가지고 공원 밖 담장 아래에 줄지어 앉아 있는 모습이 흡사 '노천카페'를 연상케 합니다.

지난달 21일 오후 1시 자판기 앞에는 30여명의 할아버지들이 모여 있습니다. 먼저 온 20여명은 운동화 옆에 있는 간이 의자를 지켰군요. 자리를 찾지 못한 10여명은 자판기 근처에 들어와 그대로 선 채로 커피를 마십니다. 박 할아버지는 "다방에 가면 적어도 2500원씩 넷이면 만원인데 그 것을 애 해"라며 자판기 커피 예찬론을 펼칩니다. "여기선 200원이면 돼. 의자도 있고 다 비슷해 보이지만 맛이 다 달라. 달고 진하게 먹고 싶으면 파란색 먹지." 고만고만해 보이는 커피 자판기마다 독특한 맛이 있다는 것입니다.

이곳에는 커피 자판기 3대가 나란히 놓여있습니다. '보통 진한 커피'와 '약간 손 커피'라는 표시가 있는 자판기는 커피 전용입니다. 생강차와 마차를 마시고 싶으면 땐 오른쪽 자판기를 이용하면 된다는군요. 미묘한 커피 맛의 차

이는 먹어본 사람만 안다는 것이 '길거리 다방'을 찾는 어르신들의 한결같은 설명입니다. 이 자판기의 커피 값은 모두 200원. 300원인 생강차는 여기선 가장 고가입니다.

커피 값은 2년전에 100원에서 200원으로 올랐다는데요. 커피 값을 올리고 할아버지들의 원성이 대단했다고 합니다. 지난 10년 동안 500g짜리 커피 한 봉지가 7800원으로, 종이컵 한 박스가 1만8000원으로 두 배가량 오른 속사정이 있지만 어르신들 입장에선 하루아침에 커피 값이 두 배나 뛰었으니 노여워 할 만도 합니다. 매일 3·4잔의 커피를 마시는 박 할아버지도 이때는 커피를 딱 끊었었다고 합니다. 가격 인상에 대한 일종의 '불매운동'이었던 셈이죠. "내가 그때 '이 커피 다시는 안 먹는다'며 주인한테 욕도 많이 했어. 근데 여기만큼 맛있는 데가 없더라고. 부지런히 청소도 잘 하고." 그렇게 '자판기 커피 불매운동'은 그 탁월한 맛과 최상의 서비스 때문에 무위로 끝났다고 합니다.

자판기를 찾는 할아버지들을 대상으로 한 통세시장도 있습니다. 중고 손목시계와 목걸

보통·약간 쓴맛도 자판기마다 맛 달라 … 플라스틱 의자 20석은 언제나 만석

자판기 근처에 놓인 플라스틱 의자에는 락카가 어지럽게 칠해져 있습니다. 자판기 주인이 할아버지들을 위해 놓아둔 의자가 처음에는 30개가 넘었는데 점점 사라지는 통에 임시방편으로 락카로 표시를 해뒀다는군요. 20개 남짓한 의자는 늘 만석입니다. 자리를 잠시만 비워도 다른 사람에게 뺏기기 십상입니다. 이 때문에 의자를 차지하기 위한 할아버지들의 눈치싸움도 치열합니다. 의자에 앉아 있던 검은색 점장을 차려입은 할 할아버지가 일어서

이, 벨트 등을 파는 좌판이 열리기도 하고 고량주 130㎖를 담아 포장한 중국산 잔술을 1000원에 팔기도 합니다. "밥 먹고 한잔하면 얼마나 좋아. 소화제가 따로 없어. 주머니에 넣으면 쏙 들어가." 고량주 잔술을 파는 아저씨는 이렇게 자랑을 늘어놓습니다. 이 아저씨는 할아버지들에게 인기 있는 '효도 MP3'도 말만하면 싸게 구해다 준다고 하네요.

수십명의 할아버지들이 자판기 앞을 오가는 사이 30여분 전 치운 쓰레기통이 다시 종이컵으로 가득 찼습니다. 자판기 3대에서 팔리는 커피는 하루 평균 700여잔. 들어서는 쓰레기통에 종이컵이 가득 쌓이는 이유입니다. 시어머니 때부터 15년째 이 자판기를 운영하고 있다는 고한순(60)씨는 "으휴. 청소 안하면 여기 맡도 못해요"라며 부지런히 손을 움직입니다. 고씨가 쓰레기통을 비우는 중에도 고씨를 알아본 할아버지들이 여기저기서 아는 척을 합니다. 한 할아버지가 아무 말없이 200원을 내밀자 고씨가 알아서 '보통 진한 커피' 한 잔을 뽑

아 줍니다. 고씨는 "마음은 한 잔씩 다 드리고 싶지만 그러진 못하고 대신 커피 한 잔 잡수시면서 잠시라도 앉아서 쉬라고 의자를 놨죠"라며 "여기가 어르신들의 노천카페"라고 자랑합니다.

파고다 공원 골목길에 노천카페 격인 자판기가 있다면 한 블록 지나 종묘공원 인근에는 '커피 할머니'가 있습니다. 이곳은 커피 한잔에 500원. 자판기 커피보다 곱절 이상 비싸지만 혼자 공원을 찾는 할아버지들이 자주 찾습니다. 보통 10여년 단골이다 보니 커피가 몇 숟가락, 설탕이 몇 숟가락인 지 일일이 말할 필요가 없다고 하네요. 커피 할머니는 정말 "커피 한 잔 줘"라고 말하는 한 할아버지에게 능숙하게 개인별 맞춤 커피를 타줍니다. "내가 이 커피만 10년째야. 기계가 사람보다 나을 수 있나. 300원 비싸도 사람이 타주는 커피가 맛있지." 커피 할머니가 자랑을 늘어놓습니다. 점심식사 후 종묘공원의 많은 할아버지들이 자판기 대신 '커피 할머니'를 찾는 이유가 있는 듯 합니다.

종묘공원 인근에 커피 할머니는 대여섯 명입니다. 공원 안에서는 상행위가 금지돼는 탓에 공원 주변에 자리를 잡고 커피와 율무차, 유자차 등을 팔고 있습니다. 한 커피 할머니는 혹시나 단속에 걸릴까봐 보온통과 커피통 등을 검은 비닐봉지로 싸놓기도 했습니다. 물론은 화단 사이에 숨겨 놓는 '기지'도 발휘한다는군요. 이곳은 종종 버팀도 합니다. 찾는 할아버지가 없을 땐 공원을 한 바퀴 돌며 여기저기에 버려진 종이컵을 수거합니다. 이때 운이 좋으면 커피 주문도 받는다죠. 이날도 공원 곳곳에 장기판을 두면, 이야기를 나누면, 홀로 앉아 있던 할아버지들이 "여기 커피"를 외칩니다.　기획취재팀=주상돈·김보경·김민영 기자 don@

'대인춘풍 천객만래' 인기만점 슈샤인 할아버지

20년 경력의 82세 구두닦이

파고다공원 주변에는 '노천카페' 말고도 몇 겅이 할아버지들로 북적이는 곳이 또 있습니다. 바로 길거리 구두방'인데요. 할아버지들이 많이 지나다니는 종로3가 지하철역 4번 출구 앞이라는 요지에 입지한 때문일까요. 변변한 간판도 없는 길거리 구두방이지만 이곳에 손님이 끊이지 않습니다.

20년 경력의 베테랑 구두닦이 경모(서울 면목동) 할아버지가 이곳에서 영업을 합니다. 이 할아버지의 연세는 우리나이로 무려 여든둘. 1932년생이지만 아직 정정하신 '현역'으로 뛰고 계십니다. 할아버지는 지난 2006년부터 이곳에 자리를 잡았대요. 보통 아침 8시에 나와 오후 6시면 일을 마친답니다.

비나 눈이 오는 날을 제외하곤 매일 같은 자리에 구두방을 엽니다. 보통 하루에 찾는 손님이 60여명에 달한다고 하니 한가할 틈이 없을 듯합니다. 인테리어는 플라스틱 우유박스 엎어두고 그 위에 깔고 앉은 앉은뱅이 의자 하나와 손님용 플라스틱 의자 2개가 전부입니다. 연장도 단출합니다. 김은색 구두약과 구두솔. 물론은 '구두광'용이고 플라스틱 통에 담긴 보조금과 못은 '구두징'용입니다.

'구두광택 1000원, 구두징 1000원'은 이 구둣방의 정찰가입니다. 할아버지는 흰 포대에 매직으로 꾹꾹 눌러 쓴 이 가격표를 등에 매달아 홍보용으로 활용하시는데요. 그 가격표 아래 '대인춘풍 천객만래(待人春風 千客萬來)'라고 한자와 함께 써 놓은 글씨에는 할아버지의 영업비밀이 담겨 있는 듯 합니다.

'사람을 봄바람처럼 따뜻하게 대하면 천명의 손님이 만번이라도 찾아온다'니 그 글귀에서 장인(匠人)의 풍모마저 느껴집니다.

두 번째 이 구두방을 찾은 지난 5일 오후에도 할아버지의 손길이 분주합니다. 정 할아버지는 현란한 손기술을 늘리는게 싫다며 구두 네 켤레를 10여분 만에 반짝반짝 윤이 나는 새 신발로 변신시켜 놓습니다. 한 손님이 "잘 지내셨소"라는 인사를 하는데 말씀이 구두만 내밉니다. 구두닦이 정 할아버지는 구두를 한 번 뒤집어 보고는 손에 구두약을 묻힙니다. "뭘 하러 왔는지 딱 보면 알지. 이 아저씨는 징을 간지 얼마 안 됐어."

의자가 비키 무섭게 또 손님이 왔습니다. 김은석 정장을 입은 김(70·서울 봉천동) 할아버지는 "나 구두징 갈아주소"라며 구두를

벗어 줍니다. "괜찮아. 그냥 신어. 아직 한 달은 더 신겠구만. 1000원이라도 아껴야지." 손님 할아버지의 주머니 사정까지 배려하는, 그래서 '천객만래'하는 정 할아버지의 영업철학이 그대로 드러나는 말입니다.

얼마 전까지만 해도 파고다공원 인근에는 세 명의 구두닦이 할아버지가 있었답니다. 그런데 공원 동문 앞에서 구두를 닦던 할아버지가 두 달 전부터 나오지 못하면서 이제는 종로3가 4번 출구 앞에 정 할아버지를 포함해 구두닦이 할아버지 2명만 남았다는군요. "여기가 꼭 구두를 닦았는데 이 사람이 아프다고 한두 달 전부터 안 나오더라고. 나보다 젊은 사람이 벌써부터 녜 이상이 생기면 어쩐데…" 동문을 지키던 할아버지는 한동안 자리를 떠나지 못합니다.

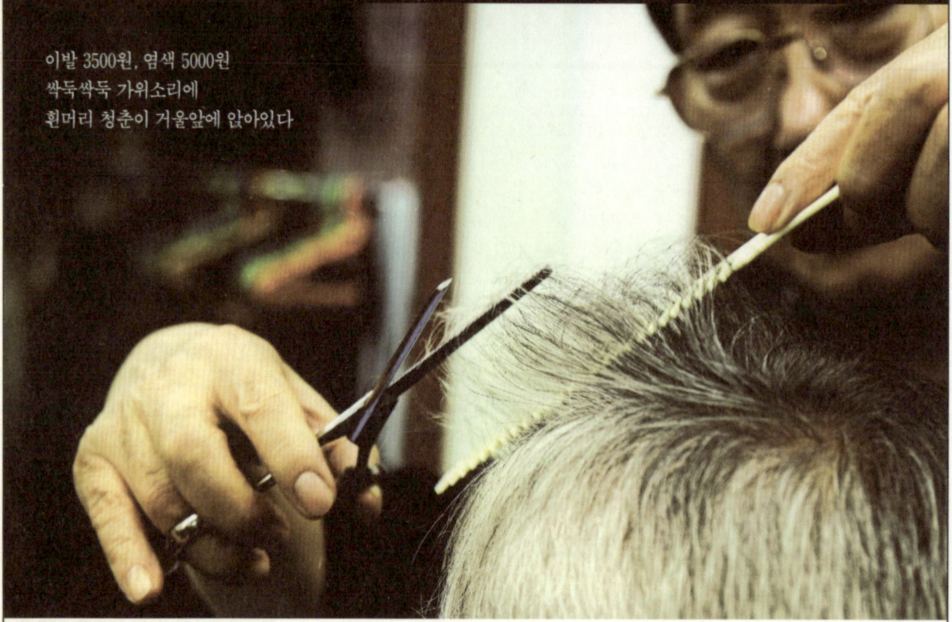

지난 15일 서울 종로구 파고다공원 동문 근처 한 이발소에서 한 어르신이 이발을 하고 있다. 백소아 기자 sharp2046@

"갈 때 가더라도 깨끗하게 가려고"…마음을 깎는다

빅시리즈 14 낙원동 '가위손' 이발소 14곳 단골손님들 이야기

지난달 30일 오후 1시. 파고다공원 뒤편에 있는 이발소 장수이용원에 들어서자 '윙~ 윙~' 바리캉 소리와 '싹둑싹둑' 가위질 소리가 요란합니다. 네 개의 이발 의자엔 이미 할아버지 손님들이 첫날밤 새색시마냥 얌전히 앉아있습니다. "할아버지, 밀어 드릴까요? 감겨 드릴까요?" "…" 말이 없습니다. 귀가 어두우신 거네요. 이발사가 좀 더 큰 목소리로 다시 묻자 김(95) 할아버지가 그제야 "안 감아"라고 힘없이 대답하십니다. 이발사가 가운을 걷어내자 김 할아버지는 거울을 가만히 들여다 봅니다. 위태로운 걸음걸이로 이발소를 나서는 김 할아버지에게 "할아버지 아흔이 넘으셨는데 여기까지 이발하러 나오기 힘들지 않으세요?"라고 묻자 "응? 응? 뭐라고? 안 들려"라고 되물으십니다. "할.아.버.지. 이.발. 왜. 하시.냐고.요?" 한 글자 한 글자 끊어 묻자 할아버지가 한 마디 툭 던지시네요. "응…. 갈 때 가더라도 깨끗하게 하고 가려고."

파고다공원 주변에서 빼놓을 수 없는 것이 이발소 이야기입니다. 공원을 중심으로 이발소들이 다닥다닥 몰려 있습니다. 서울시 종로구청 보건위생과에 따르면 낙원동 일대 이발소는 14개에 달합니다. 시중에선 찾기 힘든, 그래서 보는 눈을 의심하게 만드는 이발 가격이 눈길을 잡아끕니다. 이발소 특유의 사인볼이 빙빙 돌아가는 가게 앞에는 하나같이 '이발 3500원, 염색 5000원'이라고 쓴 가격표가 나붙어 있습니다. 이 '착한 가격' 때문에 주머니 사정이 여의치 않은 어르신들이 지하철을 갈아타는 수고를 마다않고 낙원동 일대 이발소를 찾는 것이죠. 어지간한 동네에선 배춧잎 한 장(1만원)은 너끈히 지불해야 하니 그에 비하면 이곳 이발소들의 가격은 가히 파격적입니다. 좁은 동네에 이발소가 이렇게 넘치는데 장사가 될까요. 그래도 아직까진 가게마다 손님이 있는 편이랍니다. 이 일대 이발소 식구들에 따르면 이발소마다 하루 평균 60~70명이 이발을 하고 염색을 하는 손님도 50~60명이라니 '박리다매'의 효과를 톡톡히 보는 셈입니다.

이 일대를 '탐방'하다 보면 자연스럽게 미소를 짓게 하는 한 장면이 있습니다. 바로 머리에 염색약을 바르고 이마에는 비닐물을 두른 할아버지들이 이발소 앞 의자에 나란히 앉아 있는 모습이죠. "내일 아파트 경비 면접 보러 오라고 해서 염색했어. 좀 젊어 보이나 몰라." 노태흥(73·서울 금호동) 할아버지는 물기를 머금은 앞머리를 톡톡 털었습니다. 노 할아버지는 한 달에 한 번은 꼭 염색을 한다네요. 아내가 흰머리를 두고서 잔소리를 퍼붓기도 하지만 깔끔하게 안 하고 다니면 바깥에서 무시당하기 십상이라는 생각에서죠. 할아버지는 파크이용원 단골입니다. "우리같이 돈도 팍팍 못 쓰고 돈도 잘 못버는 사람들이 자주 오지. 여긴 이발비가 싸니깐. 나이 잡순 분들이 많이 와." 노 할아버지가 염색을 하기 시작한 건 마흔세 살 때부터랍니다. 젊은 시절 르네상스호텔 나이트클럽에서 12년을 근무했다는데 노 할아버지의 염색 '입문' 계기가 이채롭습니다. "나이트클럽에 젊은 사람들이 많이 왔다갔다 하잖아. 머리 희끗희끗하면 보기 싫을까봐. 그래서 염색하기 시작했어."

이 일대 이발소에선 단골이 많다보니 서로의 안부를 묻는것도 자연스럽습니다. "그 어르신 요새 통 안 보이시네. 안창호 선생 비서실장이셨다는 그 분 말이여." 장수이용원에 있던 한 손님의 말에 한창 가위질에 몰두해 있던 이발사가 화답합니다. "그르게. 그 분 봄까지 오시고 안 보여. 돌아가셨나봐…." 확인해보니 향년 105세를 일기로 지난 4월 타계한 최고령 독립운동가이자 도산 안창호 선생의 비서실장이었던 고(故) 구익균 옹도 이곳의 단골이었군요. 거동이 불편해 휠체어를 타고 간병인까지 대동해야 했지만 선생은 돌아가시기 전까지 이곳에서 이발을 했다고 합니다. "청춘의 넋은 어디 가고 흰 머리만 남았구나." 청년의 기백은 어디 가고 백발 서린 노인으로 변한 자신의 모습에 대한 한탄이었을까요. 고인은 이발소 거울에 비친 자신의 모습을 들여다 볼 때마다 이렇게 말하곤 했답니다.

서울 상암동에 사는 윤영식(71·가명) 할아버지도 3년 전부터 장수이용원을 단골로 드나들고 있습니다. "공덕에서 5호선 타고 와. 여기서 이발하고 조기(저기) 다문화거리에 있는 한국기원에 가서 바둑도 두고 여기 오면 안 심심해서 좋지 뭐." 윤 할아버지는 건국대 64학번이랍니다. 태생적으로 머리색이 붉은 편이라 대학에 입학하고 나서부터 염색을 하기 시작했다고 합니다. 지금이야 개성시대이니 일부러 빨간색, 갈색 등으로 머리카락을 물들이지만 1960년대만 해도 튀는 머리색이 허용되지 않는 분위기였죠죠. "젊었을 땐 남들 보기 싫을까봐 염색했는데 이젠 내가 보기 싫어 꼬박꼬박 염색하는 거지 뭐."

장수이용원과 불과 열 걸음 떨어져 있는 파크이용원. 이발소 유리벽에는 모 방송국에서 촬영한 프로그램의 한 장면이 훈장처럼 붙어있습니다. 안을 둘러보니 붓글씨로 '孝(효)'라고 쓴 액자 아래 염색약을 잔뜩 바르고 눈썹까지 염색약을 칠한 할아버지가 신문을 보고 있습니다. 머리를 맡긴 이도 가위를 하는 사람도 이마에 주름이 자글자글한 게 나이가 지긋해 보입니다. 이곳에서 막 이발을 마치고 나온 박윤서(68·서울 신설동) 할아버지는 "여기서 머리 깎아주는 사람들 다 경력 20년은 족히 넘은 베테랑이야. 싸지, 머리 잘 깎지 그러니깐 나도 2년째 이 집만 와"라는군요. 박 할아버지는 염색도 꼭 이곳에서만 한답니다. "동네 미용실서 염색하고 머리를 감겨줬는데 염색물이 잘 안 빠졌드라고. 여기는 머리도 시원하게 잘 감겨줘."

그렇다고 이발소에 머리 희끗한 '노인' 손님만 오는 건 아닙니다. 부천에 사는 한 20대 청년은 10분당 1000원 하는 주차비를 내고서라도 자가용을 몰고 장수이용원에서 머리를 자른답니다. 이발을 마치고 나온 한 손님은 "저기 안경쓰고 조끼 입은 양반 있잖아. 그이가 미국 뉴욕서 오래 활동한 양반이야. 저 양반한테 머리하려고 부천서 일부러 자가용 끌고 오는 20대 청년도 있어"라고 귀띔합니다. 또다른 이발소인 뉴파크이용원에서 근무하는 한 아줌마는 "지나가다가 가격표 보고 놀라면서 '이런 데도 있네' 하고 호기심에 머리 깎고 가는 젊은이도 있어. 그러다가 단골된 사람도 여럿이야"라고 자랑을 늘어 놓습니다.

낙원동서 이발소를 운영하는 사람들은 3~4년 후의 미래를 걱정합니다. 거동이 불편하거나 돌아가시는 분들이 많아지다 보니 단골 손님이 줄고 있어서 입니다. 이 때문에 젊은 층을 끌어들이기 위해 '변화'를 줘야 한다는 목소리도 나옵니다. "요즘엔 예전 같지 않아. 여기 오는 노인들처럼 우리(이발소들)도 쇠락해 가는 거지 뭘…."

기획취재팀=김동선 부장·김민영·주상돈·김보경 기자 matthew@

"찍기는 찍어야 하는데…" 풀기힘든 숙제 '영정사진'

단정히 머리를 깎고 검은 머리로 물을 들여 10년은 젊어진 것 같은 어르신들은 어디에라도 가시려는 걸까요? 이발 가격이 싸다는 이유 말고 다른 건 없을지 '돌직구'를 날려 봅니다. "영정사진은 안 찍으세요?" 얘기를 꺼내자 어깨에 하얀색 천을 두르고 이발을 하고 있던 할아버지도, 검은색 염색약을 바르고 앉아 계신 할아버지도 고개를 절레절레 흔드시네요. "그런 걸 벌써부터 찍어서 뭐해", "나 아직 여든도 안됐어" 등의 호통이 돌아옵니다. 두 할아버지 모두 2~3년 후면 여든인데도 아직 영정사진을 찍을 생각이 없다고 합니다.

40년 경력의 이발소 주인이 할아버지들의 말을 거듭니다. 파고다공원 후문 쪽에서 5년이나 이발소를 운영했지만 단 한 번도 영정사진을 찍으러 왔다는 할아버지를 본 적이 없다는군요. 이유가 궁금한 찰나, 이발소 주인인 김(68·서울 방학동) 할아버지의 설명이 이어집니다. "뭐가 자랑이라고 영정사진 찍는다고 하겠어. 먼저 말 안하는데 뭐 좋은 일이라고 '영정사진 찍나 봐요?' 이렇게 물을 수 있나. 맘 속으론 그럴 작정으로 머리 깎으러 왔어도 영정사진 찍으러 간다고 말 안하지."

실제로 파고다공원과 종묘공원 인근에 위치한 사진관에는 할아버지 손님이 뜸하답니다. 현재 이 일대에 남아 있는 롯데시네마 피카디리(옛 피카디리극장) 인근에 위치한 W사진관도, 종로3가역 7번 출구 앞에 있는 S사진관도 영정사진을 찍으러 오는 어르신들이 1년에 3명이 될까 말까 한답니다. 사진을 찍으러 와도 '영정사진'이라는 말 자체를 입 밖에 내지 않는 게 불문율이라는군요. "(영정사진) 찍으러 왔다는 소리는 안하고 '나중에 하나 필요할 것 같아서 그러는데 사진 하나 찍어주소'라고 해. 영정사진이라는 얘기를 하기 싫어하는 거지." S사진관을 운영하는 문재철(72·경기도 김포) 할아버지가 영정사진을 찍으러 오신 어르신들의 마음을 대신 헤아려봅니다.

겉으론 짐짓 관심 없는 척하지만 영정사진은 할아버지들에게 풀기 싫은 숙제인 듯합니다. 카메라를 들고 다니는 기자가 영정사진에 대해 묻자 대뜸 "나 찍어줄라고?"라고 반문합니다. 아니라고 하자 실망한 기색이 역력합니다. "찍기는 해야지. 언제 찍어도 찍어야하니까. 그나마 볼때기가 탱탱할 때 찍어야지. 나이 들어 도깨비처럼 나오면 쓰나. 근데 일부로 찾아가서 찍긴 싫어. 누가 찍어주면 좋고."

날이 풀리는 매년 3월쯤 종묘공원 관리사무소 옆에선 할아버지들의 영정사진을 무료로 찍어주는 행사가 열린답니다. 이때를 기다려 많은 할아버지들이 영정사진을 찍는다는군요. "난 진작 다 해놨어"라고 자랑스럽게 말하시는 정화진(83·서울 사당동) 할아버지도 7년 전 이곳에서 영정사진을 찍었다고 합니다. "대포 한 잔하고 종묘공원 갔는데 사진 찍어 준다기에 찍었지. 기분? 기분이야 뭐 갈 때 되면 가는 건데 뭐 특별한 것이 있나."

하루평균 70명의 어르신으로 북적
싼 가격에 지하철 갈아타고 찾아와
이발사 실력에 젊은 사람에게도 인기

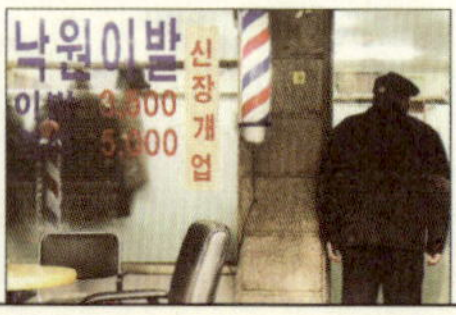

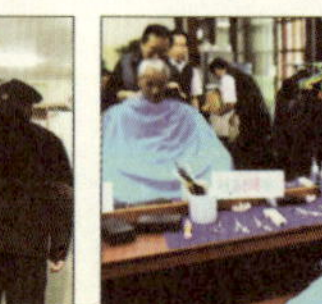

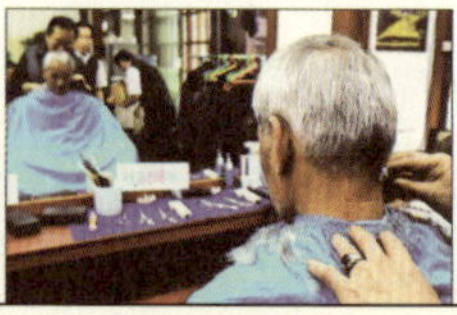

'우리 안의 섬' 그 곳, 얼마나 알고 계십니까

빅시리즈 12 종로 탑골공원에 대한 오해와 진실

향수가 느껴지는 풍경을 고스란히 담고 있는 정겨운 공간이자 한편으론 노후화되고 관리되지 않은 너저분한 환경. 한 가정의 가장으로, 한 시대의 역군으로 살아온 '어르신'들의 아담한 쉼터이지만 대낮부터 술판이 벌어지는 소란스럽고 고집 센 '노인네'들의 아지트. 서울 종로의 파고다공원 일대와 그곳을 사랑방 삼아 나오시는 할아버지들에 대한 시선은 이처럼 엇갈립니다. 파고다공원을 찾는 할아버지들은 각자의 삶의 궤적만큼이나 저마다 구구절절한 사연을 품고 있는데요. 그렇게 다양한 군상의 할아버지들이 모이다 보니, 파고다 할아버지들에 대한 파고다 밖 사람들의 오해와 편견도 적지 않은 게 사실입니다. 지난달부터 지금까지 두 달 가까이 현장을 오가면서 발견한 파고다에 대한 오해와 진실을 '파고다에 없다? 있다?'로 몇 가지 간추려 봅니다.

1. 그들은 모두 가난하다
2. 애니팡 마니아도 있다
3. 할머니 화장실은 없다
4. 싱글아닌 노인은 없다

"자식들? 잘나가지, 우리 딸은 미국서 박사까지 하고 왔어"

파고다공원과 그 일대에 대한 편견 중 1순위는 그곳에 모인 어르신들은 대부분 빈곤층일 것이라는 생각입니다. 그러나 파격적인 가격의 음식점과 이발소가 즐비한 곳이지만 주머니 사정이 어려운 노인만 오는 것은 아닙니다. 하루가 멀다하고 파고다공원에 출근도장을 찍는 송모(67·서울 동소문동) 할아버지는 아파트를 두 채나 보유하고 있는 '부자 할아버지'입니다. 경기도 용인 수지에 사둔 162㎡(49평) 아파트, 서울 동소문동에 있는 145㎡(44평) 아파트가 모두 송 할아버지 소유라는군요. 동소문동 삼선교 근처에 있는 아파트에서 아내, 딸과 함께 살고 있답니다. 부동산중개소에 알아보니 이 아파트의 시세는 4억7000만~4억8000만원. 예금 등의 현금자산을 포함할 경우 십수억대의 자산가인 셈입니다.

"원래 고향은 전주인디 고등학교 졸업하자마자 서울로 올라와서 부동산 하면서 돈 많이 벌었제. 수지랑 삼선교 근처에 아파트 한 채씩 있고 예금도 한 6억정도 된다어. 그러다보니 나라에서 주는 기초 뭐시기(기초노령연금) 그것도 못받아. 담당직원들이 다 두드려보고 그냥 카트(거절) 시키지." 그래도 아쉬울게 없다는 표정입니다. 그렇다고 송 할아버지는 거드름을 피지 않는답니다. 여기 오는 할아버지들과 스스럼없어 어울리고 어쩔 땐 밥값도 턱턱 낸다는데요. "같이 늙어가는 처지에 돈 몇 푼 더 있다고 뭐 다른가. 여기 오면 알고 지낸 할아버지들도 많고 맘이 편해."

자식 이야기를 꺼내면 입을 꾹 다물거나 손사래를 치는 할아버지들과 달리 송 할아버지는 남매 이야기에도 스스럼이 없습니다. 올해 마흔 살인 큰 아들은 어느 기업의 부장으로 근무하며 자식 둘을 낳고 평탄하게 살고 있답니다. 서른여덟 된 딸은 아직 미혼이라네요. 미국에서 심리학 박사학위를 받고 돌아와 한 대기업에서 임원을 대상으로 심리치료 업무를 하고 있답니다.

기자가 송 할아버지를 만나 이야기를 나눈 시간은 오전 11시30분. 또래 할아버지들이 무료 급식을 먹기 위해 한창 줄을 서고 있는 시간입니다. 하지만 송 할아버지는 이 시간에 휴도MP3를 틀어놓고 손날로 공원 돌담을 30분째 두드리고 있었습니다. 젊은 시절 태권도를 꽤 잘했고 지금도 운동을 좋아하는 할아버지는 매일 아침 공원 돌담을 50분 동안 두드린답니다. 혈액순환에 좋아서라는군요. 이 모습을 보며 지나가던 한 할아버지가 "매일 돌을 쳐서 어쭘이 돌이다"고 우스갯소리를 건넵니다. 송 할아버지의 성함에 '돌(乭)'자가 있는 걸 놀린 겁니다.

"나도 로드뷰로 국밥집 찾아가, 우리 손주가 알려줬지"

유 할아버지가 스마트폰으로 캔디크러시 게임을 즐기고 있다. 유 씨는 아직 14단계라고 투정을 부린다.

지난 10일 낙원동 실버영화관 앞 로비. 동갑내기 친구를 기다리던 박모(71) 할아버지가 슬며시 기자 옆자리로 다가왔습니다. "이것 좀 가르쳐 줘"하며 할아버지가 내민 것은 다름 아닌 스마트폰. 두 달 전 할머니 환갑 선물이는 검정색 스마트폰은 최신 기종은 아니었지만 널찍한 화면에 잔고장이 적고 튼튼하기로 소문난 모델입니다.

할아버지의 폰에는 각종 정보를 검색할 수 있는 포털사이트, 지도와 지하철 애플리케이션(이하 앱) 등 일상에 필요한 프로그램들이 여럿 설치돼 있었습니다. 아까 지나간 낙원상가 주변의 일밥이 다운로드 받아 주고 사용법도 설명해준 것이랍니다. 그렇다면 이제 '스마트폰 고수'가 됐을 법한 할아버지가 도움을 청하는 이유는 뭘까요. 할아버지는 지도상의 위치를 터치하면 실제 그 거리의 모습을 보여주는 '로드뷰(거리보기)' 기능에 관해 물었습니다. "얼마 전에 손자가 알려줬는데 다시 하려니까 안되네"라며 고개를 갸우뚱합니다. 아까 지나고 싶은 장소는 그리 특별하지 않았습니다. 아까 지나간 낙원상가 주변 거리랍니다. 지도 앱을 열고 해당 위치 표시 아이콘을 터치하자 낙원상가 옆 순댓국집 골목이 바로 나왔습니다. 익숙한 거리의 풍경이 휴대전화 화면에 그대로 나타나자 할아버지는 그제서야 "아, 됐다" 하고 기뻐하셨네요. 하지만 피아노 건반을 두드리듯 살고 가볍게 터치해야 작동이 되는 스마트폰은 할아버지에겐 여전히 녹록지 않은 물건인가 봅니다. 그래도 기계를 맞추거나 짜증을 내기보단 여러 번의 시도 끝에 성공하면 아이처럼 좋아하는 모습이 꿍얼게 보입니다.

어르신들의 스마트폰 사랑은 이뿐만이 아닙니다. 한때 국민게임으로 장미됐던 동물그림 맞추기 게임 '애니팡'에 푹 빠져 있던 70대 할머니는 그야말로 '신선한 충격'이었답니다. 할머니의 손놀림은 예사롭지 않았습니다. 게임 아이템을 즉시에 써가면 할머니, '러스트 팡'에서 고득점을 올리시네요. 파고다공원 인근 음식점에서 식사가 나오길 기다리던 할머니 두 명은 스마트폰을 세워 놓고 프로야구 중계방송 시청에 여념이 없었습니다. 또 파고다공원 안에서는 원각사지10층석탑 앞에 서서 '폰카'로 촬영을 하는 할아버지들도 심심찮게 볼 수 있습니다.

"볼일 보고 싶으면 여기로 와, 화장실이 널찍하고 좋아"

지난 18일 오후 3시 궂은 날씨 탓인지 파고다공원을 찾는 어르신들의 발길이 뜸해졌습니다. 첫눈이 매섭게 내리자 팔각정과 벤치에 앉아 있던 10여명의 할아버지들도 느릿한 걸음을 재촉하며 삼일문과 서문을 넘어 어디론가 사라집

니다. 이것도 잠시 기습적으로 내린 첫눈의 흔적이 채 사라지기도 전에 할아버지들이 다시 파고다공원을 찾습니다. 추위 때문인지, 술기운 때문인지 코와 귀가 빨갛게 물든 오승득(70·서울 화곡동) 할아버지가 삼일문을 지나 파고다공원으로 들어섭니다. 오 할아버지는 곧장 왼쪽으로 방향을 틀어 화장실로 직행하네요. "아이고, 막걸리 한 잔 했더니만 계속 어렵네." 오 할아버지는 공원 인근에서 첫눈을 안주 삼아 막걸리를 마시고 집에 들어가기 전에 공원 화장실에 들렀다고 하시네요. "이 근처 나와서 볼일 보고 싶으면 공원으로 와. 여기 화장실이 널찍하고 좋거든."

파고다 공원을 찾은 할아버지라면 한 번은 꼭 들르는 곳이 바로 공원 화장실입니다. 그래서 평소에도 화장실은 팔각정만큼이나 붐빕니다. 출입구가 두 개나 있어 드나들기 편하고 길쭉한 연립식 소변기도 두 개나 있습니다. 좌변기 칸도 장애인용을 포함해 10개나 되니 기다릴 일이 없다네요. 세면대도 각 입구 2개씩 총 4개가 있어 손을 씻는 할아버지도, 옷매무새를 가다듬는 할아버지들의 모습에서도 여유가 묻어납니다.

할아버지들이 이렇게 여유롭게 화장실을 사용할 수 있는 이유는 이용자 수를 고려한 맞춤 설계 덕입니다. 전체 화장실 면적(178.12㎡)의 약 70%가 남성용이고 나머지가 여성용입니다. 여성용 화장실은 좌변기 4칸에 세면대 2개가 전부입니다. 물론 출입구도 1개입니다. 하지만 '남녀불평등'이라고 불평하는 사람은 없다네요. 마침 여성용 화장실에서 나오는 한모(70·서울 부암동) 할머니를 만났습니다. "여기엔 할아범들이 많으니까 당연하지. 우리 같은 사람은 오다가다 들르는 거고." 발길이 끊어지 않는 파고다공원 화장실의 위생은 공원 관리인이 책임집니다. 여름에는 수시로, 요즘에는 하루 세 번 청소를 한다네요. 관리인도 이용하는 사람이 적은 여성용 화장실이 청소하기 편하다네요. "여기엔 인근을 지나던 사람들이나 올까 여자 화장실은 거의 사람이 안와. 하루에 세 번 청소를 하러 들어가도 치울 게 없다니까."

파고다공원 화장실의 위생은 공원 관리인이 책임지고 있다. 여성용 화장실은 이용하는 사람이 적어 깨끗한 편이라고.

"할멈이 등 떠밀기에 나왔어, 자식들이 챙겨준 용돈도 두둑해"

18일 종로3가역 지하에서 만난 이모(92) 할아버지는 경기도 양주에서 열 살 아래인 아내와 함께 삽니다. 슬하에 2남3녀를 두고 있다고 하는데요. 할아버지가 혈기 왕성했을 시절엔 '산아제한' 정책이 시행되기 전이라 다산할 수 있었다고 멋쩍게 웃으십니다. 큰 아들은 일흔을 바라본다고 하는데 여전히 '아버지, 아버지'하며 살갑게 군다고 합니다. 이젠 자식과 함께 늙어가는 처지이다 보니 서로 건강 이야기를 제일 많이 주고받는다고 하네요. 이 할아버지는 작년에 오른쪽 넓적다리에 생긴 암을 제거하는 수술을 받았습니다. 수술 후유증 탓인지 혈액순환이 잘 안되고 수시로 다리에 마비가 온답니다. 그 불편한 다리를 이끌고 종로까지 오는 이유는 사진을 찍기 위해서입니다. 앉아있을 때에도 예지중지하는 카메라가 들어있는 가족 손가방을 꼭 쥐고 있었습니다. 이 카메라로 아내 얼굴도 찍고 파고다공원 풍경도 담고 한답니다. 50년 전부터 취미삼아 찍기 시작한 사진을 뽑아 정리해 둔 앨범이 수십 권은 된다고 하네요. "오늘도 14일 만에 벼르고 나온겨. 다리 수술 하고 나서 시방 잘 댕기질 못하니까."

혼자 자란기 커피를 홀짝이고 있던 김모(75) 할아버지도 스물네 살 때 부부연을 맺은 아내, 두 아들과 함께 인천 월미라에서 삽니다. 마흔두 살인 큰 아들과 한 살 터울의 둘째 아들은 모두 미혼이랍니다. 올해 마흔인 막내딸은 2002년 월드컵이 열리던 해에 출가했습니다.

김 할아버지는 할머니 한테 등 떠밀려 파고다공원에 나오는 거랍니다. "우리 마누라가 나가라고 내쫓아. 집에 있는 아빠지 답답해 뻑쩍 피워대고 나가서 놀다 오래. 하지만 할아버지도 이곳으로 마실나오는 것이 싫지만은 얕은 눈치입니다. "하루 만원 가지고 놀어. 2500원짜리 닭곰탕도 사먹고 순두부찌개도 사먹고 이발도 하고. 그래도 돈이 1000~2000원은 꼭 남는다니까."

할아버지는 자식들이 살뜰하게 챙겨주는 용돈 30만원으로 매달 '파고다행 여비'를 충당하신다네요. 세 자녀가 각각 10만원씩 부담하는거죠. 덕분에 김 할아버지는 지갑에 5만원짜리 지폐를 비상금으로 챙겨 다닐 만큼 여유가 있습니다. 할아버지는 아직 총각인 두 아들에게 미안한 마음이 앞선다고 했습니다. 막내딸은 할아버지가 한 회사의 전무로 근무하던 시절에 시집을 보내 남부러울 것 없이 식을 치렀다고 하는데요. 혼기를 놓친 아들 둘은 이제 집 한 칸 해줄 여유가 없는 것이 속상하다고 하십니다. "미안하지 내가. 장가를 못 보내서. 돈이 많아서 집 한 칸씩 해줘야 하는데. 집이라고는 지금 사는 집밖에 없어…"

홀로 사는 할아버지들만 탑골공원을 찾는 것은 아니다. 아내의 등에 떠밀려 나오는 분들도 많이 있다.

기획취재팀-김동선 부장·김민영·주상돈·김보경 기자 matthew@·사진-백소아 기자 sharp@　　답 : ①X ②O ③X ④X

석간 | 제5963호 (44면) 대전본사 02-2000-2114 | 2013년 11월 25일 월요일 (음 10월 23일)

아시아경제
© Since 1988.8.15

www.asiae.co.kr

2013골프는 '인비世上'

한국선수 첫 올해의 선수 등극
2년연속 상금퀸까지 기염

캐리커처·이영우 기자 20wo@

박인비(25·KB금융그룹)에게는 그야말로 최고의 시즌이 됐다. 한국선수 최초로 미국여자프로골프(LPGA)투어 '올해의 선수'에 등극한 데 이어 25일 미국 플로리다주 네이플스의 티뷰론골프장(파72)에서 끝난 CME그룹 타이틀홀더스(총상금 200만달러) 최종 4라운드를 공동 5위(11언더파 277타)로 마쳐 상금퀸까지 굳게 지켰다. 2년 연속이다. ▶관련기사 25면

'올해의 선수'는 특히 명예의 전당에 입성한 박세리(36·KDB금융그룹)도 해내지 못했던 쾌거다.

한국은 그동안 신인상과 최저 평균타수상(베어트로피), 상금퀸 등은 여러 번 차지했지만 올해의 선수상은 박인비가 처음이다. 박인비 역시 "상금랭킹 1위는 지난해 달성해 큰 욕심이 없었다"면서 "올해의 선수상이 가장 의미 있다"고 가치를 더했다.

첫 등판한 혼다LPGA타일랜드부터 우승사냥이 시작됐다. 나비스코챔피언십을 기점으로 LPGA챔피언십, US여자오픈까지 LPGA투어 역사상 '63년만의 메이저 3연승'이라는 대기록은 지구촌 골프계를 들썩거리게 만들었다. 수입도 짭짤했다.

시즌 6승을 포함해 '톱 10'에 11차례 진입하는 일관성까지 가미해 상금 수입만 지난해보다 약 17만달러가 많은 245만6000달러(약 26억6000만원)를 벌어들였다.

한국의 LPGA투어 개인타이틀은 1998년 박세리가 처음 신인상을 수상했고, 상금왕은 2009년 신지애(25·미래에셋·180만달러)가 최초였다.

이듬해에는 최나연(26·SK텔레콤)이 187만달러로 바통을 이어받았다가 2011년 '뉴골프여제' 청야니(대만·292만달러)에게 잠시 자리를 내줬다. 지난해 박인비가 타이틀을 발환한 데 이어 이번이 2연패, '코리안파워'가 계속되고 있다. 손은정 기자 eison@

朴, 포문 열었다

청와대 수석비서관 회의서 "혼란·분열 행동, 묵과 않겠다" 천명

박근혜 대통령이 25일 오전 청와대에서 열린 수석비서관회의를 주재하고 있다. 연합뉴스

박근혜 대통령은 25일 "지금 국내 혼란과 분열을 야기시키는 행동이 많다"며 "정부와 대통령은 국민들의 신뢰를 야기시키고 분열을 야기하는 이런 일들을 용납하거나 묵과하지 않을 것"이라고 말했다. ▶관련기사 3·6면

박 대통령은 이날 청와대에서 수석비서관회의를 주재하면서 "우리의 현실은 나라를 위해 젊음을 바치고 죽음으로 나라를 지킨 장병들의 사기를 꺾고 그 희생을 헛되게 하는 일들이 많이 일어나고 있다"며 이같이 말했다.

박 대통령은 "만약 북한이 또다시 돌발적이고 기습적인 도발을 감행한다면 즉각 단호하게 대응해서 다시는 도발을 하지 못하도록 해야 할 것"이라고 강조했다. 지난주 천주교정의구현사제단 측의 북한 연평도 포격 옹호성 발언을 염두에 두고선 "안보는 첨단 무기만으로 지킬 수 있는 것이 아니다. 그보다 훨씬 중요한 것은 국민들의 애국심과 단결"이라고 강조했다. 국가기관의 대선개입 논란 등 정치적 논쟁이 가열되는 데 대해선 "아직 우리 사회는 분산과 대결의 문화가 지속되고 있고 이로 인한 사회적 손실과 국력의 낭비가 매우 심각한 수준"이라며 정치권에서부터 법 질서 준수와 타협의 문화를 정착시키는 것이 매우 중요하다고 했다.

이어 "민주사회에서 다양한 의견과 갈등을 피할 수 없지만 대화를 통해 이견을 조정하고 합리적 결론을 내고 그것에 승복하는 것이 민주주의"라며 "정치권에서도 국민의 생활과 직결된 예산과 법안에 대해 정파적으로 접근하지 말고 정말 국민을 위해 제대 통과시켜 어려운 경제를 회생시킬 수 있는 선택을 해주기 부탁한다"고 당부했다. 신범수 기자 answer@

(3억명)
300000000명 '라인의 기적'

출시 29개월만에 가입자 국내 사상최대, 전세계에 '대앱민국' 신드롬 일으켜 … 연매출 4000억원 예고

네이버의 모바일 메신저 '라인(LINE)'이 25일 전 세계 가입자 수 3억명을 돌파했다. 서비스 출시 29개월 만의 쾌거이자 국산 모바일 애플리케이션(앱) 최고 흥행 성적을 거두면서 앱 한류의 새 지평을 열었다는 평가다. 올해 3분기 누적 매출 3009억원을 기록해 연 매출 목표 4000억원 달성도 무난해보인다.

네이버(대표 김상헌) 일본 법인인 라인주식회사는 25일 일본 도쿄에서 기자간담회를 열고 서비스 출시 29개월만인 이날 전 세계 가입자 수 3억명을 돌파했다고 밝혔다. 라인 관계자는 "국내 모바일 앱 중에서는 최단 기간, 최고의 성적"이라면서 "아예 함입어 올 매출 목표 400억원 달성도 가시권에 들어왔다"고 밝혔다.

이 자리에는 이해진 네이버 의장, 김상헌 대표, 황인준 최고재무책임자(CFO) 등이 대거 참석해 라인에 거는 기대감을 드러냈다. 라인은 2011년 6월 출시돼 일본을 거점으로 유럽, 동남아 등 글로벌 시장에서 맹활약 중이다. 서비스 출시 25개월 만인 지난 4월 전 세계 가입자 수 2억명을 달성한 데 이어 7개월 만에 1억명을 추가 확보했다. 시간당 6만3000만명의 신규 가입자가 늘어나는 셈이다. 가입자 수로는 미국 페이스북(12억명), 중국 위챗(4억7000만명), 미국 와츠앱(3억5000만실 사용자 기준)에 이어 소셜네트워크서비스(SNS) 4위에 해당한다.

라인 측에 따르면 1000만명 이상의 가입자를 확보한 지역은 일본, 대만, 태국, 인도네시아, 스페인, 인도 6개국이다. 라인은 개발단계 동남아시아와 남미에서 일일 70만~80만명의 사용자가 증가하고 있다. 라인 관계자는 "최근 프랑스 독일 이탈리아 등 서유럽 국가에서 마케팅을 시작했으며, 내년에 미국도 본격적으로 진출할 계획"이라고 밝혔다. 국내에 가입을 둔 카카오톡과의 격차도 점차 늘리고 있다. 라인보다 1년3개월 앞선 2010년 3월 출시된 카톡은 1억2000여만명을 기록하고 있다. 라인 매출은 지난 3분기 1758억원을 기록하면서 전년 동기 대비 1466.7%, 전 분기 대비 50.4% 성장했다. 이런 추이라면 연 매출 목표인 4000억원 달성도 무난할 전망이다. 김상헌 네이버 대표는 "라인 관련 매출은 올해 4000억원 이상을 기록할 것으로 예상한다"고 밝힌 바 있다.

사용자 확대를 위해 내년 마케팅도 한층 강화된다. 황인준 CFO는 "3분기 마케팅 비용을 공격적으로 늘렸고 당분간 해외 유저 베이스 확대에 집중하여 내실지 마케팅 비용 집행이 이어질 것"이라고 말했다. 네이버는 올 상반기 라인 마케팅에 850억원을 집행했으며, 3분기에는 1000억원 규모로 늘렸다. 가입자 증가에 따른 수익 모델도 확보했다. 라인 매출은 부문별로 게임 60%, 스탬프 20%, 기타 20% 내외로 고르게 나타나고 있다.

라인 측은 "국가별로 보면 일본이 80%를 점유하고 있으나 4분기 이후 대만 한국이로 게임 론칭이 예정돼 일본 외 지역 매출 확대가 예상된다"고 말했다. 신규 서비스 '프리코인'도 실적 기대감을 높인다. 프리코인은 라인 내 특정 앱을 설치하면 가상화폐인 '라인코인'을 지급하는 서비스다. 라인 관계자는 "IT(정보기술) 강국이지만 한국에서 마케팅에서 성과를 내기 어려운 가운데 라인이 '앱 한류'의 가능성을 보여주고 있는 것은 고무적인 일"이라며 "개출도 기대만큼 실적을 내면서 글로벌 공략에 한층 힘이 실릴 것"이라고 말했다. 조유진 기자 tint@

2013편집은 '아경天下'

올 한해 10연속 편집상 수상
기념비적 기록, 비밀은 역발상

조중동이라 불리는 신문시장의 메이저 그들도 가지 못한 길, 매일경제나 한국경제 같은 역사가 오래된 경제신문들도 받지 못한 곳, 그곳에 아시아경제가 들어섰고, 대한민국 신문의 편집상 신기록을 두 번이나 경신하며 이 방면의 실질적으로 우뚝 섰습니다.

아직도 성장을 모색 중인 젊은 신문사가, 편집신드롬을 만들어내며 약진하는 까닭은 어디에 있을까요? 그 핵심은 역발상에 있다고 볼 수 있습니다. 많은 다른 신문사들은 신문이란 미디어가 시장 퇴조의 단계에 접어들었다고 판단하고 10여년 전부터 편집부 전력(戰力)강화에 들이던 비용을 줄여왔습니다. 인건비를 줄이기 위해 제작인력을 저임금대로 교체하기도 했습니다. 그 결과로 편집의 품질이 급격히 낮아지고 해드라인의 고민이 회화하면서, 안 그래도 인터넷과 스마트폰으로 빠져나가던 독자들의 등을 떠미는 격이 됐습니다. 아시아경제는 이 현상을 주목했습니다. 현재 신문의 영혼을 움직이는 '편집'의 기능은 향후의 미디어 시장에서 더 중요해지는 것이 아니라, 새로운 방식으로 진화해 진화할 것이라는 신념을 지녔습니다. 그래서 아시아경제는 '편집'에 과감한 투자를 했습니다. 최고의 편집인력을 뽑고, 철저하게 교육을 시키고, 자존심을 관리하고, 치열한 내부경쟁으로 인적역량을 높이는 데 온 힘을 기울여왔습니다. 아시아경제의 편집 프라이드는 현재가 종착점이 아닙니다. 향후의 미디어 판도를 뒤바꾸는 힘으로 작동할 것입니다. 미디어시장이 격동하는 시기에는, 편집이 그 방향타를 찾아낼 것입니다. 아시아경제가 11월에 이달의 편집상을 수상한 것은, 한 언론사의 선택이 그 힘을 발휘하고 있다는 사실을 증명하고 있습니다. 한국기자협회는 제146회 이달의 편집상 종합 부문에 본사 권수연 차장의 '대한민국, 정당을 법정에 세우다'를 선정했습니다. 아시아경제의 분발로 독자들에게 많은 응원을 보내주시길 고대합니다. 아시아경제 편집본부

2월12일자 15면   2월20일자 21면

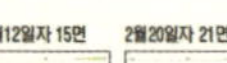

4월3일자 22면   5월9일자 1면

5월30일자 24면   7월18일자 1면

8월7일자 19면   8월23일자 1·8면

10월2일자 25면   11월5일자 3면

임영록 KB회장 "우투證 꼭 인수"

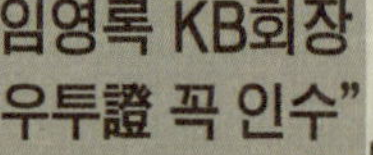

"국내외 지점 잇단 돈 사고엔 철저히 책임 규명"

임영록 KB금융지주 회장(사진)은 "은행에 지나치게 기대고 있는 그룹의 수익 구조를 바꿔야 한다"면서 "이런 점에서 우리투자증권을 꼭 인수하고 싶다"고 25일 말했다. 임 회장은 또 최근 잇따른 국민은행 국내외 지점의 돈 사고와 관련해서도 "제대로 책임을 규명하고 철저한 재발 방지 대책을 내놓겠다"고 약속했다.

임 회장은 "증권업계가 중개사업 시장 정체로 고전하는 지금, KB금융이 우리투자증권을 인수한다면 전국에 거미줄 영업망을 갖춘 국민은행과 업계 빅3 우리투자증권이 시너지 효과를 내 양쪽 모두 크게 도약할 기회를 잡을 수 있을 것"이라고 전망했다. ▶인터뷰 19면

7월에 취임한 임 회장은 인수전 준비를 위해 재무·회계 전문가 수십명을 투입한 태스크포스(TF)팀을 가동해왔다. 그는 "선진국 사례를 보면, 국민소득이 2만달러에서 3만달러로 넘어갈 때 금융산업의 기여도가 상당히 높았다"면서 "KB가 우리투자증권을 가져온다면 국가 경제에도 기여할 수 있을 것"이라고 기대했다.

임 회장은 또 "평소 이사회와 꾸준히 소통해 신뢰를 쌓아왔다"며 이사회의 반대로 ING생명 인수가 무산됐던 전임 어윤대 회장 시절의 전철을 밟는 일은 없을 것이라고 언급했다. 임 회장은 아울러 강도 높은 기강 잡기에 나설 뜻도 분명히했다. 그는 "최근 잇따른 국내외 지점의 돈 사고는 모두 구성원들의 주인의식이 부재해 생긴 일"이라면서 "이번 기회에 제대로 책임을 규명하고 철저한 재발 방지 대책을 내놓겠다"고 했다. 임 회장은 이어 "성장을 위해 해외진출이 필요하지만, 인수 후 부실이 커진 카자흐스탄 센터크레디트은행(BCC) 사례에서 보듯 준비 없이 나가면 백전백패"라면서 내실을 다진 뒤 해외 시장을 공략하겠다는 구상을 밝혔다. 그는 나아가 "시우(時雨·때 맞춰 알맞게 내리는 비) 같은 존재가 되면, 신뢰를 바탕으로 개인이든 기업이든 KB와 거래하려는 수요가 늘어나게 마련"이라고 덧붙였다. 박연미 기자 change@

"老존경" 6%, "NO존경" 45%

'그 섬, 파고다' 설문조사

우리나라 노인들은 연륜과 지혜를 갖추고 있지만 존경받지 못하고 있다는 인식이 지배적인 것으로 나타났다.

심층기획 '그 섬, 파고다'를 연재하고 있는 본지가 모바일 리서치업체인 오픈서베이와 공동으로 서울·경기·인천 등 수도권 지역에 거주하는 20세 이상 성인 남여 1000명을 대상으로 지난 19일 노인에 대한 이미지를 설문조사한 결과에서다.

'노인은 연륜과 지혜가 쌓여 있는 사람'이라는 응답(43.3%)이 그렇지 않다는 응답(18.9%)보다 두 배 이상 많았고 응답자의 절대 다수(73.2%)는 '산업발전에 이바지한 사람'으로 인식하고 있었다. 하지만 그에 걸맞게 '존경받지 못하고 있다'(44.9%)는 응답이 '존경받고 있다'(6.4%)는 답보다 7배가량 많았다. 아울러 '현행 우리나라의 전반적인 노인 복지 수준에 대해서도 불만족스럽다'는 응답이 60.9%에 달했다. ▶관련기사 9면

또 우리나라는 65세 이상을 노인 기준으로 삼고 있지만, 수도권 거주자 열 명 중 여섯 명 이상은 70세 이상을 노인으로 생각하고 있으며 청년층과 노·장년층 간 노인 기준연령에 대한 인식에 간극이 큰 것으로 조사됐다.

응답자의 62.6%가 '70세는 넘어야 노인이라 부르기에 적절한 연령'이라고 응답했다. 특히, 70세 이상을 노인이라고 보는 20대는 49.5%에 불과했지만 50대 67.8%, 60대 79.0%는 70살은 넘어야 노인이라고 생각하는 것으로 나타나 청년층과 노·장년층간에 인식차가 큰 것으로 조사됐다. 나이가 많을수록 적정 노인 연령을 높게 보고 있는 것이다.

한편, 많은 응답자들(82.9%)이 '노인들에 대한 사회적 관심이 매우 필요하다'고 인식하면서도 노인들의 지하철 무임승차와 관련해서는 '무임승차 자격 연령을 70세 이상으로 높여야 한다'(23.2%)거나 '경제적 취약계층의 노인으로 한정해야 한다'(37.3%)는 응답을 포함해 무임승차 대상의 축소가 필요하다는 응답자가 60.5%에 달했다.

스마트폰 애플리케이션을 이용한 신개념 설문방식으로 진행한 이번 조사는 신뢰수준 95%에 표본 오차는 ±3.10%포인트다. 기획취재팀

아시아경제

스마트폰에서도 보세요

QR코드를 찍으면 아시아경제 웹페이지에서 지면보기 등 서비스를 받을 수 있습니다

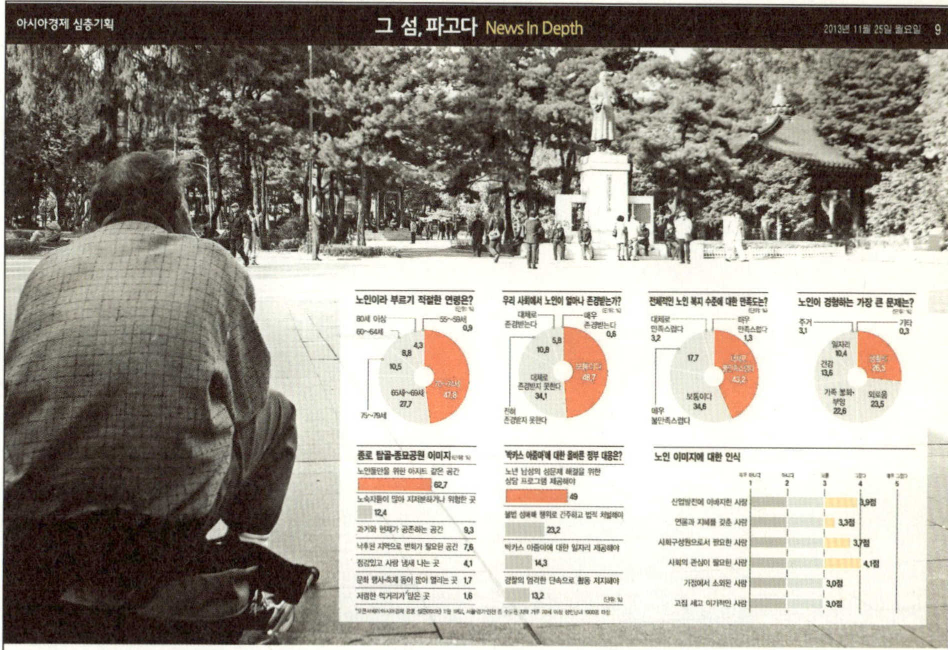

老? No! … 노인에 대한 부정적 시선 커졌다

#.1 그분들을 존경하시나요

**산업 역군이었지만 이기적·고집불통
연금·건강보험 개선, 노후 설계 필요해**

수도권 주민은 대체로 우리나라 노인들을 산업발전에 이바지하고 연륜과 지혜가 쌓인 사람이라고 인정하는 반면 사회적으로 그에 걸맞은 존경을 받지 못한다고 인식하는 것으로 나타났다. 노인이 존경받는 편이라는 응답보다 7배가량 많게 조사됐다. 또 노인복지 수준에 대해서는 대부분 불만족스럽다고 답했으며 노인문제 해결을 위해서는 연금과 건강보험 제도의 개선, 은퇴 정년의 연장 및 노후 설계 프로그램에 대한 교육이 필요하다고 꼽았다.

본지가 '그 섬, 파고다' 시리즈의 일환으로 모바일 리서치업체 오픈서베이를 통해 지난 19일 수도권 거주 성인 1000명에게 노인의 이미지에 대해 물어본 결과 '연륜과 지혜가 쌓인 사람'(43.2%), '산업발전에 이바지한 사람'(73.2%), '사회구성원으로서 필요한 사람'(64.5%) 등과 같이 노인의 사회적 가치를 인정한다는 의견이 주를 이뤘다. 또한 노인이 '사회의 관심이 필요한 대상'(83%)이라는 점은 전 연령대가 의견을 같이했지만 '고집 세고 이기적인 사람' '가정에서 소외된 사람'이라고 인식하는 젊은 세대의 비중이 상대적으로 높았다. 20대 응답자의 31.5%, 30대의 33.5%가 노인이 '고집 세고 이기적인 사람'이라고 답한 50대(29.1%), 60대 이상(27.9%)에 비해 높게 집계됐고 '가정에서 소외된 사람'이라고 답한 30대 응답자가 33.5%에 달해 60대 이상 응답자(25.6%)보다 비중이 높았다.

'노인이 얼마나 존경받는다고 생각하는가'를 묻는 질문에선 '존경받지 못한다'는 답변이 44.9%로 '존경받는 편이다'는 응답(6.4%)보다 7배가량 많았다. 특히 이 질문에서는 50·60대 이상 응답자의 각각 46.5%가 '존경받지 못한다'고 답했다. 특히 '전혀 존경받지 못한다'는 응답이 20·30대는 8.5%에 불과했으나 60대 이상에서는 응답이 18.6%로 10.1%포인트 높게 나와 노인의 자존감이 크게 떨어져 있는 것으로 조사됐다. 노인 이미지에 대한 설문은 '전혀 아니다' '아니다' '보통이다' '그렇다' '매우 그렇다' 등 5점 척도로 진행됐는데 이렇게 측정한 노인에 대한 이미지는 산업발전에 이바지한(3.9점), 연륜과 지혜를 갖춘 사람(3.3점)이지만 사회구성원으로서 필요한 사람(3.7점)인데도 존경받지 못하고 있어(2.5점) 사회의 관심이 필요한 사람(4.1점)으로 요약된다.(그래프 참조)

우리나라 노인 복지 수준에 대해선 연령대 상관없이 대부분 만족하지 못한다는 의견을 나타냈다. 전체 응답자의 60.9%가 '불만족스럽다'는 답변을 내놨고 그중 '매우 불만족스럽다'는 답변도 17.7%에 달했다. 그에 반해 '만족한다'는 응답은 4.5%에 그쳤다.

노인이 경험하는 가장 큰 문제가 무엇인지 묻는 질문에는 '생활비 문제'가 26.5%로 가장 많이 집혔고 '외로움 문제'

빅시리즈 16 성인 1000명 대상 스마트폰 설문 '대한민국 老人을 묻다'

이번 설문조사는 본지 심층기획 '그 섬, 파고다' 시리즈의 일환으로 모바일 리서치업체 오픈서베이에 의뢰해 지난 19일 서울·경기·인천 등 수도권 지역에 거주하는 20세 이상 성인남녀 1000명을 대상으로 스마트폰을 이용한 신개념의 실시간 설문방식으로 진행했다. 조사 대상은 20, 30, 40대 응답자 수를 각각 200명, 50대 이상 응답자 수를 400명으로 구성했다. 이 조사의 신뢰수준은 95%, 표본오차는 ±3.10%포인트.

제'(23.5%), '가족 간 불화·부양 문제'(22.6%), '건강문제'(13.6%), '재취업 문제'(10.4%) 순으로 나타났다. 60대 이상은 상대적으로 생활비(30.2%)와 건강 문제(18.6%) 등을 다른 연령대보다 많이 지적했고 20대는 외로움 문제를 가장 큰 문제로 꼽은 응답자가 30.0%로 가장 많았다.

또 이와 관련해 성별에 따라 무게를 두는 노인 문제의 종류가 달랐다. 남성은 '생활비 > 외로움 > 가족' 순으로 경제적인 문제를 심각하게 보는 반면 여성은 '가족 > 생활비 > 외로움' 순으로 정서적인 문제를 중요하게 여겼다. 60대 이상 남성(41.7%)의 경우 '생활비'를 가장 심각한 노인 문제로 꼽았지만 50대 여성(27.6%)은 '가족'을, 60대 여성(31.6%)은 '외로움'을 가장 큰 문제라고 인식했다.

노인문제 해결을 위해 필요한 대책을 중요한 순서대로 세 가지 선택(복수 응답)하라는 질문에는 '공적 연금 개선'과 '병원비 부담을 줄일 수 있도록 건강보험제도를 개선'해야 한다는 의견이 13.6%로 가장 많았다. 다음은 '은퇴정년의 연장'(11.5%)과 '노후 설계 프로그램 교육'(11.4%)이 오차범위 안에 있었다. 아울러 '공공 일자리 취득 기회 제공'(9.4%), 가족·사회 등의 공동체 의식 함양'(8.4%) 순으로 나타났다.

연령대로 시급하다고 생각하는 노인복지 서비스의 종류가 다른 점이 눈에 띈다. 20대의 경우 '노후설계 프로그램 > 정년 연장 > 건강보험 개선' 순이었고 30대는 '연금제도 개선 > 보험제도 개선 > 은퇴 정년 연장' 순으로 나타났다. 연령층이 높아질수록 '보험제도 개선'과 '정부의 공공 일자리가 필요하다'는 의견이 많았다. 특히 60대 이상 응답자 가운데 보험제도 개선이 중요하다고 답한 사람이 23.3%로 가장 많아 병원비로 인해 금전적 부담이나 불안감을 느끼는 노년층이 많은 것으로 파악됐다.

한편 현재 65세 이상을 노인 기준으로 삼고 있는데 응답자의 62.6%는 70세는 넘어야 노인이라 부르기에 적절하다고 생각하고 있었으며 응답자의 연령대가 높을수록 이런 경향이 높았다. 50대 응답자의 67%, 60대 이상 응답자의 79.1%가 70세 이상을 노인으로 봐야 한다고 답했는데 이는 20대(49.5%)에 비해 크게 높은 수치다. 노인 기준에 대해서도 청년층과 노·장년층 간에 세대차를 보인 것이다. 특히 20대에선 노인의 기준을 65세 미만으로 보는 사람이 18.5%에 달해 60대 이상(4.7%)과는 확연한 입장차를 보였다.

#.2 '박카스 아줌마' 해결책은

**파고다·종묘공원 '노인들의 아지트' 인식
노년 남성 성문제 해결 위한 상담 필요**

서울 종로 파고다(탑골)·종묘 공원 일대에 대해 시민들은 어떻게 인식하고 있을까. 수도권 거주자 10명 중 6명은 이 곳이 '노인들만의 아지트 같다'는 답변을 내놨다. 또한 이 일대 '박카스 아줌마'로 인한 문제는 단속이나 처벌보다 노인 남성들에 대한 성상담 프로그램 등을 해결해야 한다는 의견이 절대 다수를 차지했다.

탑골·종묘 공원에 대한 이미지를 물어본 결과 전체 응답자의 62.7%가 이 일대를 '노인만을 위한 아지트 같은 공간'으로 인식한다고 답했다. 이 같은 답변은 30대 이상의 전 연령대에서 60% 이상으로 비슷했으며 20대는 53.0%가 이같이 답했다.

그 다음으로 '노숙인이 많아 지저분하거나 위험한 곳'이라는 응답이 12.4%를 차지했고 '과거와 현재가 공존하는 공간'(9.3%), '낙후된 지역으로 변화가 필요한 공간'(7.6%), '정감 있고 사람 냄새가 나는 곳'(4.1%)이라는 답변이 뒤를 이었다. 반면 '문화 행사·축제 등이 많이 열리는 곳'(1.7%), '저렴한 먹거리가 많은 곳'(1.6%)이라고 답한 시민은 극소수에 불과했다.

이곳을 '지저분하고 위험한 곳'이라고 답한 응답자를 나이대별로 보면 50대까지는 오차한계 안에 있었으나 60대 이상의 20.9%가 이렇게 응답했고 특히 60대 여성의 26.3%가 이같이 답해 고연령층의 여성이 이 지역의 위생과 치안 문제를 크게 인식하고 있는 것으로 드러났다. 반면 여곳을 '정감 있고 사람 냄새 나는 공간'으로 인식하는 응답자는 20대 남성(15%)이 가장 많았다.

이 일대에서 활동하는 '박카스 아줌마'에 대해서는 전체 응답자의 48.4%가 '들어본 적이 있으며 무슨 일을 하는지도 안다'고 답했다. 연령대별로 '박카스 아줌마'에 대해 알고 있느냐'는 질문에 대해 안다고 응답한 비율이 30대(41.2%), 40대(56.3%), 50대(56.0%), 60대(58.5%)로 고연령일수록 인지도가 높았다. 이로 인한 사회문제를 해결하려면 '노년 남성의 성문제를 해결하기 위한 상담 프로그램을 제공해야 한다'(49%)는 의견이 가장 많았다. 특히 60대 이상 남성은 69.2%가 이같이 답해 노년 성문제 상담 프로그램이 필요하다는 의견을 제기했다.

이어 '일종의 불법 성매매 행위이므로 법적 처벌을 해야 한다'(23.2%), '박카스 아줌마에 적절한 일자리 제공을 해

야 한다'(14.3%), '경찰이 보다 엄격한 단속을 펼쳐야 한다'(13.2%) 순으로 나왔다.

#.3 지하철 무임승차, 의견은

**50·60대 절반 이상도 "자격 축소 찬성"
어려운 노인에게만 혜택줘야 37.3%**

수도권 거주 시민 10명 중 6명은 노인의 지하철 무임승차 혜택 축소에 찬성하는 입장인 것으로 나타났다. 50·60대도 절반 이상이 무임승차 자격을 축소해야 한다는 입장이어서 눈길을 끈다. 전체 응답자의 60.5%가 노인에게 주는 지하철 무임승차 혜택을 축소해야 한다고 답했다. 65세 이상 누구나 무임승차 혜택을 주는 '현행 유지'를 선택한 응답자는 33%뿐 그쳤다.

노인의 무임승차 혜택을 줄이자는 데 다수가 찬성표를 던졌지만 그 기준과 방법론에 대해선 의견이 엇갈렸다. '경제사정이 어려운 일부 노인들에게만 무임승차 혜택을 줘야 한다'는 응답이 전체의 37.3%로 가장 많았는데 나이 기준은 그대로 두고 선별적 혜택을 주자는 것이다. 다음으로 '무임승차 자격을 얻는 연령대를 70세 이상으로 높여야 한다'는 응답이 23.2%로 집계됐다.

무임승차 혜택 축소에 찬성한 응답자를 나이대별로 보면 20대가 65.5%로 가장 높았고 40대가 49%로 가장 낮았다. 50대와 60대 이상도 각각 55.6%, 53.5%가 무임승차 혜택 축소에 손을 들어줬지만 이들은 나이보다 소득을 기준으로 혜택을 제한해야 한다는 의견이 10%포인트가량 높았다.

'65세 이상은 누구나 무임승차 자격을 주는 현행 제도를 유지해야 한다'는 의견은 전체 응답자의 33.0%로 나타났다. 현행 유지를 선택한 50대까지는 무임승차 혜택을 이미 받고 있거나 현행 제도가 유지되면 곧 혜택을 받을 60대 이상(26.8%)이 가장 많았고 20대가 26.0%로 가장 낮았다. 반면 '무임승차 자격 연령대를 낮춰야 한다' 등의 기타 의견은 전체 응답자의 6.5%에 그쳤다.

한편 무임승차 혜택 축소 이슈는 현재 중장년층 사이에 뜨거운 감자로 떠오른 것으로 파악됐다. '노인 지하철 무임승차 대상 축소 논란에 대해 알고 있느냐'는 질문에 전체 응답자의 63.7%가 '잘 알고 있다'고 답해 20대(48%), 30대(51.5%)보다 높은 수치를 기록했다. 40대 이상에서도 40대(62.0%), 50대(64.1%), 60대 이상 67.4% 등으로 나타나 전 연령대에 걸쳐 나이가 많을수록 무임승차 연령대를 낮춰야 한다는 이슈에 관심이 많다는 것을 방증했다. 이 이슈에 대해 아예 '들어본 바 없다'는 20대 응답자는 29.5%에 달해 40대 이상(16.8%)보다 12.7%포인트 많았다.

기획취재팀=김동선 부장·김보경·주상ун·김민영 기자 matthew@

"홍보관·약장수·사기꾼
그래도 자식보다 살가워
알고도 속는거지 …"

빅시리즈 ⑰ 어르신 두번 울리는 '노인 관련 범죄'

파고다(탑골)공원과 그 일대의 어르신들을 취재하면서 노인을 대상으로 하는 사기 및 학대 등 노인 관련 범죄 이야기를 심심찮게 들을 수 있었다. 범죄는 아니더라도 가족, 특히 자식들에게 착취받는 사례도 노인들의 말 못할 고민거리다. 홍보관을 차려두고 인정 많은 노인들의 판단력을 흐리게 하는 얄팍한 상혼부터 노인 부모의 노후자금을 야금야금 빼먹는 자식들까지 노인들의 얇은 주머니에 손을 뻗히는 '검은 그림자'는 다양하다. 노인들의 입에서 나온 직간접적인 피해 사례는 황혼기에 접어든 노인들의 경제상황을 더욱 힘들게 벼랑으로 내모는 안타까운 사연이 많았다. 피해 규모가 큰 경우도 많아 가족들이 알게 되는 경우 가정 불화로 이어지고 황혼녘에 가정 파탄에 이르기도 한다. 피해를 당한 노인들은 배우자와 자식들 눈치에 알도 못하고 홀로 속앓이만 하는 경우가 많다. 파고다 안팎에서 노인 착취 및 사기 피해 사례를 들여다 봤다.

가정불화·착취 등 피해자 해마다 증가
고독감·사회적 고립에 판단력 흐려져
몰래 빛 떠안고 전전긍긍, 가정파탄까지

24일 파고다공원에서 만난 최모(81) 할아버지. 전북 익산이 고향인 할아버지는 스물한 살 때 서울에 올라와 서른 되던 해에 열 살 아래인 아내를 만나 가정을 꾸렸다. 슬하에 3남1녀를 뒀고 40대인 아들 둘은 아직 미혼이다. 결혼후 8년 동안 남의 집을 전전하던 할아버지는 마흔이 채 되기 전에 서울 중곡동에 27평짜리 단독주택을 장만했다. 43년 전, 할아버지가 38세 때였다. '27평짜리 단독주택'을 말할 때 할아버지의 목소리에는 어떤 자부심이 배어있었다. 옥탑방이 딸린 2층 단독주택은 최 할아버지의 전부다. 옥탑방은 세를 내놓아 다달이 30만원을 받아 생활비로 쓰고 있지만 일흔연 반갑지 않은 손님이 목고 있다.

"딸이 우리집 밑에서 살아. 명해 저녁고 갈 데가 없으니 여 와서 사는 거지, 자식년이 와서 사니깐 일흔에 세도 못 내놓고…." 할아버지의 큰 딸은 올해 마흔여덟이다. 같은 집에 살지만 대화는 별로 없다. "잠 못하는데 룡을 보지, 왜 룡을 보겠어." 숨이 찬 지 말을 잇지 못하는 최 할아버지. 딸 이야기가 나올 때마다 뭐가 그리 화가 나는지 짚고 있는 지팡이로 바닥을 탁탁 두드린다. 그런 게 부모라지만 여든이 넘어서도 자식이라는 짐을 지고 살고 있는 것이다.

최 할아버지처럼 부모를 착취하는 자식 때문에 속앓이를 하는 노인들이 늘고 있다. 중앙노인보호전문기관이 지난 6월 발간한 '노인학대 현황 보고서'에 따르면 지난해 노인 학대 상담 건수는 정서적 학대(2134건)·신체적 학대(1326건)·방임(1042건) 등이 주요 유형이었으나 경제적 학대도 540건으로 9.7%에 달했다. 눈에 띄는 점은 학대행위자로 아들(41.2%)·배우자(12.8%)·딸(12.0%) 등이 며느리(6.5%)·친척(1.7%)·사위(0.7%)보다 많다는 점이다. 심지어 타인에 의한 학대(6.2%)는 적게 보일 정도다.

경찰청이 집계한 노인학대 신고 건수도 2008년 2133건, 2009년 190건, 2010년 111건으로 감소하다가 2011년을 기점으로 144건, 2012년 173건으로 증가하다 2013년에는 8월까지 집중신속으로 395건이 발생한 것으로 나타났다. 통상 노인학대라고 하면 노인에 대한 신체적·정신적 착취 또는 가족원을 밀어내리지만 부모에게 손 벌리는 경제적 착취도 포함된다. 서울시 어르신상담센터의 상담 사례를 살펴보면 수천만원의 돈을 갈취한 아들에게 더이상 돈을 줄 수 없다고 하자 아들이 욕설을 퍼붓고 때렸다고 호소한 노인도 다수다.

노인학대뿐 아니라 노인사기·폭력 등 노인관련 범죄도 꾸준히 증가하고 있는 추세다. 경찰청에 따르면 60세 이상 대상 범죄 건수는 2009년 12만1618건, 2010년 10만3229건, 2011년 7만6624건으로 점차 감소 추세를 보이다가 2012년 12만6482건으로 다시 증가했다. 이는 2011년과 비교하면 65.5%가 급증한 것으로 2012년 기준으로 하루에 347건의 노인 대상 범죄가 발생한 셈이다.

특히 노년층을 상대로 한 사기범죄가 기승을 부리고 있다. 경찰청이 최근 5년간 61세 이상 사기범죄 피해자 수를 집계한 결과를 보면 2009년 1만8981명, 2010년 1만7622명, 2011년 1만265명, 2012년 1만3083명, 2013년(1~10월) 1만2210명 등 노년층을 상대로 한 사기 피해도 좀처럼 줄어들지 않고 있다. 노후자금과 퇴직금을 노리는 각종 보이스피싱이나, 홍보관, 여행 등을 미끼로 한 사기 범죄가 포함됐다.

무심코 홍보관에 드나들었다가 가족 몰래 빚을 떠안고 전전긍긍하는 노인들도 있다. 경기도 평택에 사는 최정순(65·가명) 할머니는 전형적인 '홍보관 사기' 피해자다. 할머니는 늘 외로웠다. 남편은 아침에 나가 저녁 늦게 집에 들어오기 일쑤였고 아들은 결혼 후 따로 살고 있었다. 집에 홀로 있는 시간이 많다보니 우울증까지 걸릴 지경이었다. 이러던 차에 열집 나는 동네배 주부가 '춤도 추고 노래도 가르쳐 주는 재미난 곳이 있다'고 할머니를 꼬드겼다. 이것이 화근이었다. 처음 한 달은 열린 그냥 말잔치럼 홍보관이 삶의 활력이었다. 청년들을 노래도 부르고 게임도 하다 보니 젊어지는 느낌까지 들었다. 한 달가량 지나자 얼굴을 본 남자 직원이 '복용하면 허리 아픈 게 없어진다. 염증을 완화

시켜주는 효과가 좋아 암환자 등 수술한 사람들이 많이 먹는다'며 148만원 상당의 프로폴리스를 사라고 권했다. '자식한테 폐 안 끼치려면 아프면 안 된다'는 생각에 프로폴리스를 구입했지만 이게 끝이 아니었다. 이들의 연이은 유혹에 할머니는 상어연골, 천삼, 수의 등을 구입하느라 6000만원을 써 버렸다. 이 돈을 충당하느라 홍보관에서 주선해 준 캐피털에서 돈을 끌어다 쓰기까지 했다. 할머니는 뒤늦게 '아차'한 마음에 환불을 요청했지만 그 홍보관은 이미 매장을 정리하고 떠난 뒤였다.

최 할머니는 "처음연 단순히 재미로 갔던 것인데 어떻게 이런 지경에까지 이르렀는지 자신이 한심스럽고 후회 막급일 따름"이라며 "가지고 있던 현금은 모두 썼고 앞으로 청구될 캐피털 할부 청구와, 지로청구서 생각에 하루 하루가 사는 게 사는 것이 아니다"라며 한숨을 지었다. 남편, 아들과도 사이가 멀어져 최 할머니의 가정은 현재 붕괴될 위기에 처했다.

이들은 홍보관이나 체험관 등을 차려놓고 연예인 초청공연, 안마, 레크리에이션 등을 통해 노인의 혼을 쏙 빼놓고 화장지, 세제 등을 무상으로 나눠주며 어르신들의 환심을 산다. 마음의 빗장이 풀렸다고 생각되면 화술 뛰어난 직원이 나와 속칭 '영업'으로 불리는 판매 활동을 개시한다. 싸구려 건강식품을 노인병 치료에 특효가 있다며 속여 파는 것이다.

한국노년복지연합(이하 한노연)에 따르면 이렇게 노인을 피어 불법상품을 파는 홍보관은 전국적으로 1만여개, 이곳에 드나드는 노인 수만 어림잡아 50만명에 이른다고 한다. 그렇다면 노인들은 왜 홍보관을 가는 것일까. 노정호 한노연 사무총장은 노년의 외로움을 달래줄 적절한 여가 문화의 부재를 꼽는다. 노 사무총장은 "외로운 노인들의 심리를 이용해, 아들 뻘 되는 직원들이 시종 '어머니'라고 부르며 살갑게 굴면서 환심을 사고 이를 이용해 사기를 범인다"면서 "노인 대상의 다양한 사기 수법과 발생 가능한 피해 유형을 사전에 교육시켜 사기 피해를 줄어야 한다"고 말했다.

더욱 문제인 것은 사기 피해를 입고도 자구책을 강구하기는 커녕 오히려 쉬쉬한다는 점이다. 서울시에 따르면 피해자의 신고 비율은 17.8%에 불과하다. 피해자 10명 중 신고자는 2명도 채 안된다는 예기다. 실제 지난 18일 서울시 영등포노인종합복지관에서 70대 이상 노인 30여명을 대상으로 열린 '사기 예방 교육'에서 자신의 피해사실을 속 시원히 털어놓는 노인은 단 한 명도 없었다. 홍보관 현장을 보여주는 동영상을 틀어주자 '맞아, 맞아'라며 맞장구를 치던 어르신들은 '홍보관에 가보셨느냐'는 말에 손사래를 치기 바빴다. 특강이 끝나자 '나중에 전화하겠다'며 특강을 진행한 직원의 명함을 받아간 할아버지, 할머니 수는 8명. 강연을 진행한 직원은 "저분들 다 분명 홍보관에서 물건을 한두 번은 사신 분들"이라고 귀뜀했다. 이날 교육에 참석한 김모(73) 할머니는 "노인정에 있는 할머니들 따라서 서너 번 가봤는디 물건은 많이 안 샀어. 그냥 하루 춤추고 재미있게 노는데 쓴 돈이라고 생각하면 아깝진 않아…"라며 말끝을 흐렸다.

피해금액이 몇 천만원에 이르지만 남편, 아내 몰래 빚을 감당하는 경우도 허다했다. 사기당한 사실이 알려지면 자칫 가정불화로 이어질까 우려해서다. 실제 한노연이 모아놓은 피해상담 사례를 살펴보니 '남편이 알면 맞아죽어요', '이혼 당하고 자식들에게 쫓겨났다', '주부로서 남편 몰래 큰돈을 썼다. 돌려받고 싶다'며 속 끓는 노인이 여럿 있었다. 이 중 6000만원의 피해를 입은 유모씨에게 전화 통화를 시도했다. 유씨는 남편이 알까 두려워 연락처조차 여동생의 전화번호를 남겨 놨다. 하지만 유씨는 전화를 받지 않았고 여동생은 '괜히 일 크게 만들었다가 형부가 알까봐 그냥 언니가 6000만원을 손해 보기로 했다'며 전화를 급히 끊었다. 레이저 치료기 등 수천만원어치의 물품을 구매했다는, 또 다른 피해자인 전모씨는 "도저히 감당이 안 돼서 남편에게 사실을 털어놨다. 기억하고 싶지 않은 일이니 더 이상 묻지 말아달라"며 더 이상의 통화를 거부했다.

유지웅 경찰대 치안정책연구소 연구관은 "노인이 사기에 취약한 것은 외로움, 고독감 등 정서적인 면을 파고들어 판단력을 흐트려 놓기 때문"이라며 "노인 사기피해가 증가하고 있다는 것은 그만큼 사회적으로 고립된 노인들이 많다는 것을 보여준다"고 말했다.

기획취재팀=김동선 부장·김민영·김보경·주상돈 기자 matthew9

한차례 가을비가 지나간 서울 종로구 파고다공원 북문 근처에서 고인 물에 비친 한 할아버지의 모습이 쓸쓸해 보인다.　백소아 기자 sharp2046@

노인 대상 사기 피해 유형

영화 엑스트라 출연 따라가지 마세요
영화제작사 명함을 건네며 '엑스트라가 필요하다'고 말한 뒤 방송사 촬영세트장을 견학시키고 제3의 장소에서 건강식품을 판매하는 수법

연예인 공연에 속지마세요
연예인을 초청해 흥을 돋운 뒤 화장지, 세제 등을 무상으로 나눠주고 노인병 치료에 특효가 있다며 건강식품 등을 고가에 판매하는 수법

효도관광 아닙니다
효도관광을 빙자해 어르신들을 홍보관, 떴다방 등으로 유인한 뒤 건강식품 등을 강매하고 이를 택배로 배송한 뒤 결제하게 하는 수법

무료 여행권 당첨은 무조건 의심
회사 이벤트로 여행상품권이 당첨됐다고 속이거나 신제품을 공짜로 보내주겠다고 속인 뒤 정상적으로 구매한 것이라고 속어 파는 수법

공무원 아니고 사기꾼일 수 있습니다
구청직원을 사칭해 임대아파트나 기초생활수급자 서류접수비로 돈을 요구하거나 주민등록증을 받아간 뒤 거액의 비용을 지불하게 하는 수법

자녀가 교통사고 났어요
목소리를 알아듣기 어렵게 울먹이며 자녀인 척 연기하거나 교통사고를 냈으니 합의금을 빨리 보내달라고 돈을 요구하는 경우

투자하면 큰 돈을 만집니다
정부가 추진하는 사업에 투자하면 큰 돈을 벌 수 있다고 어르신들을 꼬드긴 뒤 투자금 명목으로 거액의 돈을 풀어내고 도주하는 수법

사기 피해 예방 수칙

▶ 연예인 초청 공연이라면 후원기관이 어디인지 꼼꼼히 살피고 연락처 등을 메모한다.

▶ 고수익 사업에 투자하라는 권유를 받으면 무턱대고 투자금부터 주지 말고 주변지인들에게 이를 알리고 회사 사정을 자세히 알아본다. 직접 회사에 찾아가 회사명, 사업계획서 등을 검토하는 것이 좋다.

▶ 공무원 신분을 밝히며 접근하는 자가 있다면 그 사람의 소속과 성명, 연락처 등을 우선 확인한다. 그 자리에서 곧바로 114를 통해 해당기관에 전화를 걸어 신분 확인이 가능하다.

▶ 자녀 등을 사칭한 전화가 걸려오면 목소리를 유심히 들어보고 낯선 목소리일 경우 통화를 끊고 자녀에게 바로 연락을 취한다.

제6601호(40판) 대표전화 02-2200-2114 2013년 11월 27일 수요일 (음 10월 25일)

석간

아시아경제

www.asiae.co.kr

pinpoint

나스닥 4000

13년만에 최고치

뉴욕증시가 신기록 행진을 이어가고 있다. 26일(현지시간) 기술주 중심의 나스닥 지수가 심리적 저항선이었던 4000선을 돌파했다. 이날 나스닥 지수는 전 거래일보다 23.18포인트(0.58%) 상승하며 4017.75를 기록했다. 나스닥이 종가기준으로 4000선을 넘긴 것은 2000년 9월 이후 13년 만에 처음이다.

우량주 중심의 다우존스지수(다우지수)는 전 거래일에 비해 0.26포인트(0%) 오른 1만6072.80에 마감했다. 소폭이지만 전날 새운 사상최고치를 연거푸 경신했다. 최근 우량주 중심의 다우지수가 1만6000선을, 대형주 중심의 스탠더드앤드푸어스(S&P)500 지수가 1800선을 사상 처음으로 돌파한 가운데 뉴욕증시의 주요 지수가 이날도 기록 행진을 이어갈 수 있었던 것은 그동안 우려됐던 주택관련 지표가 예상보다 좋게 발표됐기 때문이다. 미국 20개 주요 도시의 주택 가격을 집계한 케이스실러 주택가격 9월 지수는 전년 동월 대비 13.3% 상승했다. 13.8%를 기록했던 2006년 2월 이후 최고 상승률이다.

이날 미국 상무부가 발표한 10월 건축허가 건수도 9월의 97만4000건(연율기준)을 넘어 103만건으로 나오면서 주택경기 부진에 대한 시장의 우려를 털어냈다. 뉴욕=김근철 특파원 kckim100@

외제차 자차보험료 내년 11.3% 오른다

국산차는 2.9% 인하

내년 1월부터 외제차의 자차 보험료가 평균 11.3% 오른다. 반면 국산차의 자차보험료는 평균 2.9% 인하된다. 보험료를 올리거나 내릴 때 기준이 되는 등급 요율(할인·할증률)의 폭도 현행 150%에서 200%로 확대된다.

보험개발원은 27일 "현행 21등급인 차량모델등급제를 26개 등급으로 확대하는 방안을 확정해 내년 1월부터 시행하기로 했다"고 밝혔다.

현행 차량모델별 등급은 1-21등급으로 나뉘어 있다. 1등급으로 갈수록 5%포인트씩 요율이 할증돼 최고 위험등급인 1등급 차량은 50%의 요율이 추가로 할증되는 방식이다. 반면 저위험 등급인 21등급으로 갈수록 5%포인트씩, 최고 50%까지 할인율이 적용된다.

개선안은 등급 기준을 5개 더 늘려 표준등급을 현행 21등급에서 26등급으로 늘렸다. 이를 통해 기존 최고위험 등급인 1등급을 5개 구간(구간마다 10%씩 할증)으로 세분화해 보험료 할증률을 확대했다.

이 같은 방안이 적용되면 외제차의 자차 보험료는 평균 94만2000원에서 104만9000원으로 10만7000원(11.3%)이 오른다. 반면 국산차의 자차 보험료는 평균 23만9000원에서 23만2000원으로 7000원(2.9%) 가량 낮아진다.

이번 개선안으로 외제 차종 34개 중 94%인 32개 모델이 보험료가 인상된다. 나머지 2개 차종만이 보험료가 그대로 유지된다. 국산차는 전체 172개 모델 중 35%인 60개 모델이 보험료 인하 혜택을 받는다. 또 78개 모델의 보험료는 그대로 유지되고, 34개 모델은 보험료가 소폭 인상된다. 고형광 기자 kohk0101@

아시아경제

스마트폰에서도 보세요

QR코드를 찍으면 아시아경제 웹페이지에서 지면 보기 등 서비스를 받을 수 있습니다

News In Depth

그 섬, 파고다 ⑧
▶관련기사 9면

어느 날 사라진 섬… 고독死의 재구성

우리 사회에서 고독사(孤獨死)는, 눈에 띄는 사연이 없다면 사회면 1단짜리 기사도 되지 않습니다. 자신 외에는 아무도 그 죽음을 알지 못한 채 가는 마지막 길, 못 개월 뒤에야 발견된 그 주검 앞에서도 우리 그저 또 한 사람의 비운을 무심하게 추가할 뿐입니다. 아시아경제 기획시리즈 '그 섬, 파고다'를 취재하면서, 익명의 섬처럼 떠돌다 소리 없이 흩어져 가는 노인들의 행방에 관심을 가지지 않았습니다. 그 기약 없이 사라지는 섬을 주목한 우리는, 삭막한 세상이 만들어낸 그 추운 종말을 막아내리는 전 사회적인 관심이 더욱 필요하다는 인식을 하게 되었습니다. 10개월 전에 돌아가신 한 할아버지의 고독사를 재구성하고 그 삶과 죽음을 환기해보는 뜻은 거기에 있습니다. 사회의 어두운 이면을 바로잡고자 하는 거창한 주장보다는, 지금 거리를 활보하는 우리가 20년 뒤 혹은 30년 뒤에 맞을 수 있는, 임종에 대한 생생한 묵시록을 지면에 옮겨놓고자 함입니다. 대한민국 우리 중의 누구나 '사라지는 섬'일 수 있습니다. 파고다공원의 어느 오후, 고개 파묻은 한 노인의 뒷목에 내려앉는 햇살만큼이라도 우리가 따뜻해질 수 있을까요. 사진=백소아 기자 sharp2046@

공제회 기금운용을 파헤치다 시리즈①

'눈먼 돈', '감독 사각지대'. 시장에서 공제회 기금을 가리키는 표현들이다. 공제회의 자산 규모나 가입자 수는 공적연금에 육박할 정도로 커졌지만 정작 중요한 기금 운용은 주먹구구식으로 어뤄지는 경우가 태반이다. 조합원들이 자신들의 복지와 미래 노후를 위해 맡긴 자금이 사실상 관리감독 없이 방치되고 있는 것이다. 수십조원 자금이 전문성 없이 운용되고, 각종 비리가 끊이지 않는 게 공제회의 현 주소다. 이에 아시아경제신문은 주요 12개 공제회의 기금 운용실태와 문제점을 집중 분석해보고 향후 나아갈 방향을 모색해본다. <편집자주>

연기금은 외평사에 대체투자 점검 받는데…

공제회 12곳 모두 외부평가 전혀 안받아

본지, 운용실태 전수조사

수십조원 공제회 자금이 객관적인 평가지표 없이 주먹구구식으로 운용되고 있는 것으로 확인됐다. 정작 기금의 주인인 조합원은 기금이 정상적으로 운용되고 있는지조차 알 길이 없는 상황이다.

27일 아시아경제신문이 주요 12개 공제회를 전수조사한 결과, 외부 전문평가사와 대체투자 공정가치 평가 계약을 맺고 있는 곳은 단 한 곳도 없었다. 12개 공제회의 기금 자산은 43조원에 육박하는데 이 중 대체투자는 25%가량이다.

대체투자는 주식이나 채권과 달리 객관적인 수치로 투자 결과를 확인하기 어렵기 때문에 통상 외부 평가사에 공정가치 평가를 의뢰한다. 이를 통해 대체투자 현황이 어떻고 수익률은 어떤 수준인지 알 수 있다. 때문에 국민연금, 사학연금, 공무원연금 등 주요 연기금들은 외부 평가사에 대체투자 공정가치 평가를 받고 있다. 주로 한국자산평가, KIS채권평가, NICE채권평가 등 채권평가사가 업무를 맡고 있다.

공제회는 높은 보장 이자율을 감당하기 위해 올해 들어 앞다퉈 대체투자 비중을 늘려 왔다. 부동산, 사모펀드(PEF) 등 대체투자를 통해 수익률을 끌어올리겠다는 계획이었다. 연초 교직원공제회는 올해 안에 대체투자에 1조9000억원을 신규 투자해 비중을 27.8%까지 확대하겠다는 입장을 밝혔다. 교직원공제회의 대체투자 비중이 주식(13.7%)과 채권(24.3%)을 넘어서는 건 올해가 처음이다. 공제회들은 이처럼 대체투자 비중을 늘리면서도 정작 중요한 공정가치 평가 계약은 맺지 않은 것이다. 심지어 교직원공제회는 최근 시중 채권평가사에 공정가치 프레젠테이션(PT)을 받았지만 "아직은 공정가치를 받을 때가 아니다"며 고사한 것으로 알려졌다.

이뿐 만이 아니다. 12개 공제회 중 외부 채권평가사와 채권지수 공급 계약을 맺고 있는 곳도 교직원공제회 한 곳에 불과했다. 채권평가사가 제공하는 채권지수는 벤치마크(BM)로 활용되는데, 이들 채권지수가 있어야만 조합원은 객관적인 기금 수익률을 알 수 있다.

전문가들은 공제회 기금운용에 대한 관리감독이 보다 철저해야 한다고 지적한다. 이들 공제회는 특별법이나 법조문에 근거해 설립돼 정부의 세금 지원도 가능한 곳들이다. 예컨대 경찰공제회는 경찰공제회법, 군인공제회는 군인공제회법이 근거법이다. 여차하면 세금으로 기금 부실을 메워줄 수 있는 데 반해 정부의 관리감독이 너무 허술한 셈이다.

한편 조사대상 공제회는 건설근로자공제, 경찰공제회, 과학기술인공제회, 군인공제회, 대한소방공제회, 대한지방행정공제회, 한국교직원공제회, 한국지방재정공제회, 건설공제조합, 노란우산공제, 엔지니어링공제조합, 전문건설공제조합 12개다. 이승종 기자 hanarum@

서울 종로구 돈의동 쪽방촌, 사람이 없는 한적한 오후 2층 쪽방 창문에 언제 넣어놓았는지 모를 양말들이 짝을 맞추어 주인의 손길을 기다리고 있다. 백소아 기자 sharp2046@

사진 속 "충성" 청년은 몇달된 주검 머리맡서 웃고 있었다

빅시리즈 18 '충성 할아버지' 고독死의 재구성

"○씨? 몇 주째 안 보이던데." "이렇게 안보이면 병원에 누워있거나 죽은거지. 혼자 산다 그랬는데 누가 장례는 '치러줬나 몰라." 지난달 파고다(탑골)에 매일 출근하는 할아버지 사례(본지 11월8일자 22·23면 참조)를 찾던 중 매일 공원에 나오던 한 할아버지가 몇 주째 보이지 않는다는 얘기를 들었다. 할아버지들의 추정일 뿐이지만 이 말이 맞다면 ○ 할아버지가 쓸쓸한 죽음을 맞았을 가능성도 전혀 없는 것은 아니다. '그 섬, 파고다'를 기획·연재하는 동안에도 전남 나주에서 고독사한 할아버지 주검이 건설폐기물처리장에서 발견된 등 최근 우리 사회에 고독사는 끊이지 않고 있다. 고독사는 파편화된 가족 해체가 낳은 극단의 결말이다. 가족과, 이웃과 인연의 끈이 끊긴 삭막한 사회의 어둡고 불편한 단면인 것이다. 우리는 지난해 말 사망해 해를 넘겨 올해 초 시신이 발견된 박진욱(65·가명) 할아버지의 고독사 사례를 재구성해 보기로 했다. 이를 위해 해당 주민센터와 구청, 경찰서, 특수 청소업체, 주민 등의 도움을 받았다.

사망뒤 몇주뒤 집에서 발견
가족들은 시신 인도 거부
무연고 사망자 처리, 화장으로 마감
전문가 "응급의료 차원 접근해야"

축제 분위기에 물든 크리스마스에도, 보신각 종소리가 울려 퍼진 제야와 새해 첫날에도 박진욱 할아버지는 홀로 누워있었다. 몇 주째 박 할아버지가 전화를 받지 않자 지인이 박 할아버지 집을 찾았다. 청록색 페인트가 칠해진 철문은 굳게 잠겨 있었다. 신고를 하자 달려온 경찰과 함께 창문을 깼다. 깨진 창문을 통해 역한 냄새가 흘러 나왔다. 이 갈은 소란에도 박 할아버지는 전기장판을 켜 놓은 큰 방에 가만히 누워 있었다. 1월5일 오후 8시18분, 홀로 숨을 거둔 박 할아버지는 그렇게 발견됐다.

박 할아버지 머리맡에 놓인 책장에는 흑백 사진 20여장이 들어있는 액자가 놓여 있었다. 사진 속에 교복을 입거나 군복을 입고 웃고 있는 박 할아버지의 젊은 시절이 담겨 있었다. 주변 사람들은 시도때도없이 "충성"을 목청껏 외치는 박 할아버지를 '충성 할아버지'라고 불렀다. 군대에서 머리를 다쳐 정신이 온전치 않은 듯하다.

서랍장 열으론 목이 부러진 선풍기 두 개와 박쥐 사랑이 들어앉은 봉지가 발견됐다. 차곡차곡 쌓아 놓은 종이박스 위에는 박 할아버지가 "충성" 경례를 하며 생전에 입던 옷가지들이 어지럽게 울려져 있었다. 바닥에는 전기장판과 이불 3개가 켜켜이 쌓여 있었다. 맞은 편 작은 방에는 1.8ℓ들이 담금소주통 10개와 낡은 라디오 카세트통이 바닥에 덩그러니 놓여 있었다. 작은 방에 딸린 화장실에는 악취가 진동했다. 좌변기에는 각종 오물이 가득했고. 바닥엔 쓰레기 빨래 건조대 열으로 수건과 옷걸이가 어지럽게 놓여있었다. 수도는 끊겼는지 물이 나오지 않았고 싱크대에는 냄비와 국자, 컵 등이 바짝 마른 분뇨로 뒤덮여 있었다. 냉장고 안에는 말랑이 전부였다. 박 할아버지 집에서 느껴지는 생명의 기운은 담금소주통에서 자라고 있는 고구마가 유일했다.

경찰은 박 할아버지 시신에 외상이 없고 외부 침입 흔적이 없어 부검은 하지 않았다. '사망시간 장시간 경과로 인한 전신 부패 및 악취와 변색이 발생했다'는 짧은 검안 소견이 전부였다. 결국 박 할아버지의 사인도 사망일시도 '미상'으로 남았다.

박 할아버지의 사후 처리가 늦어지는 동안 부패한 시신이 남긴 시취는 깨진 창문을 타고 골목 전체로 퍼져 나갔다. 약 20m 떨어진 골목 입구까지 시신 썩은 냄새가 진동했다. 인근 한 주민에게 당시 상황을 묻자 아직도 냄새가 난다는 듯 코를 막으며 고개를 절레절레 흔들었다. "50평생 송장 썩은 냄새 처음 맡았는데 똥 냄새보다, 하수구 냄새보다 시체 썩은 냄새가 지독하더니 그때 앓았다. 요. 사후 처리를 안 해서 송장을 치운 다음에도 한 달 넘게 냄새가 나더라고. 골목예만 들어서면 코를 잡았고.."

결국 인근에 살고 있던 주민이 시행에 민원을 넣고서야 사후 처리가 진행됐다. 시취 민원을 받은 구청에서 특수 청소업체를 불렀다. 박 할아버지 시신이 발견된 지 한 달이 지나서였다. 지난 2월6일 오후 2시에 시작한 청소는 꼬박 하루가 걸려 다음 날 오후 4시에야 끝났다. 이렇게 사후 처리가 늦어진 것은 집주인과의 전세금 합의가 늦어진 때문이었다. 사촌 여동생은 박 할아버지의 전세보증금 150만원에서 집 정리 비용 100여만원을 부담하고 나머지를 가져갔다.

박 할아버지는 지난 2003년 80대 노모와 함께 이 곳으로 이사를 왔다. 3년 뒤 앞집으로 이사 온 가족에게 박 할아버지는 앨범을 보여주며 군대시절 이야기를 늘어놓기도 하고 철도 공무원으로 일했던 이야기를 들려주기도 했었다. 하지만 2010년 노모(당시 87세)가 먼저 세상을 떠난 뒤 박 할아버지는 주변 사람들과 스스로 담을 쌓았다.

생전 박 할아버지는 자전거를 타고 동네 주변으로 운동을 다닐 만큼 건강했다. 인근 부동산 운영자는 생전의 박 할아버지를 "눈이 부리부리하고 찍찍한 사람"으로 박 할아버지를 기억했다. 박 할아버지는 정신 장애가 있었으나 장애인 등록은 안 되어 있었다. 2010년 12월16일부터는 기초생활 수급비도 끊겼다. 근로능력이 없다는 진단서를 받아 재신청을 해야 했지만 박 할아버지는 진단서를 제출하지 않아 이후 수급 대상으로 원복되지 못했다. 대신 '비수급 저소득 특별 구호 대상자'에게 주는 구호비 2만원으로 한달을 났다.

통계청의 '2013 고령자 통계'에 따르면 올해 65세 이상 노인은 613만7702명으로 전체 인구의 12.2%다. 이 중 독거노인은 올해 125만2012명으로 65세 이상 인구의 20.4%에 달한다. 통계청은 독거노인이 2020년 174만4830명(21.6%)으로 늘고 2030년에는 282만2123명(22.2%)으로 급증할 것으로 전망하고 있다. 65세 이상 노인(2030년 1269만명)과 독거노인 모두 현재의 2배가 넘을 것이라는 예상이다.

정부, 보건복지부 등은 '노인 돌봄 기본서비스 사업'을 실시하고 있다. 요양서비스가 필요하지 않은 독거노인을 대상으로 주기적인 방문(주 1회)과 안부전화(주 2~3회)를 통해 안전 확인 및 말벗 서비스를 진행하고 있다. 토 월 2회 이상 보건·복지·문화 등에 대한 프로그램을 운영하기도 하고 지역 내 민간 복지서비스 기관과의 연계도 지원한다.

서울시도 저소득층 독거노인의 가정을 방문해 청소와 세탁, 목욕, 말벗, 급식, 병원동행 등 재가 노인 지원서비스를 진행하고 있다. 또 거동이 불편한 노인에게는 화상통화가 가능한 '안심폰' 서비스와 결식 우려가 있는 노인에게는 매일 한 끼 식사를 배달하며 안부를 묻는 서비스 등을 실시하고 있다. 서울 마포구 합정동에서는 통장이 직접 독거노인 가정을 방문해 안부를 살피는 '통장복지사' 사업이 시행 중이다. 경기도는 우편집배원을 통해 불편한 독거노인의 불편 사항을 접수받는 '행복배달 빨간자전거' 사업을 시작했다. 경기도 일부와 경남 의령군에서는 독거노인들이 함께 생활하는 '공동주제'를 운영하고 있다.

하지만 이 제도들 대부분이 기초생활수급자 위주인 탓에 차상위계층을 비롯한 상당수 노인이 사각지대에 놓여 있다. 125만의 독거노인 중 노인 돌봄서비스를 받고 있는 노인은 올해 30여만명에 불과하다. 이번에 홀로 세상을 떠난 박 할아버지도 기초생활수급자가 아니라 지자체의 관리 대상에서 제외된 경우였던 것이다.

서대문구청은 박 할아버지의 고독사 이후 마을 장례지원단인 '두레'를 구성했다. 무연고 사망자에 대한 마을 장례를 치러주고 사후 원활한 행정처리 지원을 위해 '임종 노트' 운동도 시작했다. 임종 노트는 "꼭 연락해야 할 사람, 각종 신분증의 위치, 유언" 등을 적게 했다.

전문가들은 고독사의 근본적인 원인을 핵가족화에 따른 가족 해체로 분석하고 독거 노인 중 고독사 위험군을 정기적으로 순회하는 서비스가 필요하다고 저적했다. 고독사 예방에 대한 접근법에도 변화가 필요하다고 입을 모았다. 송기익 한양대학교 고령사회연구소 교수는 "독거노인들이 사회적 관계를 형성하고 있으면 고독사 이전에 막을 수 있는 확률이 높아진다"며 "가족 해체를 완화시키는 정책도 이를 보완하는 사회적 정책도 미비한 상황"이라고 진단했다. 이 교수는 "고독사의 대부분은 빨리 발견하면 살릴 수 있는 경우가 많다"며 "고독사 예방에 대한 접근을 무관심과 외로움 등 감정적인 부분에서만 할 것이 아니라 응급의료 차원에서 접근해야 한다"고 지적했다. 이안수 한서대학교 응급의료과 교수도 "노인 고독사 중에는 굶어 죽거나 얼어 죽는 경우가 많은데, 예산상의 문제로 돌봄 범위를 확대하기 어렵다면 노인 돌봄이가 한 곳에 체류하는 시간을 줄여서, 단 5분이라도 주기적으로 독거노인을 확인해야 한다"고 말했다.

기획취재팀=김동선 부장·주상돈·김보경·김민영 기자 matthew@

'충성 할아버지' 고독사 재구성

- **사건명** '충성 할아버지' 고독사
- **변사자** 박진욱(가명), 1948년 9월20일 생
- **발견일시** 2013년 1월5일 20시18분
- **발견장소** 서울시 서대문구 남가좌동
- **사인** 미상
- **사망일자** 미상
- **부검여부** 외부 침입 흔적이 없고 외상이 없어 부검 미실시
- **검안의 소견** 사망시간 장시간 경과로 전신 부패와 변색 및 악취

전국의 주요 고독사 방지 사업 및 기관

사업명	시행기관	내용
노인돌봄기본서비스	보건복지부	정기적 방문 및 전화를 통해 정기적인 안전확인 및 건강 영양관리
독거노인 사랑잇기		독거노인과 자원봉사자 연결
응급안전돌보미		가스화재감지기 및 응급호출버튼 설치
재가노인지원서비스	서울시	청소, 세탁, 목욕, 말벗, 급식, 병원 등 서비스 지원
어르신 무료급식지원		거동불편 독거노인에게는 일반찬 배달
사랑의 안심폰		화상전화로 실시간 안부확인
통장복지사	서울 마포구	통장들이 독거노인 방문
아름다운동행	서울 양천구	고독사 우려 독거노인 실태조사 및 맞춤 서비스 제공
행복배달 빨간자전거	경기도	우편집배원을 통해 불편한 독거노인의 불편사항 접수
카네이션하우스	안양, 이천, 여주, 구리, 가평, 연천	독거노인 공동생활주택
독거노인 U-케어 서비스	강원도	독거노인의 활동과 사고 상황 등을 감지하는 센서 설치
공동거주제	경남 의령군	독거노인 공동거주제

현장 수습 전문가 인터뷰

"쓸쓸한 죽음 자취 지우기도 쉽지않아"

이웃들 불편한 시선이 큰 짐

"긴 해외 출장을 다녀온 사이 부모님이 모두 돌아가셨다. 혼자 움직일 수 없는 어머니를 아버지가 돌보고 계셨는데 지친 아버지가 먼저 쓰러져 돌아가시자 거동할 수 없었던 어머니도 식사를 못 챙겨 결국 아버지를 따라 가신 것 같다. 부모님 두 분이 모두 돌아가셨는데 부모님 집을 수습해 줄 수 있겠느냐."

지난 2007년 10월 김석훈(39) 바이오해저드 대표에게 한 40대 남성으로부터 온 인터넷 쪽지 내용이다. 바로 얼마 전 장례식장에서 의뢰를 받아 시신이 부패한 현장을 청소한 뒤 김 대표가 블로그에 남긴 글을 보고 연락이 온 것이다. 당시 김 대표는 12년째 장례지도사로 일하고 있었다. "직접 부모님 집을 정리하는 것이 자식 된 도리지만 부모님이 돌아가신 집에만 가면 부모님을 모시지 못했다는 죄책감이 가슴을 짓누르더라"는 의뢰인의 말에 이 현장을 맡았다고 한다.

이 일을 계기로 김 대표는 2008년 6월 특수 청소업체 바이오해저드를 열었다. 이때만 해도 고독사, 자살, 살인사건 등이 남긴 혈흔과 시취를 제거해주는 업체가 없었다. 김 대표는 "지금은 건설폐기물이나 생활쓰레기 등을 처리하던 업체까지 유품정리 일에 뛰어 들고 있지만 시신 부패물이나 시취를 전문적으로 제거하는 업체는 지금도 몇 곳에 불과하다"고 설명했다. 지금까지 바이오해저드가 맡은 현장은 800여건. 이 중 250여건이 65세 이상의 고독사 현장이었다.

이 회사 외에도 키퍼스코리아·바이오에코·천국용·제이클 등 100여개 업체가 유품정리 및 특수 청소를 하고 있다. 이들은 고독사로 늦게 발견돼 시신이 심하게 부패했거나 범죄현장 등 혈흔이 남은 현장을 주로 맡는다.

김 대표는 이 일을 하면서 시취가 아니라 주변 사람들의 곱지 않은 시선이 가장 힘들다고 했다. 그는 "현장에 나가면 '왜 우리 집 앞으로 지나 다니느냐', '우리 집 앞에 왜 차를 대놓느냐' 등의 항의를 한다"며 "시취에 대한 혐오감과 무서움은 충분히 이해하지만 이럴 땐 정말 힘이 빠진다"고 말했다.

지난 24일 경기도 성남시 중원어린이도서관에 위치한 책마루 카페에 어르신 바리스타들이 주문 받은 커피를 정성껏 만들고 있다. 어르신들이 만드신 커피는 조금 느리지만 깊은 맛이 난다. 백소아 기자 sharp0460

60세 이상만 근무하는 성남 카페 … 12인의 '일자리 찬가'

빅시리즈 ⑲ 69세 男바리스타. 65세 女매니저 … 일하는 그들은 멋졌다

그런데 할머니들은 다 어디 가신 걸까요? 이곳 파고다에서 할머니를 만나기란 참 힘든데요. 우리나라 인구 통계만 보더라도 할머니들이 할아버지보다 100만명 이상 많고 기대 수명도 길어서 할머니들이 훨씬 더 눈에 많이 보여야 하는데 말이죠. 그렇습니다. 할머니들은 할 일이 많은가 봅니다. 애 봐달라는 딸내미 부탁을 매정하게 내치지도 못하고, 자식들이 다 출가했다 해도 집안 대소사를 관장해야 하니 늘 바쁘실테죠. 또 환갑은 예사고 일흔을 넘기고서도 식당이며 청소 등 일손을 놓지 않는 우리 어머니들이 많은 게 사실입니다. 그래서 우리는 점심때 식당 아주머니들에게 스스럼없이 '이모' '엄마'라 부르는 지도 모릅니다. 어르신들에게 일자리는 단순히 경제적인 여유만 주는 게 아닙니다. '난 아직 쓸모 있다'는 자존감의 회복이기도 합니다. 우리는 할아버지와 할머니가 함께 일하는 곳을 찾아가 봤습니다.

"파고다공원이야 잘 알지만 가본 적은 없어. 지금껏 살면서 '답답하다'거나 '지루하다'는 생각은 한 번도 해본 적이 없거든. 마음만 먹으면 나이 들어서도 바쁘게 살 수 있다구."

경기도 분당에 사는 이무일(69) 할아버지는 은퇴한 지 11년이 지났지만 파고다공원엔 단 한 번도 가본 적이 없다고 했습니다. 대신 할아버지가 일주일에 두세 번씩 꼬박꼬박 나가는 곳이 따로 있다는데요. 지난날 성남시 중원어린이도서관 1층에 문을 연 '책마루' 카페가 바로 그곳입니다. 할아버지는 이곳에서 '폼나는' 바리스타로 일하고 있습니다.

지난 24일 방문한 '책마루'는 휴일 나들이를 나온 가족 손님들로 북적입니다. 허옇허옇한 머리를 단정하게 옆으로 빗어 내린 이 할아버지는 흰색 셔츠에 앞치마를 두른 말끔한 차림이었습니다. "주문하신 커피 나왔습니다" 경쾌한 목소리와 함께 커피가 든 쟁반을 손님에게 전달하는 솜씨는 여느 대형 커피전문점과 다를 바 없어 보입니다.

이렇게 '흰머리 바리스타'가 되기 전에 할아버지는 인근 청소년 수련관에서 4개월 과정을 정식으로 밟았답니다. 새로운 일에 뛰어드는 걸 주저하지 않는 성격이라는 할아버지. "동네 복지관에서 배울 수 있는 수업이 100개가 넘더라고. 난 할멈(아내)이랑 같이 컴퓨터, 요리, 클래식 음악 수업 들었어." 카페 일을 하지 않는 시간에는 자전거를 타며 젊은 사람 못지않게 건강한 생활을 하고 있다네요. 일터에 가려면 가파른 오르막길을 올라야 하지만 이제는 적응이 되서 거뜬하다고.

이런 할아버지가 '선배님'으로 모시는 사람이 있습니다. 바로 책마루 카페의 강여실(65·여) 매니저인데요. 나이는 할아버지보다 어리지만 야무진 일처리를 보고 허를 내두른 게 한두 번이 아니라는군요. 강 매니저는 11명의 직원을 관리하며 카페 운영 전반을 책임지고 있습니다. 할아버지를 포함해 이곳 카페 직원은 모두 60세가 넘은 어르신들. 머리가 하얗게 센 직원들이 자신을 '매니저님'이라고 높여 부르는 게 아직 쑥스럽고 어색하다네요. 이제 막 예순다섯, 법적으로도 할머니가 된 강 매니저는 이래 봬도 커피 경력이 햇수로 3년째랍니다. 자주 다니던 중원노인종합복지관 내에 있는 카페에서 일하기 시작해 이곳 '책마루' 카페의 매니저까지 된 것입니다.

이곳에서 근무하는 어르신 바리스타들은 지난 7월 바리스타 자격증 시험에 당당히 합격했습니다. 직원 모두가 함께 공부를 했는데 딱 1명이 떨어졌다는군요. 낙방한 할머니는 다음 달 재시험을 치를 예정이랍니다. "예전엔 몰랐던 커피 맛을 알게 되면서 바리스타가 되는 공부에 푹 빠졌었지. 젊었을 적에 이렇게 열심히 공부했다면 판검사도 됐을 거야." 강 매니저가 호호 웃습니다. 20대 중반에 결혼한 강 할머니는 줄곧 전업주부로 살다가 작은 뜨개질 가게를 운영한 게 사회경험의 전부랍니다. 강 매니저를 포함해 이 카페 근무자들은 순번을 정해 일주일에 이틀 정도씩 일을 하고 수익금을 나눠 갖습니다. 1인당 월급은 보통 20만원 꼴이랍니다. 손에 쥐는 돈의 액수는 적지만 젊었을 적 돈을 벌 때보다 뿌듯함은 더 크답니다.

어린이도서관 안에 있는 '책마루' 카페의 손님들은 대부분 학부모와 아이들입니다. 가족 손님들에게 '흰머리 바리스타들'은 더욱 각별합니다. "용기 있고 멋져 보여요. 나도 나이를 먹어서 저런 일을 하는 것도 나쁘지 않겠다 싶은데

수련관·복지관서 정식으로 교육 수료
대부분 자격증 갖춘 당당한 전문가
일주일에 이틀씩 순번 정해 근무
한달 월급 20만원 그래도 뿌듯함은 커

요. 나이에 대한 편견이 사라진다면 앞으로도 이런 일자리가 더 늘어나지 않겠어요." 이날 자녀들과 책마루 카페에 들른 아니미(39·여) 씨의 말입니다.

카페 '책마루'의 직원들처럼 노인들이 실버 카페를 직접 운영해 그 수익금으로 월급을 받는 형태를 정부에서는 '시장형' 노인 일자리로 구분하고 있습니다. 2004년부터 본격 추진돼 올해 10년째를 맞은 정부의 노인 일자리 사업은 공공부문의 공익형, 복지형, 교육형 일자리와 민간 부문인 시장형, 인력 파견형 일자리 등 크게 다섯 갈래로 나뉜다는데요. 그런데 어찌됐건 세금이 투입되는 공공 부문보다 민간 부문에서의 건강한 일자리가 많아야 할텐데 위 사례와 같은 민간 일자리는 전체의 10%도 채 되지 않는 게 현실입니다.

한국노인인력개발원의 '2012년 노인일자리사업 참여노인 실태조사'에 따르면 공익형 참여자가 전체의 61.0%로 절대 다수였으며, 복지형(19.2%)과 교육형(11.8%) 일자리가 그 다음이었습니다. 시장형과 인력 파견형은 각각 5.3%, 2.3% 수준에 머물렀습니다. 그나마 공익형 일자리의 대부분은 환경관리(41.8%)였으며, 교통 질서 계도(12.0%), 초등학교 급식 지원(10.4%) 등이었습니다. 또 인력 파견형의 경우도 경비원(24.8%), 청소·미화원(15.1%) 중심으로 파견되고 있는 것이죠. 노인 일자리의 질에 대한 지적이 끊이지 않는 이유가 바로 이것입니다. 일하고 싶어도 환경 미화나 경비밖에 없다고 어르신들이 내밸던 얘기가 헛소리가 아닌 듯 합니다.

보건복지부는 올해보다 25.7%포인트 높인 2907억원의 예산을 투입해 내년 노인 일자리를 약 30만개로 늘린다는 계획입니다. 또 전문기술 등을 가진 노인에게 일자리를 제공하고 활동비를 지원하는 '재능활용형 일자리'를 신설해 일자리의 질도 함께 높인다는 방침인데요. 복지부 관계자는 "내년에는 노인들에게 일자리 정보를 안내해주는 전용 콜센터를 운영할 계획"이라며 "노인 일자리 참여를 통해 사회활동과 봉사로 고독감을 해소하고 소득 보충까지 할 수 있는 기회가 되도록 할 것"이라고 했습니다. 정책의 효과가 실질적으로 어르신들의 피부에 와닿는 성과로 이어지길 기대해 봅니다.

기획취재팀=김동선 부장·김보경·김민영·주상돈 기자 matthew@

이정희 노인인력개발원 사업운영국장 인터뷰

노인 고용 증가가 청년층 일자리 빼앗는다는 건 오해

서로간의 영역 달라 … 인구감소 시대 필수

보건복지부 산하 한국노인인력개발원은 노인 일자리 개발과 보급을 맡고 있다. 곧 '고령사회고용진흥법'으로 확대·개편될 노인 일자리 사업과 함께 노후 생애 설계 및 사회참여 활성화 등을 중점적으로 수행할 전망이다. 이정희 사업운영국장에게 고령화사회의 일자리와 복지에 대해 들어봤다. 다음은 일문일답.

-노인의 경력과 재능을 살리고 지역사회에 이바지하는 양질의 일자리를 마련하기 위한 대책은?
▲공공 부문의 경우 사회에 도움이 되는 일자리를 강화할 방침이다. 학교 CCTV모니터링 순찰과 어린이 보호활동, 노인이 노인을 돌보는 노노(老老)케어 활동이 있다. 또한 '시니어 직능클럽'을 통해 퇴직 후에도 경륜을 활용할 수 있도록 지원하고 있다. 지난 10월 기준으로 코레일, 한국마사회

이정희 국장

등 12개 기관에 설립됐다. 노인일자리 평가대회도 열어 지역 내 우수 사례 및 아이템을 발굴에 매뉴얼을 개발·보급하고 있다.

또한 올해부터 '융복합 노인일자리'를 시범 운영하고 있다. 지역 공동체를 기반으로 다양한 노인 일자리를 결합해 일자리 창출뿐 아니라 지역경제 활성화, 도시와 농촌의 상생 등 지역 현안을 해결하는 사업이다. 현재 완주군 로컬푸드 사업과 부산 이바구길 특화사업이 진행 중이다. 내년에는 전체 직원 중 70% 이상이 고령자로 구성하는 고령자 친화기업도 지역사회와 연계해 추진할 예정이다.

-'2012 노인 일자리 참여노인 실태조사'에 따르면 구직 시 겪는 고충이 '나이에 대한 편견과 차별'(33.4%), '취업정보 부족'(32.0%) 등인 것으로 조사됐다. 이 문제를 해결하기 위한 대책은?
▲영국은 고령자 근로 인식 전환을 위한 '에이지 포지티브(AGE POSITIVE) 캠페인'을 통해 고령자 채용 후 성공 사례를 국민에게 알린다. 이처럼 고령 근로자 고용에 대한 인식전환이 정책적으로 이뤄져야 한다. 현재 우리나라는 노인일자리 정보를 한눈에 보는 '100세누리'(www.100senuri.go.kr)를 운영하고 기능을 보강하고 있다. 내년까지 일자리 검색에서 연계까지 가능한 원스톱 서비스를 구축할 계획이다. 구인·구직 기능을 포함한 노인 사회참여 데이터베이스를 통해 체계적인 이력관리 및 취업 연계 활성화가 이뤄질 것이라 예상된다.

-어르신들을 위한 고용이 늘어날 경우 청년층의 반발 혹은 현장에서의 역효과가 있을 수 있다. 이에 대한 대책은?
▲고령층 일자리가 청년 일자리를 잠식한다는 오해가 있지만 실상은 그렇지 않다. 노인 일자리는 초등학교 급식도우미, 문화재 해설사, 공동작업장, 어린이 안전지킴이처럼 청년층 일자리와는 성격이 조금 다르다. 연구에 따르면 한국을 포함한 경제협력개발기구(OECD) 15개국에서 중·고령층 고용률이 상승할수록 청년층 고용률이 높아졌다. 청년고용에 영향을 미치는 요인은 경제성장률, 노동생산성, 서비스산업의 부가가치로 나타났다. 인구감소로 근로 인력이 매년 줄어드는 가운데 고령층의 근로 참여가 노동 인력을 충당하는 수단이 될 수 있다.

-고령화 시대를 맞아 은퇴 설계 등 노후를 미리 대비해야 할 것으로 보인다. 이와 관련해 정부가 준비하는 프로그램이 있는지?
▲고령화 현상이 빠르게 진행되고 있는 가운데 국민의 생애주기에서 노년기가 차지하는 비중이 증가하고 있다. 노년기의 삶이 개인의 삶의 질에 중요한 역할을 하게 된 것이다. 이에 따라 복지부는 노후준비 수준을 측정할 수 있는 노후준비지표를 개발했고, 계속 보완하고 있다. '베이비 부머 종합정보포털'(www.activebb.kr)에서 대인관계, 건강, 재무, 여가 등 4대 영역의 지표를 바탕으로 노후설계프로그램을 사용해볼 수 있다.

focus

〈현장 리포트〉

기사읽는 내내 가슴이 시렸습니다, 다큐의 힘

쪽방노인 사진보고 "초등친구 닮았다"며 울먹 노인문제 제보하러 편집국 찾아온 할머니도… "어머니 칠순잔치 비용 쪼개 기부하고 싶어요"

'원각사 무료급식소'에 대한 기사(본지 11월18일자 9면)가 나간 지난 18일 반가운 이메일을 받았다. 한 독자가 무료급식소에 쌀을 기부하겠다는 의사를 밝혀온 것이다. 독자 류경화씨는 '곧 칠순이 되는 불자(佛子)이신 어머니가 잔치 비용을 기증하고 싶다고 하셨는데 이곳에 쌀을 기증하면 좋겠다'며 원각사의 주소와 전화번호를 물어왔다. 어려운 환경에서도 베푸는 삶을 사는 사람들에게 감동받았다는 류씨는 이후 원각사에 직접 찾아가 "이렇게 인연이 닿았으니 큰 양은 아니더라도 꾸준히 후원하고, 자원봉사도 한 달에 한 번쯤이라도 시작해 보고 싶다"는 결심을 전했다.

아시아경제 '그 섬, 파고다' 기획시리즈가 보도되면서 전국 각지에서 격려 이메일과 전화, 댓글이 줄을 이었다. 독자 이도훈씨는 "항상 말로만 상생을 외치고 다투기만 하는 정치권이나 언제나 힘들다고 흙빛 미래만을 은연 중에 제시하는 경제권, 그리고 연예인들의 신변잡기 기사들만 가독했는데, 어찌 보면 소소하지만 우리네 어르신들의 삶의 한 모습을 조명하고 이를 통해 우리 주변 이웃들의 모습을 엿볼 수 있는 훈훈한 기사였다"고 평가했다.

"'그 섬, 파고다' 시리즈에서 노인에 대해 관심 있게 다루는 것을 보고 제보하러 왔다"며 편집국에 찾아와 억울한 속사정을 털어놓은 할머니도 있었다. 이 만남은 '노인범죄'의 실태를 들여다보고 이것을 기사화하게 된 계기가 되었다. 보건복지부는 '정신지체 박카스 아줌마, 남편은 알고도 …'(12일자 9면)를 통해 지적장애를 겪는 30대 여성이 성매매를 한다는 사실이 알려지자 실태 파악에 나섰다. 종로경찰서에 전화해 '실제로 관리 카드가 있나'며 문의해 온 것. '45년간 한 평 쪽방서 사는 70세 할아버지'의 기사(7일자 9면)가 보도된 이후엔 '본인의 친구 같다'며 박 할아버지를 찾는 전화가 걸려왔다. 1965년께 낙원동에서 학교에 다녔다는 이의용 할아버지는 박 할아버지가 초등학교 시절 어울려 놀던 동무인 것 같다'며 기자에게 박 할아버지의 인상착의와 실명을 물었다. 안타깝게도 이 할아버지가 찾는 인물은 박 할아버지가 아니었지만 잊고 살았던 친구를 떠올리는 계기가 됐음은 물론이다.

온라인에서도 네티즌의 반응이 뜨거웠다. 네티즌들은 실버 세대의 애환과 고민을 엿볼 수 있었다고 했다. 포털 네이버의 한 네티즌(lith****)은 "그들이 있어 지금의 우리가 있다는 것을 알면서도 이런 기사를 볼 때 눈시울이 붉어지는 건 편안한 삶이 부끄러워서 일 것"이라며 "하지만 이런 소소함이 우리 삶의 한 자락이며 그 삶을 유지시켜주는 이야기가 아닐까"라고 적었다. 닉네임 지연***(다음)은 "이 사회의 슬픈 자화상…. 시간이 지날수록 점점 심해지겠지. 노인만 불쌍한 세상이 아니고 아주 많은 이가 쓸쓸하고 고독한 인생을 살지는 않을지 걱정이 앞선다"고 했다.

노인에 대한 관심을 촉구하는 목소리도 높았다. '지금 우리사회는 이미 중첩사회'라고 진단한 네이버 아이디 kom****은 "지금 20대부터는 전부 다 우리 아래 세대가 내는 세금이나 연금으로 먹고 살아야 할 것"이라며 "저 모습은 분명 우리가 책임지고 가야 할 모습"이라고 말했다. 아이디 rsd2****에서 "저분들의 모습이 나의 미래라고 생각한다면, 그리고 조금이라도 입장을 바꾼다면 무시할 수는 없을 것"이라며 "기사 읽는 내내 가슴이 시렸다"라고 적었다.

종로구 일대에서 행해지는 성매매 실태에 대해선 단속 위주의 억제책만이 답이 아니라는 의견이 많았다. 다음 닉네임 예도**은 "중장년에서 노인에 이르기까지 성문제에 대해 근원적인 문제 인식과 그 해결책이 제시되어야 한다"며 "혼자인 남성들이 나이먹어 감에 따라 이들에게 필요한 삶의 공간을 합리적으로 조성해 주는 것이 필요하다 본다"고 지적했다. 다만 노인을 단순히 동정의 대상으로만 바라봐서는 안된다는 지적도 있었다. 아이디 soci****은 "동정이나 시혜의 차원에서만 볼게 아니라 제도적 차원의 모색이 필요한 때"라며 "누구나 언젠가는 노인이 될뿐 아니라 그 노인들 모두에게 개인의 능력만으로 살아남기를 요구하기엔 한국의 고령화는 너무 빠르다"고 지적했다.

〈기획취재팀〉

"탑골·종묘 주변, 세대공감 거리로 확 바꾸겠다" 서울시 밝혀

서울시가 종로 탑골(파고다)·종묘 공원 주변을 노인들의 복지 향상을 위한 거리로 탈바꿈시킬 디자인 사업의 밑그림을 그리고 있다. 또 이 지역에 베이비부머 세대(1955~1963년생)의 재취업과 인생 설계 교육 등을 맡는 '인생 이모작 지원센터'를 세운다는 방침이다.

29일 본지가 입수한 서울시의 '종묘·탑골 공원 주변 서비스 디자인 확안'에 따르면 시는 어르신 밀집지역인 이 일대를 ▲세대 공감의 거리 ▲생산형 복지의 거리 ▲그리운 풍경의 거리로 조성한다는 3대 전략을 세우고 추진 중에 있다. 사업안에는 이 주변을 노인들의 눈높이에 맞으면서도 시민과 소통하는 공간으로 거듭나게 하기 위한 다양한 아이디어가 제시됐다.

▲노화 및 위생문제 해결 ▲음악동아리, 생활체조, 장기·바둑 대회 개최 ▲심리·의료·금융 등 각종 노후 상담 ▲다양한 먹거리와 즐길거리를 한 눈에 볼 수 있는 '만원의 행복' 지도 구축 ▲어르신들의 명언과 덕담을 담은 전광판 등이 그것이다. 시는 용역 발주를 통해 지난 1년간 사업을 위한 현황 및 기초 조사 분석을 거쳤으며, 지난 7월에는 각종 노인 문제 관련 전문가 9명으로 구성된 자문위원회의 검토를 거치는 등 사업안에 대해 최종 점검을 진행했다. 전문가들은 이 자리에서 "역사와 정숙성에 대한 심도 있는 접근으로 이 장소를 찾는 사람과 공간적 형상이 유지되는 곳으로 활성화해야 한다"고 조언한 것으로 알려졌다.

아울러 시는 '인생 이모작 지원센터'를 종로구 돈의동에 위치한 동의빌딩 일부를 임차해 세울 방침이다. 이곳에선 상담센터, 북 카페, 각종 교육 프로그램 등을 운영해 노인층뿐만 아니라 베이비부머 세대의 인생 설계 교육과 일자리 알선, 사회 참여를 지원하는 커뮤니티 공간으로 활용될 예정이다.

시는 이 예산안과 센터 운영을 전문성과 노하우를 갖춘 법인이나 단체에 맡긴다는 내용의 민간위탁 동의안을 지난 8월 서울시의회에 제출한 상태다. 센터 리모델링을 위한 설계용역을 착수한 상태로 계획대로 진행된다면 내년 4월 완공된다.

김보경 기자 bky4710@

취재하는 내내 마음이 무거웠다…파고다 사람들과 독자 격려에 다시 달려 나갔다

기획취재팀 김민영 기자(왼쪽 세번째)가 28일 서울 종로구 종묘공원에서 어르신들을 취재하고 있다.　　백소아 기자 sharp2046@

그 섬에 들어갈수록 우리 사회 무관심이 커 보였다

30살 차이 '파친'이 생겼습니다

주상돈 기자　한참 동안 자판기 커피 예찬(20일자 9면)을 듣고 들어서는 기자를 박동석 할아버지(75·서울 상도동)가 불러 세웠습니다. 대뜸 '기자 양반은 우리를 어떻게 생각해'라고 물어오더군요. 노인에 대한 사회적 시선을 묻는 것 같아 선뜻 대답을 못하고 멈칫거리는데 박 할아버지는 '적적해서, 심심해서 공원에 나오는 건데 거지들처럼 나와 돌아다니고 있다'는 식의 그런 기사만 쓰지마'라며 신신당부를 합니다.

박 할아버지도 파고다공원에 나오는 어르신들에 대한 곱지 않은 시선이 신경쓰이나 봅니다. 본지 설문조사에서 '전혀 존중받지 못한다'를 가장 많이 선택한 연령도 60대 이상이었습니다.(25일자 9면)

파고다에서 만나는 어르신들은 자존감도 많이 상실한 것처럼 보이기도 합니다. 이 때문인지 어르신들은 젊은 기자에게 '젊은 사람이 뭘 안다고 우리들에 대해 손해', '할 말 없으며 가기'라며 등 돌리기 일쑤였습니다. 지금까지 '노인'들에게 손아진 비난의 화살을 기자에게 돌려주는 듯했습니다. 하루가 멀다하고 파고다를 찾았습니다. 파고다공원에서 시간을 보내며 얼굴을 드밀었더니 이제는 손수 먼저 다가와 말을 겁니다. '밥은 먹었어?', '대표 뭐 잘 해야지', '어딜 그냥 가, 커피 한 잔 먹고 가.' 30살 이상 차이나는 '파친(파고다 친구)'이 생긴 거죠.

기온이 영하로 뚝 떨어지자 한 겨울에도 내복을 입지 않는다던 한 할아버지(8일자 22·23면)가 생각나 전화를 드렸습니다. '누구요?'라며 퉁명스러운 목소리는 '할아버지 따라다니던 기자예요'라는 소리에 금세 부드러워집니다. '할아버지, 내복 오늘도 안 입으셨어요?'라고 물었더니 '내일 온다고?'로 들으셨는지 '내일 공원에서 보자'라고 하시네요. 조만간 꼭 찾아뵈어야겠습니다. 혹시 부모님과 이런저런 이유로 따로 살거나 소원하신가요? 오늘 부모님께 전화 한 통 어떨까요?

don@

파고다, 희로애락이 숨쉬는 곳

김보경 기자　"요즘 어떻게 지내세요?'라는 질문에 아무렇지 않은 듯 "죽을 때만 기다리는 거지, 뭐. 옛날에야 나이 많다고 대접받았지. 지금은 천덕꾸러기 신세밖에 더 돼?' 하고 내뱉는 한 할아버지의 말에 마음 한쪽이 아릿해졌습니다. 자조와 푸념 섞인 말들이 그들의 의지에서 비롯된 건 아닐 겁니다. 나이를 먹을수록 가정과 사회에서 마땅히 설 곳을 찾지 못하고 외면당한 탓일 겁니다. 그들이 한참을 방황하다 당도한 바로 종로의 파고다공원과 그 주변은 노인들의 허한 마음을 달래주는 도피처이자 안식처였습니다.

사실 이런 생각을 하게 된 건 최근 일입니다. 처음엔 이곳에 독자들에게 들려 줄 만큼 의미있고 재밌는 이야기가 담겨 있을까 싶었죠. 할아버지들의 마음을 헤아리지 못한 탓에 인터뷰를 거절당한 적도 한두 번이 아니었습니다. 그래서 어르신들과 보폭을 맞추듯 천천히 다가가기로 했습니다. 낮에는 공원 팔각정에 앉아 붙박여 보기도 하고, 저녁에는 식당에서 할아버지들과 막걸리 잔을 기울이기도 했습니다. 그렇게 공원을 들를 때마다 새로운 사실을 깨달았고, 어르신들의 마음을 조금씩 이해하게 됐습니다. 외로운 섬처럼 보였던 파고다 공원이 인간의 희로애락이 살아있는 공간으로 변모하는 순간이었죠.

그곳엔 고단한 세상에 지쳐 할 일도, 할 말도 잃어버린 어르신들이 유독 많습니다. 아프다고 소리치지도 않습니다. 모든 걸 내려놓은 듯한 텅 빈 눈동자만 남았더군요. 그런 어르신들을 바라보며 한동안 머릿속에 맴돈 고민이 하나 있습니다. '노인들이 생을 마칠 때까지 내일에 대한 희망을 품고, 삶의 의미와 사는 재미를 잃지 않으려면 어떻게 해야 할까.' 아직까지 명쾌한 답을 찾아내진 못했습니다. 하지만 '그 섬, 파고다'를 통해 여러 사람들이 이 고민에 진지하게 동참해준다면 그걸로 충분하겠다 싶습니다. 그들의 삶을 간접적으로 경험하고 '머지않은 미래의 내 이야기일 수도 있다'는 생각으로 노인 문제를 바라봐 주길 바랄 뿐입니다.

bkly477@

그분들 모두 누군가의 부모님

김민영 기자　박카스 아줌마를 취재하라는 지시가 떨어졌을 때 자신이 없었습니다. 남에게 털어놓기 남세스러운 일을 하는 할머니들이 새파랗게 어린 기자에게 속내를 털어놓을까 싶은 생각에 걱정이 앞섰던 거죠. 배를 곯아본 기억이 없는 서른살 여성이 일흔을 넘긴 할머니에게 '왜 이 일로 먹고 사세요'라고 묻는 건 산전수전 다 겪은 그 분에게는 봉창 두드리는 소리로 들렸을 수도 있습니다.

스님 밥을 지어주는 보살이었다가 박카스아줌마 처지로 곤두박질 친 한선화(70·가명) 할머니가 특히 기억에 남습니다. '칠순 잔치 때 동생들하고 찍었다'며 스마트폰에 저장된 사진을 보며 활짝 웃으시던 모습이 눈에 선합니다. 그때까지 잊고 있었습니다. 싸잡아 박카스 아줌마로 불리는 이분들도 누군가의 어머니, 할머니란 사실을 말입니다. 40년을 전쟁하듯 살아온 할머니의 인생을 고작 원고지 몇 장에 담을 수 있을까요. 자칫 이 보도가 나가면 박카스 아줌마에 대한 비난만 거세지는 건 아닐지. 우여곡절 끝에 기사가 나가고 한 할머니한테 문자를 넣었더니 고맙다네요. 할머니의 고단한 개인사를 재료 삼아 마감을 끝내기 바빴던 내가 그런 소릴 들을 자격이 있는지 부끄러워졌습니다.

파고다공원을 뻔질나게 드나들면서 30여명의 어르신들을 만났고 45개의 녹음 기록이 남았으며 19꼭지의 기사가 남았습니다. 그 섬에 처음 발을 디딘 지 두 달입니다. 취재를 하는 내내 이 기사가 섬 밖의 사람들과 섬 안의 어르신들을 이어주는 가교가 되길 바랐습니다.

기자 역시 '이 기사를 쓰는 기자들은 부모에게 잘하나'란 쓴소리에 6년전 혼자 되신 아버지의 안부를 더 자주 살피게 됐습니다. 이제야 성당모임에 그토록 열성을 보이며 산이다 모임이다 사람들을 찾아나서는 아버지를 이해하게 됐습니다. 아버지도 사람이 그리웠던 것입니다. 사람은 누구나 '섬' 하나쯤 안고 사는 걸까요. 이 기사가 외로운 누군가를 한 번쯤 돌아보는 계기가 되면 좋겠습니다.

argus@

렌즈 넘어 '물음표'에 고민하다

백소아 기자　지난달 30일 오후 3시. 파고다(탑골)공원 돌담길을 따라 걸어가던 길에 손과 얼굴이 피 부성이인 채 넘어져 있는 할아버지 한 분을 발견했습니다. "할아버지, 괜찮으세요?' 곁에 다가서자 술 냄새가 훅 끼쳤습니다. 약주를 하신 게 분명해 보입니다.

그런데 이 짧은 순간 내 머릿속에선 전쟁이 일어났습니다. '찍어야 하는데, 얼굴 나가면 초상권에 걸리려나', '일단 병원으로 모셔 드려야 하는데.' 두 마음이 다툽니다. 결국 할아버지 손에 난 상처를 휴지로 닦아드리고 나는 셔터를 부지런히 눌렀습니다. 이것이 파고다와 나의 첫 만남이었습니다.

사진으로 파고다의 풍경을, 사연을 전하는 것은 생각보다 어렵고 복잡했습니다. 기획 시리즈가 20회에 걸쳐 한 달 내내 매일 나간다고 들었을 땐 대체 얼마나 많은 사진을 찍어야 할 지 걱정이 앞섰습니다.

'사진기자는 만세를 부르지 않는다'라는 책에는 이런 구절이 나옵니다. "사진기자는 어떠한 상황에서도 개입하지 않는 것이 원칙이자 딜레마다." 파고다는 달랐습니다. 찰칵 셔터를 누르기 전에 '아버님' 또는 '어머님'이라고 부르며 서로에게 '꽃'이 되는 과정이 먼저였던 거죠. 찰칵이란 소리에 '어디다가 카메라를 대고 난리야' 등의 험악한 소리를 듣기도 했지만 '예쁘게 찍어줘'란 할아버지들도 많았습니다.

그들의 입장이 되어 파고다를 바라 보려고 했고 때로는 철저한 타인의 시선으로 파고다를 응시하기도 했습니다. 그렇게 2주 동안 파고다를 들락거렸습니다. 기사가 나가기 시작하면서는 다시 그분들을 만나러 또 나가야 했죠. 누군가 내게 '그 섬, 파고다'가 어떤 의미였느냐고 묻는다면 아직 1년차밖에 되지 않은 사진기자에게 사람을 렌즈에 어떻게 담을지 진지하게 고민해 본 계기였다고 말하고 싶습니다. 또 나에게, 우리 사회에 커다란 물음표를 선물한 가을이었다고 대답하렵니다.

sharp2046@

지면을 필름삼아, 펜을 렌즈삼아 다큐 찍듯 썼죠

김동선 '그 섬, 파고다' 취재팀장

지난 4월 '그 섬, 파고다' 첫 회에 생동맞게 피에르 상소(Pierre Sansot)를 언급했습니다. 파고다 어르신들에게서 마주한 '저속(低速)의 미학'이 그의 저서 '느리게 산다는 것의 의미'를 문득 떠오르게 한 때문이었습니다. 그 책은 다음과 같은 머리말로 시작합니다.

"단도직입적으로 말해, 느린 사람들은 평판이 좋지 못하다. 흔히 느린 사람들은 고집이 세다는 소리를 들으며, 매사에 동작이 굼뜬데다가 서투르다는 말도 듣는다. 심지어 매우 힘들고 까다로운 작업을 하고 있을 때조차도 워낙 행동이 느려서 그렇다는 소리를 들어야 한다. 게다가 대부분의 사람들은 그들이 좀 둔하다고 생각한다. 그들이 여유 있는 동작으로 걸어가고 있을 때도 우아함이 심오함 보기보다는 운동신경이 느리기 때문이라고 보는 것이다. 또 그들은 일을 할 때도 온 정신을 집중하지 않고 대강대강 시간만 때운다는 의심을 받아야 한다."

과연 그분들의 저속(低速)에 현대인의 속도의 자를 대는 게 온당할까요? 노인이라는 테어른 이름으로 불리다가 때가 되면 어르신으로 대접받는 파고다공원 일대의 할아버지들은 두 개의 호칭과 두 개의 시선으로 비춰집니다. 아니 어쩌면 이곳의 할아버지들은 더 다양한 호칭과 시선이 존재할 지도 모르겠습니다. 그만큼 노인을, 노인문제를 바라보는 관점은 시각 차가 클 수밖에 없습니다. 코끼리의 어느 쪽을 보느냐에 따라 달리 표현하는 것과 비슷하겠죠. 한 쪽을 부각하면 다른 한 쪽이 외면받기 십상인 것도 이 때문입니다. 또 어떤 각도로 보느냐에 따라서도 사물은 달라 보일 겁니다.

파고다는 과거를 살았던 분들이 현재의 공간에서 머물고 있는 공간이자 우리의 미래를 예지하는 곳입니다. 그래서 우리사회의 어제와 오늘과 내일이 모두 투영되고 그분들과 우리의 삶이 만드는 다양한 사회적 문제도 함께 함축·응축하고 있는 공간입니다.

'그 섬, 파고다' 취재팀이 28일 본지 회의실에서 마지막 점검 회의를 하고 있다. 왼쪽부터 백소아 사진부 기자, 온라인뉴스부 기획취재팀 김보경 기자, 김동선 부장, 주상돈·김민영 기자.　최우창 기자 smicer@

고령화 사회로 진입한 우리 사회의 복잡다단한 문제를 짚어보자며 '그 섬, 파고다'를 기획할 때 처음부터 무작정 중후장대한 노인문제의 원인과 해법을 찾아가며 기사를 전개하는 것도 식상한 측면이 있겠다 싶었습니다. 대신 우리는 노인문제와 그로 인해 파생된 다양한 담론이 담긴 공간인 파고다공원을 훑어보고 그곳에 있는 사물과 사람 이야기를 소재 삼아 담담히 이야기를 전개하기로 했습니다. 파고다라는 공간이 갖는 상징성과 그 속에 버무려진 할아버지들의 이야기를 담아보자는 것이었죠.

사실 부서내 취재 기자들의 눈을 피해(?) 파고다공원 일대를 네댓 차례 따로 답사하기도 했습니다. 저녁 약속을 일부러 종로 근처로 잡고 약속시간보다 일찍 사무실을 나서 공원 주변을 맴돌기도 했는데요. 취재기자를 못 믿어서가 아니라 조금이라도 어르신들의 모습을 가까이서 보고, 그들의 삶을 객관적으로 조망하는 눈이 데스크에게도 필요해서였습니다. 취재는 현장에서 시작되지만 데스킹도 현장을 떠나서는 안된다고 봤기 때문입니다. 일본을 가장 객관적으로 다룬 책으로 평가받는 '국화와 칼'의 저자 루스 베네딕트. 그녀는 정작 일본을 한 번도 방문해 본 적이 없고 그래서 "학문적 연구에서 그 대상을 직접 목격하지 않은 쪽이 오히려 엄밀할 수 있는 가능성을 입증했다"고 평가받는다고 하는데 내게는 그런 혜안도 그럴 자신도 없었던 때문입니다.

데스킹을 보면서 취재기자들에게 요구한 특별 주문은 딱 하나였습니다. 그곳에서 만난 사람들이 사투리나 욕을 쓰더라도 그대로 쓰라는 것이었죠. 유려한 미사여구보다 사실적 표현 하나가 있는 그대로의 현장을 생생히 증언한다고 보았기 때문입니다. 한편으론 자칫 몇몇의 사례가 전체인 양 변질·왜곡될 수도 있어 사례와 증언들이 침소봉대되지 않도록 애썼습니다. 일부 회차(박카스 아줌마 편)에서는 할아버지들이 저속(低俗)하게만 비춰지지는 않을지도 점검해야 했습니다.

물론 미디어 이론에는, 기사는 현실을 거울처럼 그대로 보여줘야 한다는 관점(현실사회 반영론·거울론)과 현실을 해석하고 다시 규정해야 한다는 관점(현실사회 구성론)이 있다지요. 우리는 어쩌면 이 둘 사이에서 줄타기를 했을지도 모릅니다. 그래서 파고다 일대의 정경을 때론 내레이션 방식으로, 때론 건조한 일반 기사처럼 소재에 따라 다른 글쓰기 방식을 시도해 봤습니다. 지면을 필름 삼아, 펜을 렌즈 삼아 논픽션 다큐멘터리를 찍는다는 느낌으로 전개해 본 것이었습니다.

기획을 시작할 때만 해도 더웠던 것 같은데 마지막 회를 정리하는 지금은 함박눈이 내리는 겨울입니다. 어르신들이 따뜻한 겨울을 나시길 빕니다. 가깝지만 먼, 낯익으면서도 낯선, 그래서 애잔하면서도 불편하기도 한 이야기는 여기서 마치려 합니다. 그동안 많은 관심을 주신 독자 여러분께 감사드립니다.

matthew@

그 섬, 파고다
—지금의 나는 미래의 너다

1판 1쇄 인쇄 2014년 1월 20일
1판 1쇄 발행 2014년 1월 25일

지은이 | **아시아경제** 특별취재팀
편집인 | 최현문
발행인 | 이연희
본문 · 표지 디자인 | 정현옥
발행처 | 황금사자
출판신고 | 2008년 10월 8일 제300-2008-98호
주소 | 서울시 종로구 백석동길 276(302호, 부암동)
문의전화 | 070-7530-8222
팩스 | 02-391-8221

한국어판 출판권 ⓒ 황금사자 2014
ISBN 978-89-97287-04-8 13330
값 13,000원